Beate Hausbichler
Der verkaufte Feminismus

Beate Hausbichler

# Der verkaufte Feminismus

Wie aus einer politischen Bewegung
ein profitables Label wurde

Residenz Verlag

© 2021 Residenz Verlag GmbH
Salzburg – Wien

Bibliografische Information der Deutschen Nationalbibliothek
Die Deutsche Nationalbibliothek verzeichnet diese Publikation
in der Deutschen Nationalbibliografie; detaillierte bibliografische Daten
sind im Internet über http://dnb.dnb.de abrufbar.

www.residenzverlag.com

Umschlaggestaltung: Boutiquebrutal.com
Typografische Gestaltung, Satz: Lanz, Wien
Lektorat: Barbara Köszegi
Gesamtherstellung: GGP Media GmbH, Pößneck

ISBN 978 3 7017 3526 6

Für Wally

# Inhalt

# Einleitung

Dieses Buch entstand in einem Fitnesscenter. Oder besser gesagt, mein Entschluss, dieses Buch tatsächlich zu schreiben, wurde dort gefasst. Das Fitnesscenter gehörte zu einer dieser Billigketten, in denen eine Mitgliedschaft monatlich 19,90 Euro kostet. Auf einem dieser Laufbänder sah ich mir auf meinem Smartphone ein Interview mit der Soziologin Eva Illouz an. In ihrer gewohnt gelassenen Art sagte sie in dem Gespräch: »Der Feminismus wurde vom Kapitalismus gekapert.« Ich kannte diese Position bereits von ihr, war aber dennoch überrascht, dass sie das so sagte, als sei es längst passiert, der Zug abgefahren, nichts zu machen. Ich reduzierte das Tempo des Laufbandes und schaute auf den großen Bildschirm über mir, auf dem seit Monaten der »Women Only«-Bereich des Fitnesscenters mit »Hier geht's zur Frauenbewegung« beworben wurde. Sie hatte recht. Noch nie war diese Vereinnahmung des Feminismus und der Frauenbewegung offensichtlicher.

Und noch eine ähnlich seltsame Szene erlebte ich um dieselbe Zeit: eine Podiumsdiskussion mit mächtigen, reichen Frauen beim »Women20«-Gipfel in Berlin 2017, dem offiziellen Treffen frauenpolitischer Vertreterinnen und Führungskräfte der großen Industrie- und Schwellenländer. Darunter die deutsche Bundeskanzlerin Angela Merkel, die niederländische Königin Máxima, die damalige US-Präsidententochter Ivanka Trump und die IWF-Chefin Christine Lagarde. Schließlich stellte die Moderatorin Angela Merkel eine Frage, die man inzwischen oft und gerne stellt: »Würden Sie sich als

Feministin bezeichnen?« Merkel eierte erst herum, um dann eher, aber nicht ganz eindeutig verneinend zu dem Schluss zu kommen, sich nicht mit fremden Federn schmücken zu wollen. Nach einigem Raunen auf dem Podium und im Publikum wurde weiter in die Runde gefragt. Wer bezeichnet sich als Feministin? Christine Lagarde riss begeistert ihre Hand hoch, fast genauso schnell waren die Hände von Ivanka Trump und Königin Máxima oben.

Das muss man sich einmal vorstellen: Die Tochter, Verteidigerin und Mitarbeiterin von »Grab 'em by the pussy«-Donald-Trump, die Chefin des Internationalen Währungsfonds und ein Mitglied des europäischen Hochadels nehmen für sich stolz in Anspruch, Feministinnen zu sein. Ohne mit der Wimper zu zucken. Ivanka Trump und Königin Máxima besitzen allein aufgrund ihrer Herkunft ein Vermögen und veritablen Einfluss. Die Dritte ist seit Ende 2019 Präsidentin der Europäischen Zentralbank. Insbesondere Frauen aus den Ländern des Südens haben wohl noch nicht viel davon gemerkt, dass dort eine Feministin sitzt. Keine der Diskutantinnen ist je mit Ansagen zu feministischer Politik aufgefallen, und die Strukturen, denen Ivanka Trump, Königin Máxima und Christine Lagarde ihre unverschämt überprivilegierten Lebensumstände verdanken – mit denen hatte Feminismus einmal ein großes Problem. Und jetzt? Gibt es zwei zum Preis von einem? Die Privilegien aufgrund eines ungerechten Systems und den Feminismus?

Die einzige vernünftige Reaktion war die von Angela Merkel. Sie hat wenigstens versucht, dieses Wort, diesen derart aufgeladenen Begriff »Feministin«, in einen inhaltlichen Zusammenhang zu stellen. Vielleicht war ihr in dem Moment sogar bewusst, dass sie sich nie sonderlich für Frauenrechte eingesetzt hat. Hätten die anderen drei auch ein paar Sekunden darüber nachgedacht, worin nun genau ihr Einsatz für die Frauen dieser Welt lag, hätten sie zögern müssen. Doch Ivanka Trump, Christine Lagarde und Königin Máxima haben eines verstanden: Feminismus ist heute ein Label. Feministin zu sein, das gehört dazu. Da denkt man nicht lange nach, da sagt man einfach: Aber sicher doch. Hätte diese Szene zehn oder fünfzehn Jahre früher stattgefunden, hätte es auf der Bühne mehr als nur ein zögerliches und ausweichendes Statement gegeben. Man hätte wahrscheinlich etwas in der Art gesagt, dass man natürlich gegen Diskriminierung sei, aber man solche Klassifizierungen nicht möge, dass Gleichberechtigung schließlich für alle gelten müsse, nicht nur für Frauen. Also nein, Feministin sei man eher nicht. Nun, das hat sich inzwischen geändert.

Was ist also in mit dieser so lange verpönten politischen Bewegung passiert? Wann wurde Feminismus zu Everybody's Darling? Schauspieler*innen, Künstler*innen, Politiker*innen, Journalist*innen, noch nie haben so viele einflussreiche und prominente Menschen den Feminismus abgefeiert, haben seine Leistungen öffentlich gewürdigt und Sexismus mit erhobener Stimme kritisiert. Und das gilt auch für große Teile der Gesellschaft abseits der kulturellen, politischen und medialen Bühnen.

Ich weiß noch, wie mühsam es vor zwölf oder dreizehn Jahren war, im Bildarchiv etwas zu finden, womit man Texte über Feminismus im engeren Sinn bebildern konnte. Es waren immer dieselben 10 bis 20 Fotos von karg besuchten Veranstaltungen und Frauentagsdemos, die sich anboten. Das war's. Dann, Ende der Nullerjahre, wurde die in der Ukraine gegründete Frauengruppe »Femen« bekannt und wir wurden mit Fotos von Feministinnen mit nacktem Oberkörper (so zu demonstrieren ist ihr Markenzeichen) regelrecht überschüttet. Dann kamen die »SlutWalks« aus Kanada. Diese formierten sich, nachdem ein Polizist während eines Vortrags über sexualisierte Gewalt an einer Universität gesagt hatte: »Mir wurde gesagt, ich solle das nicht sagen, aber Frauen sollten es vermeiden, sich wie Schlampen anzuziehen, wenn sie nicht Opfer werden wollen.« »SlutWalks« wurden bald auf der ganzen Welt abgehalten, mit pointierten Botschaften gegen die Täter-Opfer-Umkehr wie »It's a dress not a yes«, die es auch aufgedruckt auf T-Shirts gab. Bald darauf ging der Hype um Lena Dunham und ihre US-Serie »Girls« los, die – fast zehn Jahre nach »Sex and the City« – eine Generation junger Frauen zeigte, die keine perfekten Körper hatten und mit anderem befasst waren, als eine Beziehung hinzubekommen. Sie waren zwar vor allem mit sich selbst beschäftigt, aber immerhin. 2013 kam dann im deutschsprachigen Raum die Twitter-Kampagne #aufschrei gegen Sexismus, an der sich Zehntausende beteiligten. Das waren auch die Jahre, in denen sich immer mehr Stars als Feministinnen deklarierten, Sängerinnen wie Miley Cyrus, Beyoncé oder die Schauspielerin Emma Watson, die sogar UN-Sonderbotschafterin für Frauenrechte wurde und in dieser Funktion 2014 eine viel beachtete Rede über Gleichberechtigung hielt. Im selben Jahr titelte eine Ausgabe der Modezeitschrift »Elle« »The Feminism Issue«, mit Emma Watson auf dem Cover und dem Header »The Fresh Face of Feminism«. Und dann gab es natürlich im Herbst 2017 #MeToo, das freilich auf einem ganz anderen Blatt steht als das »Elle«-Cover. #MeToo wurde zur bisher größten feministischen Kampagne. In dieser verdichteten Form wurde Feminismus ab Ende der Nullerjahre und während der 2010er-Jahre in völlig neuem Ausmaß sichtbar.

Heute können wir sagen: Es läuft gut für den Feminismus. Er taucht inzwischen auf Notizbüchern und T-Shirts als Schriftzug in goldenen Lettern und in Songtexten von Superstars auf. Medien entdecken das Potenzial feministischer Debatten, traumhafte Leser*innenzahlen zu bringen. Mode- und Kosmetikkonzerne bieten ihre Produkte erfolgreicher denn je unter dem Label »Selbstermächtigung« feil, Musikstreamingdienste bieten Playlists mit den »Top Feminist Songs« an und wirklich jede*r im mittleren bis oberen Management weiß, dass es ohne »Diversity« kaum noch geht. Auch die berufliche Vernetzung entlang des gemeinsamen Nenners »Feminismus« läuft hervorragend: Man macht es den »Old-Boys'-Clubs« dieser Welt nach und schmiedet entlang der Geschlechtergrenze Seilschaften – für einen leichteren, schnelleren, erfolgreicheren Weg an die Spitze. Warum auch nicht? Immerhin könnte der geballte Feminismus in der Populärkultur, in den Medien, in Werbungen und in jedem Netzwerktreffen beruflich ambitionierter Frauen wird schon irgendwie und irgendwann durchsickern, so dass wir auch in unseren echten Leben etwas davon zu spüren bekommen, etwas, das weit über feministische Symbolik und feministische Ästhetik hinausgeht. Doch bisher ist nichts gesickert – und genau das ist das Problem.

Deshalb müssen wir uns dieses Phänomen genauer ansehen. Warum ausgerechnet jetzt? Warum wird Feminismus seit einigen Jahren genau von jenen umarmt, mit denen sich der Feminismus eigentlich angelegt hat? Der Schönheitsindustrie, den Mainstream-Medien, der Kulturindustrie und den Eliten, auch den weiblichen, wie sie dort auf dem neuerdings sehr feministischen Podium des W20-Gipfels zu finden waren. Was am Feminismus konnte zu einem derart funktionierenden Produkt umgeformt werden?

Doch was genau ist überhaupt »Feminismus«? Feminismus ist eine vielschichtige politische Bewegung. Trotzdem wird in diesem Buch lediglich in zweierlei Art von Feminismus die Rede sein: Erstens, wenn »Feminismus« genutzt wird, um etwas damit zu verkaufen – sich selbst, ein Produkt, einen Lebensstil. Und zweitens wird »Feminismus« auch in diesem Buch als politische Bewegung vorkommen. Ich möchte das Label »Feminismus« daraufhin abklopfen, inwiefern es die politische Bewegung »Feminismus« konterkariert. Wo das Label der politischen Bewegung widerspricht. Und wo das Label die politische Bewegung unterwandert, von den tatsächlichen Zielen ablenkt und diese pervertiert.

Abseits vom Label »Feminismus« gibt es viele Feminismen, mit jeweils unterschiedlichem Fokus. Diese Vielfalt bedeutet allerdings nicht Beliebigkeit, vielmehr zeugt sie von der Vielfalt feministischer Identitäts- und Interessenpolitiken (Wichterich 2019, 34). Mit Ausnahme des liberalen Feminismus, der die bestehenden Verhältnisse beibehalten und sie nur auf Geschlechtergerechtigkeit hin reformieren will, ist man sich weitgehend einig: Es soll darum gehen, den »ganzen Laden auseinanderzunehmen«, wie es die feministische Publizistin und Kulturwissenschaftlerin Sonja Eismann in einem Gespräch so schön ausgedrückt hat.

Aber gehen wir nochmal zurück zur Podiumsdiskussion beim W20-Gipfel. Diese Szene erklärt auch, warum es beim Feminismus als Bewegung nicht allein um eine Bewegung gegen die Diskriminierung von Frauen geht. Feministische Politik muss sich nicht darauf konzentrieren, die Interessen von Frauen wie Königin Máxima oder Ivanka Trump zu vertreten. Sie haben sämtliche Privilegien, die man sich vorstellen kann. Ich würde sagen: Diese Frauen kommen zurecht.

Zwar gibt es Diskriminierungserfahrungen, die alle Frauen teilen. Diese Erfahrungen kann man allerdings nicht isoliert von anderen bestehenden Ungleichheiten aufgrund von Gender, Klasse, Sexualität und der Einwanderungsgeschichte sehen. Feminismus muss auf der Seite derer stehen, die überlappenden Formen von Diskriminierung ausgesetzt sind. Er muss den Stimmen von schwarzen Frauen ebenso Gehör verschaffen wie jenen von Arbeiter*innen, intersexuellen Menschen, Menschen mit Migrationsgeschichte, Geflüchteten, Alleinerzieher*innen, Lesben oder Transfrauen. Er muss gegen Sexismus ebenso eintreten wie gegen Rassismus, gegen ökonomische Ungleichheit wie gegen Homo- und Transfeindlichkeit. Es ist dieser Ansatz eines intersektionalen Feminismus, wie ihn die US-amerikanische Rechtsprofessorin Kimberlé Crenshaw formuliert hat, der mir sinnvoll erscheint. Und nein, es ist nicht kompliziert. Es lässt sich einfach auf die Frage reduzieren, auf welcher Seite man stehen will. Und dabei können sich die Prioritäten je nach Problemlage auch mal verlagern.

Aber wie lässt sich nun daraus ein profitables Produkt machen? Die Frauenbewegung hat einige eingängige Slogans hinterlassen: »Our Bodies, Ourselves«, die Forderung, über den eigenen Körper entscheiden zu können, oder dass das »Private politisch« ist. Autonomie, Selbstbestimmung, Selbstermächtigung, Freiheit. Diese zentralen Begriffe des Feminismus sind auch große Versprechen des Konsumkapitalismus, der noch dazu die schnelle Einlösung dieser Versprechen in Aussicht stellt. Oder sagen wir so: Ein T-Shirt mit dem Slogan »Girl Power« oder »The Future is Female« hilft schon mal. Es schafft ein wohliges Gefühl des Fortschritts. Und die verheißungsvollen Forderungen nach Autonomie, Selbstbestimmung, Selbstermächtigung (Empowerment!) und Freiheit liefern nicht nur Produkte, sie schaffen auch einen wunderbaren Rahmen für neoliberale Praktiken, in denen die Verantwortung für sich selbst im Vordergrund steht, während staatliche soziale Netze immer löchriger werden.

Dass der Feminismus vom Kapitalismus gekapert wurde, das sagte Eva Illouz auch deshalb fast schon schulterzuckend, weil das in politisch-feministischen, aktivistischen und akademischen Kreisen auch längst bekannt ist. Die US-amerikanische Politikwissenschaftlerin Nancy Fraser hat darüber ebenso analytisch und kompromisslos geschrieben wie die britische Kulturwissenschaftlerin Angela McRobbie. Auch die US-amerikanische Publizistin und Popkulturexpertin Andi Zeisler hat sich ebenso ausführlich dem Ausverkauf des Feminismus gewidmet (Zeisler 2017). Und dieser Ausverkauf geht ungehindert weiter. Inzwischen ist die Vermarktung unter dem Label »Feminismus« so selbstverständlich geworden, dass sie auf vielen Ebenen nahezu unsichtbar ist. Das gilt auch für die Verknüpfungen von Feminismus mit karrieretechnischen Interessen.

Wir müssen deshalb ganz genau hinschauen, wo sich dieser marktförmige, populäre Feminismus überall findet und wie er sich entwickelt hat. Darüber hinaus müssen wir uns die Frage stellen: Inwiefern wirken wir selbst dabei mit, Feminismus als Marke zu nutzen, und berauben ihn so seiner politischen Kraft? Kapitalismus und Neoliberalismus umarmen den Feminismus. Und sie tun das inzwischen so fest, dass dem Feminismus als soziale und politische Bewegung

die Luft genommen wird. So fest, dass jegliche Widersprüche platt-
gedrückt werden und jede Vielschichtigkeit, die ihn ausmacht und
seinen kritischen Geist am Leben erhält, abhandenkommt.

## Verquerer Feminismus

Denn so offenkundig der Hype um Feminismus inzwischen ist, so klar
ist auch, dass der realpolitische Zustand feministischer Frauenpolitik
in einem großen Widerspruch zur neuen »Sexyness« des Feminismus
steht. Gegen die wenig aufregenden Probleme gibt es nach wie vor
keine wirkungsvolle Politik: keine gegen die hohe Frauenarmut im
Alter, keine dagegen, dass in Branchen mit einem starken Frauen-
überhang miese Löhne gezahlt werden; keine dagegen, dass Frauen
noch immer zum größeren Teil die Arbeiten erledigen, die es in jedem
Leben braucht, für die aber niemand zahlt – das Pflegen, Umsorgen,
Putzen und vieles mehr. Bei alldem gibt es keine Fortschritte. Und
das ist nur die europäische Perspektive auf die geschlechterpolitischen
Herausforderungen. Aufgrund der Coronakrise werden sich Ungerechtigkeiten in den allermeisten Ländern noch verschärfen. Das gilt
auch für die Auswirkungen der Klimakrise: Ärmere Bevölkerungs-
schichten sind auch von dieser weitaus stärker betroffen. 80 Prozent
derer, die wegen des Klimawandels ihre Heimat verlassen müssen,
sind Frauen (Global Gender and Climate Alliance, UN 2016).

In all den Jahren, in denen Feminismus in die Werbung, in die
Medien, in Serien und Filme einzogen ist und immer mehr zum
Label für Selbstmarketing mit politischem Touch wurde, hat sich
weder die riesige Lücke von 40 Prozent zwischen den Pensionen
von Männern und Frauen verkleinert, noch sind weniger Frauen
durch ihren Partner ermordet worden. Die Werbung zeigt uns
heute zwar ein paar Achselhaare bei ihren Models, auf Instagram
bekommen wir Menstruationsblutflecken auf Bettlaken unter dem

Motto »Period Pride« zu sehen und die Debatten in sozialen Medien strotzen nur so vor radikalfeministischem Vokabular. All das geriert sich wahnsinnig politisch. Vielleicht gibt es gesellschaftliche Veränderungen als Reaktion auf all das und wir sehen es nur noch nicht klar genug. In den immergleichen Zahlen zur Diskriminierung aufgrund von Geschlecht, Sexualität und Herkunft drücken sie sich jedenfalls nicht aus.

Doch es wäre unfair, dem jüngeren politischen Engagement, etwa jenem in den sozialen Medien, vorzuwerfen, dass es zwar höchst aktiv und sichtbar sei, aber bisher kaum Spuren hinterlassen habe. Zehn oder vielleicht fünfzehn Jahre auf einer weitaus größeren Bühne, als es sie bisher gab, reichen dafür nicht. Allerdings müssen wir uns fragen, ob sich Teile dieses Aktivismus schon selbst in neoliberalen und kapitalistischen Netzen verheddert haben. Auch wenn das streckenweise schmerzhaft sein kann.

Feminismus als Ware und der Konsum von Feminismus sind weitaus vielschichtiger, als es das Paradebeispiel für die neue Etablierung von Feminismus andeutet: ein weißes T-Shirt mit dem Zitat der nigerianischen Autorin Chimamanda Ngozi Adichie darauf: »We Should All Be Feminists«. Das T-Shirt ist ursprünglich vom Designlabel Dior und kostet 620 Euro. Das ist in der Tat ein interessantes Symbol dafür, welchen Wert Feminismus als Ware inzwischen erreicht hat. Es gibt viele Bereiche, in denen dieser Wert enorm gestiegen ist. Der Profit daraus bringt dem politischen Projekt Feminismus aber bisher überraschend wenig.

Die neue Warenförmigkeit von Feminismus durchdringt klassische wie soziale Medien, die Schönheitsindustrie und die Kulturindustrie, bis hin zu unserem Verständnis von Autonomie. Begonnen hat die Vereinnahmung von politischen Forderungen wie »Autonomie« schon früh. Schon vor 100 Jahren wurden Frauen in der Werbung »als Frauen« angesprochen, was und wie sie sein sollten. »Wir helfen dir, richtig zu sein«, »wir sind auf deiner Seite«, so die dahinterliegende Botschaft: die richtige Ehefrau, die richtige Hausfrau, die richtige Mutter. Heute sind die Anforderungen an die Geschlechterrollen natürlich andere, oder besser gesagt: Heute sind weitere Anforderungen hinzugekommen. Unternehmen wollen uns so sehr dabei helfen, ihnen gerecht zu werden, dass wir inzwischen kaum mehr unterscheiden können, was noch Produkt und was schon eine Bewegung ist. In Deutschland waren Firmen maßgeblich an einer Petition beteiligt, die letztlich zur Senkung der sogenannten Tampon-Steuer beigetragen hat. Was ist davon zu halten, wenn Firmen – auch wenn es hippe Start-ups sind – Politik machen? Und was sollen wir von einem Aktivismus halten, der uns noch weitere Aufgaben, weitere Arbeit am Selbst umhängt? Mit dem kämpferischen Ruf »Body Positivity!« erzählen uns jene Unternehmen, die uns jahrzehntelang völlig jenseitige Idealvorstellungen von Frauenkörpern eingehämmert haben, nun: »Liebe deinen Körper! Egal wie er aussieht.« Für die Arbeit daran, wie wir diese Selbstliebe plötzlich hinbekommen, steht die Ratgeberindustrie schon Gewehr bei Fuß. Meditieren, achtsam sein, richtig atmen. So oder so: Die Arbeit bleibt. Und nicht mehr nur am schlanken Körper, sondern gleich am ganzen Selbst. Und dieser Arbeit sind keine Grenzen gesetzt.

## Feminismus: Erfolgreich verkauft

Den größten Einfluss auf die Popularisierung von Feminismus haben wohl – wie bei anderen Entwicklungen auch – die sogenannten Neuen Medien. Geschlechterdebatten haben durch soziale Medien einen noch nie dagewesenen Stellenwert gewonnen. Allerdings liegt das nicht an einem neuen Bewusstsein für die Notwendigkeit von Gleichberechtigung, so viel sei schon verraten. In den Medien wird Gleichberechtigung lediglich zur Debatte gestellt. Maßnahmen gegen Diskriminierung werden zum Streitthema gemacht. Feminismus kommt medial häufiger vor, das stimmt. Er kommt aber in einem krawalligen Stil vor, dem von sozialen Medien noch zusätzlich eingeheizt wird. Und soziale Medien sind ohnehin ein heikles Feld für politische Inhalte. Die dort herrschende Ökonomie der Aufmerksamkeit ringt uns immer wieder den Griff zu unlauteren Mitteln ab: kategorische, kantige Aussagen bringen dort mehr als Abwägung und Annäherung – überlegen oder gar zögern geht nicht. Was uns das bringt? Sehr schlampig geführte politische Diskurse und kaum Erkenntnisgewinn. Doch darum geht es Facebook, Twitter oder Instagram auch gar nicht. Es geht darum, dass wir maximal viel Zeit auf diesen Plattformen verbringen, damit sie uns maximal viel Werbung zeigen können. Wenn Feminismus nun vorwiegend auf diesen Plattformen stattfindet, wird auch der dortige politische Diskurs davon vereinnahmt. Auch im Kontext von Feminismus werden die strikten Regeln der Kommunikation, die uns diese Plattformen vorgeben, bereitwillig befolgt.

Zu guter Letzt müssen wir uns auch noch jenen Netzwerken für Frauen widmen, die sich ebenfalls verstärkt unter dem Label Feminismus zusammenfinden. Netzwerke, die sich letztendlich aber nur den Karrieren der Einzelnen verschrieben haben. Netzwerke, in denen jeder Erfolg der Einzelnen als feministischer Erfolg gefeiert wird. Es ist genau diese Art der Individualisierung, die sich durch alle Bereiche zieht, in denen Feminismus heute so erfolgreich verkauft wird. Es geht nicht um politische Ziele für möglichst viele, sondern um den Erfolg oder auch nur um das Zurandekommen der Einzelnen. In diesem Sinne werden Autonomie, Selbstbestimmung, Selbstermächtigung und Freiheit erfolgreich zu neoliberalen Praktiken umgemodelt.

Der britischen Amerikanistin Catherine Rottenberg zufolge ist Neoliberalismus nicht nur ein ökonomisches System, das Privatisierung und Deregulierung forciert. Wir haben es vielmehr mit einer alles durchdringenden neoliberalen Rationalität zu tun, die auch den Diskurs über Feminismus erreicht hat (Rottenberg 2018, 57).

Eine Rationalität, die Menschen zu unternehmerischen, Profit generierenden Akteur*innen macht, eine Rationalität, die eine neue Form des Individualismus kreiert, den auch der populäre Feminismus anpreist. Auch er steht in einem erschreckenden Zusammenhang mit Leistung und der Optimierung des Selbst, des eigenen, und nur des eigenen Lebens.

## Quellen

(Global Gender and Climate Alliance, UN 2016) »Women, Gender Equality and Climate Change«, www.un.org/womenwatch/feature/climate_change/

(Rottenberg 2018) Catherine Rottenberg: »The Rise of Neoliberal Feminism«, Oxford University Press, New York, 2018

(Wichterich 2019, 34) Christa Wichterich: »Gleich, gleicher, ungleich: Paradoxien und Perspektiven von Frauenrechten in der Globalisierung«, Ulrike Helmer Verlag, Roßdorf, 2009

(Zeisler 2017) Andi Zeisler: »Wir waren doch mal Feministinnen. Vom Riot Grrrl zum Covergirl – Der Ausverkauf einer politischen Bewegung«, Rotpunktverlag, Zürich, 2017

# Teil 1

# Die pseudofeministische Warenwelt

# Feminismus und Konsum – eine alte Freundschaft

In einem vorweihnachtlichen TV-Spot des Online-Konzerns Amazon fallen sich zwei Frauen in einer Flughafenhalle in die Arme und küssen sich. Es sind einfach zwei junge Frauen, die sichtlich ein Paar sind und sich über ein Wiedersehen freuen. Sie schwenken weder eine Regenbogenfahne noch werden sie von den anderen Passant*innen kritisch beäugt – Schnitt zu einer anderen Szene des täglichen Lebens, zu dem eben auch diese gehört.

Ein anderer Internetriese plakatiert wenige Wochen davor androgyn aussehende Menschen, unterhalb ihrer Bilder steht der Slogan »Free to be«. Sie tragen das, was man vor ein paar Jahren vielleicht noch als Unisex-Klamotten bezeichnet hätte. Jetzt braucht es keine extra Titulierung mehr. Lässige Kleidung, lässige Menschen, die lässig sind im Umgang mit Geschlechterrollen, oder besser gesagt: Geschlechterklischees? War da mal was?

Wie schön, denkt sich die feministisch geneigte Passant*in. Werbung wie diese zeugt doch von einer gewissen Selbstverständlichkeit. Dass man nicht automatisch wegen des eigenen weiblichen biologischen Geschlechts auf Männer steht und sich schon gar nicht deswegen auf die Wahl von »Frauenklamotten« limitieren lässt. Und trotzdem ist da auch eine gewisse Irritation, die die Freude darüber trübt, dass seit einigen Jahren Werbungen nur so vor Diversity und Feminismus strotzen. Waren es nicht Feministinnen, die das alles vorantrieben? Menschen, die gegen Sexismus kämpften und nichts dafür bekamen – außer verdammt viel Gegenwind, Häme und die ständige Diffamierung ihrer politischen Ziele? Für ihre kommunistisch anmutende »Gleichmacherei« der Geschlechter, für ihre »Hässlichkeit«, weil sie sich den gängigen und von der Schönheitsindustrie befeuerten Schönheitsidealen verweigerten? Und waren es nicht eben genau diese Industrien, die massiv von dem strengen Auseinanderdividieren der Geschlechter profitierten, ja sogar darin ihre Geschäftsgrundlage hatten? Seien es Kosmetik, Ernährung, Mode oder Lifestyleprodukte und damit natürlich auch Amazon oder Zalando. Es sind mächtige Industrien, die in Frauen das unstillbare Begehren wecken, perfekt zu sein. Und jetzt stellen sich Unternehmen wie diese plötzlich auf die feministische Seite?

Nun, daran muss nicht unbedingt etwas Schlechtes sein. Feminismus ist eben im Mainstream angekommen. Und ist es nicht gut, wenn Feminismus, die Gleichberechtigung von Frauen und LGBTIQ (Lesbisch Schwul Bi Trans* Inter* Queer) inzwischen ein derart gutes Image haben, dass sich auch Konzerne damit schmücken wollen? Oder ist es eben nur das: eine feministische Variante von Greenwashing, also ein »Feminist-Washing«, das das Fett abschöpft und die darunterliegenden zäheren Anliegen, jene, die mehr erfordern als bloße Ästhetik, schön unberührt lässt? Aber schieben wir die Frage, ob geschlechterpolitisch progressiv angehauchte Spots wie jene von Zalando oder Amazon gut oder schlecht sind, einmal beiseite. Denn auch wenn es offensichtlich ist, dass der Umgang von Werbung und Konzernen mit dem Thema Gender im weitesten Sinne neu ist, so zeigt ein genauerer Blick auf geschlechterpolitische Entwicklungen, dass er es im Grunde nicht ist.

Für den Konsumkapitalismus war es immer schon wichtig, die herrschenden Geschlechterverhältnisse zu verstehen. Nicht nur, damit er Frauen und Männer in ihrem ihnen zugeordneten Rollenverständnis erreicht, sondern er muss auch Möglichkeiten des Ausbruchs aus ebendiesen Rollen anbieten. Die Geschlechterdifferenz, also die Vorstellung, dass es nur Männer und Frauen gibt und das biologische und soziale Geschlecht ursächlich miteinander zusammenhängen, dass Männer und Frauen verschiedene Bedürfnisse und Kompetenzen haben und durchgehend heterosexuell wären – diese Vorstellungen sind noch immer eine enorm wichtige Grundlage für ein endloses Produktportfolio. Doch gleichzeitig sind heute innerhalb der herrschenden Geschlechterrollen die Antworten auf die Frage »Wer willst du sein?« diverser geworden. Vor der zweiten Frauenbewegung beschränkten sich die möglichen Identitäten von Frauen meist nur auf die Wahl, eine mittelprächtige oder eine perfekte Hausfrau sein zu wollen, darauf, ob es im eigenen Haushalt »nicht nur sauber, sondern rein« sein sollte, wie es in dem berühmten Werbeslogan der Waschmittelmarke »Ariel« ab den späten 1960ern hieß.

Heute darf es mehr sein. Männer dürfen und sollen sich zugestehen, eine anspruchsvolle Gesichtshaut zu haben, und können sich die pflegende Creme in einem in kräftigem Mitternachtsblau gehaltenen Tiegel ins Bad stellen. Es ist im Grunde ganz einfach: Werden die Identitätsangebote für die Geschlechter vielfältiger, werden es auch die Produkte. Eine Win-win-Situation? Eine Wachstumschance für den Markt und gleichzeitig eine Chance im Kampf gegen sexistische Stereotype?

## Neue Produkte für neue Geschlechterrollen

Werbung muss Menschen oder – um in der Sprache des Marktes zu bleiben – Konsument*innen in den ihnen zugeordneten sozialen Sphären ansprechen. Und zwar nicht nur, um an ihre vermeintlichen Interessen zu appellieren, denken wir nur an Automessen, die ja vor allem Männer ansprechen, bei denen polierte Neuwagen bis heute flankiert von zwei jungen Frauen präsentiert werden. Oder an die perfekt sitzende Slipeinlage für sie, die den ganzen Tag »frisch hält«. Wer verkaufen will, muss über die Klischeevorstellungen hinaus die Geschlechterverhältnisse genau beobachten. Konzerne müssen verstehen, wer überhaupt welche Kaufentscheidungen treffen kann und darf. Das galt insbesondere für die erste Hälfte des 20. Jahrhunderts: Damals appellierte man noch vorwiegend an die Kompetenzen von Frauen als Hausfrauen, als Verantwortliche für alles, was das Äußere, die Oberfläche, das Heim betraf: saubere Wäsche, Küchenzubehör, Haushaltsgeräte, Schönheitspflege. In den Werbesujets der 1950er-Jahre posieren Frauen neben Kühlschränken wie dem »Neuen Frigidaire – Ein entscheidender Fortschritt in der Haushalt-Kühlung«. Oder sie freuen sich, nun endlich »meine Gruco-Küche« zu haben, und fallen dem Gatten im Anzug um den Hals, der sie ihr offenbar gekauft hat. Wie der großzügige Gönner auf dem Gruco-Sujet tragen nahezu alle männlichen Protagonisten in der Werbung aus der ersten Hälfte des 20. Jahrhunderts einen Anzug. Frauen hingegen Kleidung für drinnen: Küchenschürzen, Dessous, flauschige Hauspantoffeln. Darin bejubeln sie Produkte »für Frauen«, während Männer für alles stehen, was draußen passiert. Sie sind auf der Straße, im Büro zu sehen, stets unterwegs. Ein Sujet der Textilmarke Elbeo für »ihn« und »sie« zeigt diese strenge Drinnen-Draußen-Dichotomie so: Der Männerfuß, der den Herrenstrumpf bewirbt, steckt in einem Lederschuh. Der Mann ist gerade auf dem Sprung hinaus in die Welt – das heißt, sobald die auch auf dem Bild sichtbare Frau damit fertig ist, ihm die Schuhe zu binden. Die hilfsbereite Dame hingegen bleibt daheim, so viel steht auch auf dem Elbeo-Sujet für Damenstrümpfe fest, die vor warmem Kerzenlicht feilgeboten werden, ein gemütlicher Innenraum, ihr privates Territorium.

Innen und außen, privat und öffentlich. Das sind wesentliche Denkfiguren für die Untersuchung der Geschlechterverhältnisse und der Unterdrückung von Frauen. Etwa bei Simone de Beauvoir (de Beauvoir 2000), die das Frauenleben als ein auf Immanenz,

Körperlichkeit, Passivität und Wiederholung beschränktes Dasein analysiert, während Männer Transzendenz repräsentieren. Ihnen sei durch Geistigkeit und Intellektualität die Selbstüberschreitung möglich, sie könnten aktiv in die Welt eingreifen. Auch Pierre Bourdieu (Bourdieu 2005, 14–43) analysiert die soziale Ordnung durch die männliche Herrschaft entlang von Körperlichkeit und Innerlichkeit, die Frauen in ihrem Habitus verkörpern und sich so immer wieder an ihren sozialen Ort im Inneren gekettet werden, während Männer ihren Platz im Draußen und in der Öffentlichkeit haben.

Diese Innen-/Außen-Zuweisung von Männern und Frauen ist im Alltag offensichtlich – und schafft bis heute eine schier unendliche Menge von Produkten, die entlang dieser Anordnung vermarktet werden. »Würde man einem Mann alle ›Männergeschenke‹ kaufen, könnte er ein halbes Jahr in der Antarktis überleben & dabei die ganze Zeit besoffen sein. Würde eine Frau alle ›Frauengeschenke‹ bekommen, könnte sie eine Reihe aus Kuscheldecken um die ganze Erde legen«, schreibt die deutsche Autorin und »Der Spiegel«-Kolumnistin Margarete Stokowski (Stokowski 2019). Schaut man auf das Marketing für Kleidung und Spielzeug für Kinder, hat sich die Zuweisung sogar noch verstärkt. Seit rund zehn Jahren wurde die Einteilung der Warenwelt in Pink und Blau noch einmal um einiges rigider (Hausbichler 2019). Die Angebote an Spielzeug-Haushaltsgeräten in zartem Rosa für Mädchen und Spielzeug-Werkzeugkästen in gedämpften Farben für Buben türmen sich.

Während sich westliche Konsumgesellschaften in Sachen Gleichberechtigung gerne in progressivem Licht darstellen, ist die Frage nach dem Geschlecht in der Welt des Konsums wichtiger denn je. Ein Blick auf die unzähligen Produkte für die angeblich unterschiedlichen Bedürfnisse von Mädchen und Buben, Männern und Frauen, und die damit stattfindende Fortschreibung von Geschlechterstereotypen zeigt, dass vieles beim Alten geblieben ist. Auch wenn viele dieser Stereotype heute mit einem Augenzwinkern und Ironie daherkommen, damit Sexismusvorwürfe gleich von vornherein abgewürgt werden, ändert das nichts daran, dass wir im Kapitalismus von Bildern umzingelt sind, die zeigen, wer wir als Männer und Frauen sein sollten und was wir dafür brauchen, um diese Rollen erfüllen zu können. Allerdings bedarf es dafür neuerer, modernerer Erzählungen als noch vor hundert Jahren, denn klar ist auch: Genau in diesen hundert Jahren haben wir den einschneidendsten geschlechterpolitischen Wandel durchlebt. Daher kann sich die Auswahl heute nicht mehr auf »rein« statt »sauber«, wie früher das Angebot von »Ariel« an Frauen lautete, beschränken.

## Ermächtigung – aber zum Konsum!

Die zweite Frauenbewegung veränderte das Fremd- und Selbstbild von Frauen maßgeblich, weshalb Konzerne schnell verstanden, dass sie diese politische Bewegung nicht ignorieren konnten. Und sie wussten die Frauenbewegung erstaunlich rasch für sich zu nutzen. Die Werbung ab den 1960er-Jahren griff die Forderungen nach Emanzipation und Selbstbestimmung auf – wenn diese Forderungen auch nicht genauso klangen wie jene der Frauenbewegung, die auch am Kapitalismus scharfe Kritik übte. Deshalb formten Unternehmen die Forderung der Frauenbewegung nach Ermächtigung – vor allem im politischen Sinne – um: Sie wurde zu einer Ermächtigung zum Konsum und psychologische Kategorien wie »Selbstbewusstsein« wurden auch noch drübergestreut. Ein wunderbares Beispiel dafür beschreibt Andi Zeisler (Zeisler 2017, 24) mit dem TV-Spot für das Parfum »Charlie« der Marke Revlon aus dem Jahr 1973. Obwohl Feministinnen damals noch alles andere als beliebt waren, schaute man sich doch für das »Charlie-Girl« mainstreamverträgliche Facetten von ihnen ab: Die junge Frau, die den Duft in einem TV-Spot bewirbt, nimmt wie die Frauenrechtlerinnen der zweiten

Welle die Straßen der Großstadt ein, allerdings nicht zu Fuß mit vielen Mitstreiterinnen an ihrer Seite wie die politischen Frauen. Das »Charlie-Girl« schwingt sich stattdessen aus einem fetten Rolls-Royce, wirft ihren Hut lachend einem Parkwächter zu und marschiert selbstsicher in eine Bar.

Das mag aus heutiger Perspektive wenig mit der Frauenbewegung zu tun haben, dennoch war sie der Motor dafür, dass man Frauen in einem Gestus der Selbstbestimmung und Selbstständigkeit darstellen konnte. Der Konsumkapitalismus setzte jedoch schon in den Jahren der ersten Erfolge der Frauenbewegung Emanzipation mit Besitz gleich. Und ganz falsch ist das ja auch nicht: Wirtschaftliche Unabhängigkeit war und ist ein Weg zur Gleichberechtigung – allerdings meinten die vorwiegend linken Feministinnen der zweiten Welle nicht Millionen für ein paar weiße Oberschichtfrauen, sondern Umverteilung auf alle.

Der Rolls-Royce gehörte jedenfalls dem »Charlie-Girl«, sie bewegte sich in der Öffentlichkeit, ohne bei einem Mann untergehakt zu sein, wie das noch auf Werbesujets wenige Jahre zuvor häufig zu sehen gewesen war. Die offensichtlich selbstbewusste Frau im Hosenanzug lässt sich auf dem Weg zu ihrem Tisch, wo sie letztlich doch ein Mann erwartet, von einem anderen noch in ein spaßiges kleines Tänzchen verwickeln. Sie hat offenbar Geld, Spaß und wirkt befreit von den verstaubten moralischen Vorstellungen der 1950er-Jahre.

Das war schon was für die 1970er-Jahre! Und die Vorlage dafür lieferten Feministinnen. Bilder wie die aus diesem TV-Spot sind Bilder der Ermächtigung, allerdings einer Ermächtigung zum Konsum und zu dem Preis, dass diese feministischen Versatzstücke hier als »sexy Selbstbewusstsein« inszeniert werden und Frauen vor allem als potente Konsumentinnen angesprochen werden. Selbstbestimmung und Autonomie sind bis heute zentrale Themen der Werbung für die Zielgruppe »Frau«. Der Unterschied zu den 1970ern ist, dass sich das Spielfeld, auf dem diese Selbstbestimmung angesprochen wird, erweitert hat. Die Angebote an Frauen und Männer, wer sie sein könnten und sollten, haben sich weiter ausdifferenziert.

## Meine Haut – meine Entscheidung!

Mussten Frauen in den 1950er-Jahren noch herausfinden, welches Waschmittel sie kaufen wollen – »Die deutschen Hausfrauen wissen, was sie wollen: Sie verwenden REI, das Mädchen für alles!« –, hat sich inzwischen der Radius der erteilten Entscheidungsfreiheit auf den eigenen Körper erweitert.

Sechs Jahrzehnte später, im Jahr 2017, lässt uns der Konzern Procter & Gamble wissen, »mit Venus bestimmst Du, wie sich Deine Haut anfühlt«. Damit wurde der Topos der Selbstbestimmung besonders nah am Wording der Frauenbewegung angesiedelt. Die Kampagne für einen Gillette-Rasierer für Frauen heißt »My Skin. My Way« und lehnt sich damit an das wohl bekannteste Motto der zweiten Frauenbewegung an: »My Body. My Choice«. Damit wird bis heute für das Recht auf einen Schwangerschaftsabbruch demonstriert, eine der wichtigsten und leider noch immer wackeligen feministischen Errungenschaften. Dort, wo Schwangerschaftsabbrüche straffrei sind, gibt es praktisch keine Todesfälle mehr aufgrund von unsicheren und selbst durchgeführten Schwangerschaftsabbrüchen. Darüber hinaus ist die Möglichkeit, zu entscheiden, ob und wann man ein Kind bekommt, eine zentrale Basis für ein unabhängiges Leben. Auch wenn das vielen Menschen völlig klar ist, müssen wir offenbar daran erinnern, wenn ein Konzern wie Procter & Gamble mit »My Skin. My Way« das Recht von Frauen, über eine lebensverändernde Schwangerschaft zu entscheiden, mit dem »Recht« assoziiert, ob und wo Körperhaare entfernt werden.

Man könnte einwenden, dass es bei beidem letztlich darum geht, über den eigenen Körper zu entscheiden. Allerdings wird damit der große Unterschied in der Tragweite dieser beiden Freiheiten lässig beiseitegeschoben. Und wir sollten bei all dem dicken progressiv-politischen Anstrich nicht übersehen, dass es bei Gillette lediglich um die Entscheidung für ein bestimmtes Produkt geht. Im Konsumkapitalismus bedeutet Selbstbestimmung vor allem eines: die Freiheit der Wahl zwischen Produkt A und Produkt B. Sie bedeutet die Ermächtigung, zu einer bestimmten Ware zu greifen, um mit dieser Ware die eigene Identität zu formen und hervorzuheben.

Dass die Vorstellungen davon, was »Frausein« bedeutet, heute vielfältiger sind, ist das Verdienst der Frauenbewegung. Und das Verdienst des Neoliberalismus und Kapitalismus ist es, aus diesen Vorstellungen neue Anforderungen gebastelt zu haben, die Anforderung etwa, auch diesen Vorstellungen perfekt zu entsprechen.

## Procter & Gamble, der Genderprofi

Der Konzern Procter & Gamble (P&G) ist ein Paradebeispiel dafür, wie der Kampf gegen ein limitierendes Rollenverständnis professionell in die Markenkommunikation integriert werden kann und so verpackt wird, als würden Konzerne ein maßgebliches Verdienst an gesellschaftspolitischen Veränderungen haben. Im letzten Jahrhundert gab es viele solche Veränderungen. Und P&G wusste sowohl die herrschenden Geschlechterverhältnisse als auch die Ausbrüche aus diesen zu nutzen.

Der Konzern gehört zu jenen Unternehmen, die weltweit am meisten Geld für Markenkommunikation ausgeben. Allein im Jahr 2017 waren es sieben Milliarden Dollar. Der Konzern hat mit Pflege- und Kosmetikprodukten ein Produktportfolio, für das die Kategorie Geschlecht enorm wichtig ist. Die Geschlechterdifferenz zwischen Männern und Frauen ist noch immer eine zentrale Grundlage für dieses Produktportfolio. Gleichzeitig bringen immer prominenter geführte feministische und geschlechterpolitische Debatten die Probleme dieser Geschlechterdifferenzen regelmäßig aufs Tapet und es wird laufend dafür gekämpft, diese Differenzen abzuschaffen – oder zumindest ihr Gewicht zu verringern. Und das ist freilich eine schwierige Situation für einen Konzern, dessen Produkte sich in »für sie« und »für ihn« aufsplitten.

Doch P&G weiß den Kampf für Gleichstellung seit vielen Jahren geschickt für sich zu nutzen. Der Konzern setzt seit Langem auf geschlechterpolitische Themen, die er in seinen Kampagnen kontrovers und auf Emotion setztend verhandelt. Das liegt letztlich auch an den Marken des Konzerns, der als Waschmittel- und Seifenhersteller groß wurde und seit vielen Jahren bei der Bewerbung von geschlechterspezifischen Produkten Flexibilität beweisen muss. P&G brachte mit der Marke Gillette etwa die ersten Damenrasierer auf den Markt. Der Erste Weltkrieg brachte Gillette hohe Umsatzeinbußen, die eingezogenen Männer ließen den Verkauf regulärer Männerrasierer in den Keller rasseln. P&G reagierte darauf schon ein Jahr nach Ausbruch des Krieges mit einem Rasierer für Frauen. Flexibilität in der Vermarktung von »Frauen-« und »Männerprodukten« war und ist also nötig. Das erfordert auch, Frauen und Männer in ihrem gesellschaftlichen Rollenverständnis zu erreichen, allerdings ohne als zusätzliche patriarchale Instanz zu firmieren oder diese Rollenvorstellungen zu sehr zu zementieren – man weiß ja nie, was kommt.

P&G ist heute bei Produkten wie Rasierern oder Windeln Marktführer. Die Rasierer-Marke Gillette besetzt rund 65 Prozent des weltweiten Marktes für Klingen und Rasierer, Pampers ist die größte Einzelmarke von P&G. 25 Prozent aller verkauften Windeln und Babypflegetücher sind von P&G (The Motley Fool 2017). Trotzdem sind Billigprodukte eine Bedrohung, weshalb sich P&G von rund hundert Marken getrennt hat und sich auf die Marken mit der besten Marktposition konzentriert – P&G muss nun ein schnelleres Wachstum bei den rund 60 verbleibenden Marken verzeichnen. Das ist nicht unriskant auf einem Markt, der zahlreichen und oft schwer vorhersehbaren Trends und Moden unterworfen ist. Die Körperrasur ist dafür ein gutes Beispiel: Seit den 1970er-Jahren hat sich das Gebot, zu enthaaren, bei Frauen deutlich erweitert und viel mehr Körperteile müssen glatt sein. Bei Männern hingegen gehört die Gesichtsrasur nicht mehr zum täglichen Muss.

Man bewegt sich auf einem schmalen Grat, wenn man Kund*innen Vorstellungen davon vorsetzt, wie Männer und Frauen sein sollen. Es darf sich einerseits niemand bevormundet fühlen, andererseits muss man deutlich zeigen, was Männer und Frauen wollen sollen. Doch P&G tänzelt geschickt auf diesem Grat und seine Kampagnen zeigen, wie sich der Konsumkapitalismus erfolgreich an gesellschaftliche Entwicklungen heftet und sowohl repressive Geschlechterhierarchien für sich nutzt als auch von den in den letzten Jahrzehnten entstandenen Emanzipationsbewegungen profitiert, die versuchen, diese Hierarchien aufzubrechen.

## Die Matriarchinnen der Seifenopern

Frauen hatten in der ersten Hälfte des 20. Jahrhunderts in ihren Ehen meist weder ein eigenes Einkommen noch waren sie in maßgebliche finanzielle Entscheidungen eingebunden. Trotzdem gab es Kaufentscheidungen, die sie trafen. Welcher Mann hätte sich damals schon damit befasst, welche Reinigungs- und Waschmittel am erfolgreichsten im Kampf gegen Dreck und Flecken sind. Einem Seifen- und Waschmittelhersteller wie P&G war natürlich bewusst, dass er Frauen am besten dort erreicht, wo sie diese Produkte brauchen: im privaten Bereich, zu Hause, direkt am (zweiten) Arbeitsplatz von Frauen. P&G finanzierte deshalb Anfang der 1930er-Jahre Hörfunkserien, um seine Werbung zielgruppengerecht platzieren zu können, und gilt damit als Erfinder der sogenannten Soap-Opera. In den 1930ern hatten die USA die höchste Zahl nicht erwerbstätiger Hausfrauen, für diese waren die täglichen Hörfunkserien gedacht, die in ihren Anfängen morgens und vormittags ausgestrahlt wurden. Am 14. August 1933 präsentierte P&G zum ersten Mal die für Hausfrauen gemachte Serie »Ma Perkins«, die erste Soap-Opera. Soap-Operas heißen so, weil sie ursprünglich rund um Waschmittelwerbung platziert wurden. Der Inhalt dieser Soap-Operas war auf Hausfrauen zugeschnitten und wurde somit auf Produkte in den Werbepausen abgestimmt. Als die Zahl der erwerbstätigen Frauen zu steigen begann und Frauen die Hausarbeit erst nach ihrer Lohnarbeit verrichten konnten, wurden die »Daily Soaps« in den späten Nachmittag verlagert. Auch der Medienkanal wurde gewechselt und die Soaps verschwanden zunehmend aus dem Radio und wanderten ins Fernsehen. Zwischen 1955 und 1969 stellten die US-amerikanischen Sender CBS, NBC und ABC die Radioübertragungen der Soaps zur Gänze ein. Nachdem sie am späteren Nachmittag und im TV ausgestrahlt wurden, erweiterte sich ihr Publikum auch auf jene, die außer Haus arbeiteten und Hausarbeiten später erledigten. Unverändert blieb allerdings die Struktur des Genres Soap-Opera: die Parallelität verschiedener Handlungsstränge, der Fokus auf Dialoge statt auf Action, auf Beziehungs- und Gefühlsprobleme, die über einen langen Zeitraum verfolgt werden. Der Anspruch war, dass Soap-Operas nebenbei konsumiert werden können. Man muss der Handlung auch dann noch folgen können, wenn man immer wieder wegen diverser Tätigkeiten im Haushalt nicht zuschauen kann. Das gilt im Übrigen bis heute auch für andere auf Frauen zugeschnittene Kulturgüter wie Frauenzeitschriften: Sie müssen nebenbei konsumiert werden können (Klaus 2005, 305). Denn solange Frauen vorwiegend die Haus- und Sorgearbeit erledigen, ist ihr Zuhause ein Ort der Arbeit und Freizeit zugleich. Rasch zwischen Entspannung mit kurzweiliger Zerstreuung und Haus- und Sorgearbeit hin- und herwechseln zu können, ist genau das, was Soaps oder Frauenzeitschriften bieten. Fokussierung und

Konzentration sind für den Konsum dieser Medien nicht erforderlich, schließlich ist beides bis heute für viele Frauen vor allem daheim kaum möglich.

Soaps sind aus diesem Grund seicht. Sie bieten aber durchaus Aspekte, die Zuschauerinnen über Unterhaltung und Ablenkung hinaus faszinieren sollen. Immerhin sind Frauen in den Serien die zentralen Figuren, es gibt eine »(…) Mehrzahl an weiblichen Protagonistinnen in vielfältigen Rollen, wobei in der Regel ein ausgeprägter mütterlicher Charakter im Mittelpunkt der Handlung stand« (Klaus 2005, 313). Serien wie diese sollten auch etwas bieten, das über das profane Leben der Zuseherinnen hinausging, und so wurden die weiblichen Figuren zwar mit einem stark »mütterlichen Charakter« ausgestattet, aber auch mit einer ordentlichen Portion Macht. Dieser Spagat lässt sich mit nichts besser bewältigen als mit dem Narrativ von Familienunternehmen. Dieses haben wir beispielsweise in Vorabendserien wie »Falcon Crest«, in der Angela Channing mit harter Hand sowohl ihr Weinimperium als auch ihre Familie zusammenhält, oder in »Reich und Schön«, eine Soap-Opera im klassischen Stil. In der seit 1987 laufenden Serie war bis 2012 Stephanie Forrester zentrale Hauptfigur als Matriarchin des Familienunternehmens Forrester. In den 1990er-Jahren war die Serie rund um eine Familie im Fashion Business eine der meistgesehenen Serien der Welt. Die Massen faszinierte offenbar, wie Susan Flannery als Stephanie Forrester bis ins hohe Alter die Geschicke eines Konzerns und die Schicksale der mit diesem Unternehmen verbundenen Familien diktierte. Ein mütterlicher Charakter allein reicht also nicht, den bekommen viele Zuseherinnen selbst attestiert und man muss ihn nicht unbedingt auch noch über eine Serie konsumieren.

Als in den 1990er-Jahren geschätzte 450 Millionen Menschen »Reich und Schön« schauten, erreichte die Soap-Opera auch den akademischen Feminismus und die Cultural Studies, die rege über dieses Format debattierten. Neben Analysen zu den üblichen Stereotypisierungen von Geschlechterrollen wurden nunmehr auch die emanzipatorischen Kräfte dieses Formats herausgearbeitet, etwa, dass frauenspezifische Zusammenhänge in den Mittelpunkt gestellt werden und überhaupt ein weibliches Sujet als zentrale Figur zugelassen wird. Daraus entstand eine Art feministische Vereinnahmung der Populärkultur, die dem Feminismus zahlreiche neue Impulse und neue Zugänge lieferte. Ein wesentlicher Impuls lag darin, sich politisch nicht mehr von der Massenkultur als Multiplikator herrschender Geschlechterdiskurse und -hierarchien angewidert abzuwenden, sondern nach widerständigen Lesarten dieser Massenkultur zu suchen. Dieses Potenzial der Populärkultur war auch deshalb aus feministischer Perspektive interessant, weil es von den Rezipient*innen kam und damit auch gezeigt wurde, dass die Bedeutung einer bestimmten Erzählung in einer Serie oder einer bestimmten Figur nicht von den Macher*innen einer Serie allein bestimmbar ist, sondern von den Zuseher*innen »gegen den Strich gelesen werden kann« – und man somit der Massenkultur nicht machtlos ausgesetzt ist.

Popkultur wurde somit zu einer wichtigen Ressource feministischen Denkens. Doch wie die Geschichte der Soap-Opera zeigt, hatte die auf Frauen zugeschnittene Populärkultur – mit all ihrem emanzipatorischen Potenzial – vorrangig die Motivation, Frauen als Konsumentinnen zu erreichen. Trotzdem schaffen es aktuelle Kampagnen immer öfter, vor allem aus einer feministischen Perspektive rezipiert zu werden. Allerdings nicht mehr durch das Umdeuten eines dominanten Plots, denn die feministische Deutung ist nun die einzig mögliche. Wie bei den Kampagnen von Gillette: Die Kampagne »My Skin. My Way« wurde immer wieder als Tabubruch bezeichnet. Warum? Weil in einer Werbung für Rasierer für Damen das gezeigt wird, was in jenen für Herren immer schon vorkam: Haare, die man wegrasieren kann. In früheren Sujets und Spots für sogenannte Damenrasierer wurde immer makellos glatte Haut rasiert. Frauen durften in öffentlichen Bildern schlicht zu keinem Zeitpunkt Haare auf den Beinen und unter den Achseln haben. Diese Kampagne von P&G zeigte nun aber 2017 zumindest zart behaarte Beine und Achseln, die in dem Spot abrasiert oder sogar stehen gelassen werden. Ein anderer Spot dieser Kampagne zeigt auch Frauen mit ihrer Kaiserschnittnarbe, Cellulite, Dehnungsstreifen oder Frauen mit überdurchschnittlich vielen Muttermalen. Es sind weiße Frauen, Women of Colour, dicke und dünne. In Interviews erzählen sie, wie sie gelernt haben, sich nicht mehr zu verstecken und sich selbst zu akzeptieren. Es ist eine starke Botschaft von Vielfalt, und es sind durchaus bewegende Bilder der Ermächtigung von Frauen, die wir bisher kaum im Fernsehen und schon gar nicht in Werbungen gesehen haben.

## »Like a Girl« beim Superbowl

Die Slipeinlagen- und Bindenmarke Always des Konzerns Procter & Gamble schlug einen ähnlichen Weg ein und legt seit einigen Jahren besonderes Augenmerk auf feministische Botschaften. Dabei geht es weniger um die Selbstbehauptung als Frau, die nicht den gängigen Schönheitsnormen entspricht, sondern grundlegender um eine Kampagne gegen die Abwertung von Mädchen generell. Mit der Kampagne »Like A Girl« wolle Always das Selbstbewusstsein von Mädchen stärken, das gerade in der Pubertät oft einen »Dämpfer« erleide, heißt es auf der Website von Always.

Die Kampagne bedient sich dabei einer semantischen Umdeutung, die gerade dem queeren und feministischen Aktivismus oft besonders gut gelungen ist. Ein Beispiel dafür: »Bitch« (Schlampe) nennt sich heute eines der wichtigsten Magazine für Feminismus und Popkultur in den USA. Die ursprünglich abwertende Bezeichnung als »Schlampe« wird in einem völlig neuen Kontext, einer anderen Sprechhandlung (Austin 1986) wiederholt und so mit neuer Bedeutung aufgeladen. Je mehr Sprecher*innen beispielsweise »Bitch« in einer Sprechhandlung der Anerkennung verwenden und nicht mehr in der einer Beleidigung, desto erfolgreicher die Neubesetzung. So war »queer« lange Zeit eine Beleidigung und hat es inzwischen zu einer relativ wertneutralen Bezeichnung gebracht.

Always wollte dies mit »Like A Girl« erreichen. Der Originalspot der groß aufgezogenen Kampagne wurde 2015 in den USA während des Super Bowls ausgestrahlt, der regelmäßig die höchsten Einschaltquoten der USA erreicht. Die Kampagne setzt dort an, dass »wie ein Mädchen« noch immer über weite Strecken als Beleidigung und Abwertung gemeint ist. Wer »zu schwach«, »zu wenig kompetitiv«, »zu wehleidig« oder »zu tollpatschig« ist, macht es »wie ein Mädchen«.

In dem Werbevideo von Always wird »wie ein Mädchen« nun als Kompliment inszeniert: »Warum kann ›renn wie ein Mädchen‹ nicht auch heißen, das Rennen zu gewinnen?«, fragt eine junge Frau am Ende des Spots, nachdem einige junge Frauen und Mädchen vor der Kamera mit selbstsicherem Gestus werfen, kämpfen und rennen. Mädchen können alles genauso gut wie Buben, und das immer – always eben. »Alle Frauen haben etwas Besseres als den Status quo verdient«, heißt es auf der Website von Always, wo die Motivation hinter der Kampagne erklärt wird. »Deshalb arbeiten wir jeden Tag daran, ihnen innovative Produkte anzubieten, mit denen sie nicht zu stoppen sind.«

## Gender? Das lässt niemanden kalt

Klar, dass es bei einer Werbung wie der von Always nicht in erster Linie darum geht, das Selbstbewusstsein von Mädchen zu stärken. Es geht darum, ein Produkt zu verkaufen, nicht um eine gesellschaftspolitische Kampagne. Es geht nicht um Emanzipation, es geht um Umsatz – aber durchaus auch um Umsatz mit Emanzipation. Denn man profitiert von der Anbindung an Antidiskriminierungsthemen, sie geben ein gutes Image. Und noch etwas gibt es dafür: große Aufmerksamkeit. Wenn Konzerne wie Procter & Gamble ihre Produkte mit politischen Inhalten bewerben, ist ihnen zusätzliche Distribution über klassische und soziale Medien gewiss und sie müssen sich gar nicht groß selbst darum kümmern. Genderthemen sind als hochemotionale und kontroverse Themen ein Garant für eine breite mediale Debatte. Sie werden seit einigen Jahren von Journalist*innen, Blogger*innen und Aktivist*innen aufgegriffen und verbreitet.

Gillette erreichte auch mit seiner Linie für Männer maximale Aufmerksamkeit, weil es in einer Kampagne ein in den sozialen Medien besonders aggressiv verhandeltes Thema aufgriff: toxische Männlichkeit. Anfang 2019 veröffentliche Gillette eine Kampagne, die die herrschenden Männlichkeitsbilder kritisch thematisierte. Sexismus, Mobbing, Raufereien und andere Brutalitäten werden in einem Spot mit schulterzuckenden, grillenden Männern als »Boys will be boys« quittiert. Doch dann wendet sich das Blatt und der Spot zeigt, wie es auch anders sein könnte: Männer, die einschreiten, wenn Frauen belästigt werden, Männer, die Streit zwischen Buben schlichten und sich empathisch erkundigen, ob es ihnen gut gehe. Männer, die mit ihren Töchtern gemeinsam vor dem Spiel üben, »Ich bin stark« zu sagen. Die Marke Gillette modelt in diesem Spot den bisherigen Slogan »The best a man can get« (»Das Beste, was ein Mann bekommen kann« bzw. »sein kann«) zu der Frage um: »Ist das das Beste, was ein Mann bekommen kann (sein kann)?« Es sind berührende Bilder – und sie sind eine erholsame Abwechslung zur Werbeästhetik von Produkten für Männer, in der das Duschgel mit voller Wucht auf die Seifenablage geknallt wird oder eine blutjunge Frau durch das Haar des schuppenbefreiten graumelierten Hauptes des älteren Gentleman streicht.

Zur Kampagne von Gillette mit alternativen Männlichkeitsbildern gab der Konzern an, man wolle eine »positive, erreichbare, inklusive und gesunde Version« dessen bewerben, was es bedeutet, männlich zu sein. Darüber hinaus kündigte das Unternehmen an, drei Jahre lang Non-Profit-Organisationen mit je einer Million US-Dollar zu unterstützen, die diese Ziele verfolgen. Vor allem Männerrechtsaktivisten reagierten auf diese Kampagne heftig: Sie warfen der Werbung vor, die meisten Männer als Sexualstraftäter oder brutale Gangster darzustellen. Über den massiven Shitstorm gegen Gillette berichteten unzählige Medien ausführlich. Und das kann freilich nie schaden, denn zuletzt sah es nicht so gut aus mit den Rasiergewohnheiten der Männer. Die P&G-Marke Gillette brachte im vierten Quartal des Geschäftsjahres 2019 einen Verlust von 5,2 Milliarden Dollar ein. Man rasiere sich heute seltener, lautet eine Begründung vonseiten des Konzerns (Spiegel Online 2019). Laut CEO David Taylor sei jeder Dollar, den man in eine überzeugende gesellschaftliche Kampagne stecke, »entweder gut für unsere Kunden oder für unsere Stakeholder«.

Die Marke selbst kommt bei solchen Kampagnen zwar vor, tritt aber scheinbar zugunsten einer gesellschaftlich relevanten Debatte in den Hintergrund. Und noch einen kostenlosen Werbeboost gibt es für Unternehmen, die Genderthemen aufgreifen: In den sozialen Medien werden diese immer von sexistischen und lookistischen Untergriffen begleitet, auf die wiederum Kritikerinnen dieser Untergriffe reagieren und die progressiven Kampagnen wie #LikeAGirl oder »My Skin. My Way« verteidigen. Das bringt auch den Effekt, dass sich Unternehmen ganz nebenbei als mutige Kämpfer für vielfältige Körperbilder und die Aufweichung diskriminierender Geschlechterbilder positionieren können. Dass genau diese Unternehmen allerdings immer schon von diskriminierenden Geschlechterbildern und Schönheitsnormen wie auch von der Geschlechterdifferenz generell profitiert haben und sie deshalb auch erst konstruieren, verbreiten und festigen – das scheint dann schnell vergessen.

In der Hitze der Debatten gerät somit das Offensichtliche oft in den Hintergrund: Konzerne führen den Kampf gegen Geschlechterstereotype und Diskriminierung dann, wenn sich damit ihr Produkt verkaufen lässt. Und: Sie führen ihn auch in einem Stil, der vor allem eine neoliberale Lesart des Feminismus ist.

## Feminismus als Individualismus

Aber egal, wie man zu dieser neuen Liebe von Konzernen zu feministischen Botschaften steht: Diese Kampagnen berühren wohl die meisten und das Auge bleibt nur selten trocken.

Wenn ein Mädchen sagt, »›wie ein Mädchen‹, das klingt eher nach etwas Schlechtem«, und ein Bub meint, diese Beschreibung würde seine Schwester nicht beleidigen, Mädchen im Allgemeinen schon, aber nicht seine Schwester – dann ist das schlichtweg traurig und ja, auch erhellend. Die Mädchen und Buben in dem Video aus der Kampagne sprechen reflektiert darüber, dass Bezeichnungen wie diese als Beleidigung wirken, während sie sie gleichzeitig selber auch als Abwertung verwenden. Allerdings nicht alle: Manche beschreiben etwa »rennen wie ein Mädchen« mit »so schnell, wie man nur kann« oder sie koppeln Fähigkeiten vom Geschlecht ab, indem sie sagen, das bedeute »rennen, wie *ich* es tue«. Andere in dem Spot verstehen die Beschreibung »wie ein Mädchen« dahingehend, möglichst tollpatschig zu laufen. Die althergebrachten Bilder von »weiblichen« oder »männlichen« Fähigkeiten sitzen tief und werden durch Kinder weiter in die Zukunft getragen.

Allerdings passt diese Art der Stärkung des Selbstbewusstseins, wie sie Always hier betreibt, auch perfekt in eine neoliberale Erzählung. Procter & Gamble führt Emanzipation und Antidiskriminierung in derlei Kampagnen mit kompetitiven Kategorien zusammen; mit Konkurrenz, Gewinnen, Kraft. Eine Botschaft der Kampagne #likeAGirl ist neben der Abwertungsrhetorik auch, dass Mädchen Rennen gewinnen können, nicht zu stoppen und konkurrenzfähig sind. Die Kampagne versucht eine Aufwertung der Zuschreibung

»wie ein Mädchen« auch durch eine Aufwertung von Mädchen in den Rang von Leistungsträger\*innen oder besser das, was man in einer vorrangig leistungsorientierten Gesellschaft darunter versteht: fit für den Wettbewerb zu sein. Der weibliche Körper, der lange als Argument für die Unterdrückung von Frauen herhalten musste, darf in der Vorstellung von Gleichberechtigung kein Hindernis mehr sein. Es geht um den Glauben daran, wer Gleiches leiste, wäre gleichgestellt.

Spots wie dieser verraten somit viel über die aktuellen Anforderungen an junge Menschen, in diesem Fall insbesondere an Mädchen, die »nicht zu stoppen« sein sollen. Es ist eine zentrale Erzählung unserer Zeit, dass Leistungsfähigkeit der Schlüssel zu einem guten Leben ist und zu einem selbstbestimmten Leben führt. Und welches Narrativ würde da besser ins Marketingkonzept passen als Feminismus? Oder zumindest passende Aspekte daraus?

Es gibt somit zwei zentrale Probleme von Werbung mit gesellschaftspolitischer Stoßrichtung: Erstens geht es vorrangig darum, etwas zu verkaufen, statt darum, etwas zu verändern. Und zweitens folgt diese Werbung aus ebendiesem Grund bestimmten und somit eingeschränkten Interessen und nutzt bestimmte Botschaften. Eine solche Botschaft ist zum Beispiel, dass Feminismus als Erfolg der Einzelnen präsentiert wird, als individuelle Überwindung bestimmter Zuschreibungen.

Carolyn Tastad, Nordamerika-Chefin von Procter & Gamble und konzernweit Beauftragte für Diversity, hat den Kurs, Marken in einen engen Zusammenhang mit gesellschaftspolitischen Bewegungen zu bringen, bei P&G vorangetrieben. Sie ist überzeugt, dass Vorurteile durch Werbung aufgeweicht werden. Weniger überzeugt ist sie womöglich davon, dass Leistung sehr oft nicht ausreicht, um sich gegen patriarchale Strukturen durchzusetzen. In einem Interview (Frankfurter Allgemeine Zeitung 2018) erzählt sie aus ihrer eigenen Geschichte: »Bei uns zu Hause gab es keine Mythen, da hieß es immer nur: Arbeite hart und gib dein Bestes, egal ob Tochter oder Sohn. Das war mein Glück.«

## Quellen

(Austin 1986) John. L. Austin: »Zur Theorie der Sprechakte: (How to Do Things with Words)« Reclam, Berlin, 1986

(de Beauvoir 2000) Simone de Beauvoir: »Das andere Geschlecht: Sitte und Sexus der Frau«, Rowohlt, Hamburg, 2000

(Bourdieu 2005) Pierre Bourdieu: »Die männliche Herrschaft«, Suhrkamp, Frankfurt am Main, 2005

(Frankfurter Allgemeine Zeitung 2018) Bettina Weiguny: »Kämpfe wie ein Mädchen«, www.faz.net/aktuell/wirtschaft/unternehmen/wie-procter-gamble-mit-starken-frauen-wirbt-15499585.html?printPagedArticle=true#pageIndex_2

(Hausbichler, 2019) Beate Hausbichler: »Buben lernen nicht, dass Frauen ihnen Vorbilder sein können«, www.derstandard.at/story/2000111053393/genderklischees-jungs-lernen-nicht-dass-frauen-ihnen-vorbilder-sein-koennen

(Klaus 2005) Elisabeth Klaus: »Kommunikationswissenschaftliche Geschlechterforschung. Zur Bedeutung der Frauen in den Massenmedien und im Journalismus«, LIT Verlag, Wien, 2005

(Spiegel Online 2019) »Gillette brockt P&G Milliardenverlust ein«, www.spiegel.de/wirtschaft/unternehmen/gillette-brockt-p-g-milliardenverlust-ein-a-1279705.html

(Stokowski 2019) Margarete Stokowski: »Eine Axt für die Dame«, www.spiegel.de/kultur/gesellschaft/weihnachtsgeschenke-und-feminismus-eine-axt-fuer-die-dame-a-1299426.html

(The Motley Fool 2017) »Wie Procter & Gamble Geld verdient«, www.fool.de/2017/09/05/wie-procter-gamble-geld-verdient/

(Zeisler 2017) Andi Zeisler: »Wir waren doch mal Feministinnen. Vom Riot Grrrl zum Covergirl – Der Ausverkauf einer politischen Bewegung«, Rotpunktverlag, Zürich 2017

Alle Beispiele von Sujets aus dem 20. Jahrhundert: www.wirtschaftswundermuseum.de/frigidaire.html und www.wirtschaftswundermuseum.de/werbung-bilder-1950-1.html

# Feminist-Washing und Femvertising leicht gemacht

Feminismus ist hässlich, Feministinnen sind es sowieso, »Mannsweiber«, unsexy, unrasiert. Feminismus mit allem in Zusammenhang zu bringen, was vermeintlich unerotisch, »unweiblich« und angeblich an Frauen besonders abstoßend sei, das war lange Zeit die erfolgreichste Kampagne gegen Feminismus. Wer nicht als hässlich, »unweiblich« oder underfucked gelten wollte, musste sich zumindest bis zur Jahrtausendwende vom Feminismus wortreich distanzieren. Erst als megaerfolgreiche Frauen begannen, feministische Dinge zu tun oder sich gar als Feministinnen zu bezeichnen, änderte sich das. Denn wer kann schon dem Popstar Beyoncé oder der Schauspielerin Emma Watson, also reichen und als wunderschön geltenden Frauen, ernsthaft nachsagen, ihnen könne gar nichts anderes als Feminismus einfallen – so hässlich und frustriert wie sie seien? Eben. Der Einfall von Stars, Feminismus als interessantes Detail ihrer Persönlichkeit zu vermarkten, und die Aneignung feministischer Rhetorik und Ästhetik durch Reiche und Schöne hat einen immensen Anteil am Aufstieg des populären und vermarktbaren Feminismus. Offenbar müssen deswegen auch jene mitziehen, die mit politischen Bewegungen ungefähr so viel zu tun haben wie ein zur Schau getragenes »Girlboss«-T-Shirt mit dem jahrelangen Ringen um feministische Frauenpolitik in einem Parlament. Also: nichts.

Zum Beispiel Karl Lagerfeld, der nie um frauenfeindliche Sprüche verlegen war und es offenbar als Teil seines Jobs als Designer ansah, öffentlich die Körper von Frauen zu kommentieren: Der britischen Sängerin Adele attestierte er gnädigerweise ein »hübsches Gesicht«, ansonsten sei sie allerdings ein »bisschen zu fett« (The Guardian 2012). Mitte der 2010er-Jahre flammte immer wieder eine Debatte um sehr dünne Models auf, die vor allem in Frankreich geführt wurde und nach der 2015 Gesundheitschecks für Models gesetzlich verankert wurden. Lagerfeld kommentierte dies so, dass doch bitte niemand Rundungen auf einem Laufsteg sehen wolle. Offenbar auch selbst dann nicht, wenn es ein »feministischer« Laufsteg ist, wie ihn Lagerfeld 2014 für eine Show kreierte. Auch ein Karl Lagerfeld richtete sich also nach Trends, die offensichtlich nicht von ihm selbst kamen. Beim besagten »feministischen« Laufsteg verwandelte er eine seiner Fashion Shows in eine ansehnliche, sexy Frauendemo. Dabei ließ er Frauen, die seinen Idealvorstellungen entsprachen, mit Stangenschildern und absurd abgewandelten feministischen Slogans wie »feminism not masochism« oder »Women's rights are more than alright« über den Laufsteg schreiten. Er möge einfach die Idee eines »unbeschwerten Feminismus«, sagte Lagerfeld über diese Show. Über die vereinzelte Kritik, er würde damit den Feminismus für seine Kollektion kommerzialisieren, sagte er, nichts interessiere ihn weniger. »Unbeschwerter Feminismus« – eine sinnlosere Aneinanderreihung von Wörtern ist wohl kaum möglich. Das klingt ungefähr so wie ein »dezentes Knallrot«, oder ein »gelassener Streit«. Er ist aber – so paradox es auch ist – die zentrale Arbeit von Feminist-Washing, also von der Vermarktung und Bewerbung von Produkten mit Feminismus. Wenn wir uns einmal – recht vereinfacht – ein Meeting in einer Werbeagentur vorstellen, könnte das vor einigen Jahren ungefähr so abgelaufen sein: »Feminismus kann ziehen?« – »Ja sicher, da geht es ja irgendwie ums Freisein, ein schöneres Leben, passt doch super zu unserem Produkt!« – »Stimmt, allerdings müssen wir diesen fiesen Beigeschmack irgendwie wegbekommen.« Dieser »Beigeschmack«, dieses Destruktive, dieses Negative, das die Kritik an bestehenden Verhältnissen nun einmal an sich hat, das musste weg. Feministinnen galten lange als »Spielverderberinnen«, wie es die feministische Theoretikerin Sara Ahmed ausdrückt. Sie erzählt, wie von ihr als feministischer Tochter einer »konventionellen Familie, die immer mit der Vorspiegelung der guten Stimmung in der Familie haderte« (Ahmed 2018, 100), stets angenommen wurde, sie könnte jeden Moment allen die Stimmung vermiesen. Zum Beispiel, indem sie auf eine sexistische Bemerkung bei einem Tischgespräch hinwies, die alle anderen gerade unterhaltsam fanden. Genau dieses Image des Feminismus als Spaßbremse musste im populären Feminismus weg. Und es ist gelungen: Populärer Feminismus ist dezidiert kein Spielverderber, er ist nicht der Ausgangspunkt schlechter Gefühle, so die britische Kommunikationswissenschaftlerin Sarah Banet-Weiser, denn: Schlechte Gefühle sind schlecht fürs Geschäft (Banet-Weiser 2018, 15). Lagerfeld hatte mit seiner Aussage, er möge einen »unbeschwerten Feminismus«, also durchaus ein wesentliches Merkmal des populären Feminismus benannt.

Jahrzehnte nachdem die »echten« feministischen Proteste der zweiten Frauenbewegung neben anderen Themen zum ersten Mal das limitierte Frauenbild, die normierenden Schönheitsideale und die Leiden, die diese Ideale verursachen, breit thematisierten, wird diese Haltung ausgerechnet von einem Modehaus ästhetisch ausgebeutet. Das ist insofern besonders zynisch, als große Teile der Bekleidungsindustrie schon allein durch die Produktion Frauen in den Ländern des Südens extrem ausbeuten. Diese arbeiten unterbezahlt und unter ungesunden bis lebensbedrohlichen Bedingungen. Beim Einsturz eines achtstöckigen Gebäudes, in dem für mehrere Textilfirmen produziert wurde, kamen in Sabhar (Bangladesch) 1135 Menschen ums Leben. Zum Zeitpunkt des Einsturzes waren 3000 Personen in der Fabrik, die meisten davon Textilarbeiter*innen. Es war der größte Unfall in einer Textilfabrik in Bangladesch, aber bei Weitem nicht der einzige.

Muss man jetzt wirklich auch noch die politische Bewegung ausbeuten, die genau das bekämpfen will? Wenn man sich schon so beherzt der markttauglichen Facetten des Feminismus bedient, sollte man zumindest so viel Anstand haben, die Kritik daran ernst zu nehmen, anstatt stolz sein Desinteresse daran zu demonstrieren. Lagerfelds Fashion Show ist ein Musterbeispiel für die völlige Entstellung feministischer Politik. Normierte weibliche Körper führten Mode vor, die sich nur wenige Reiche leisten können. Gekrönt wird das Ganze durch eine Pseudofrauendemo mit Stangenschildern, angeführt von Karl Lagerfeld. Die unappetitlichen Aspekte daran müssen nicht mühsam herausdestilliert werden, sie sind offensichtlich. Trotzdem würde es kaum einem jener Stars, die sich neuerdings selber lautstark Feministin nennen, einfallen, sich von dieser Verniedlichung sozialer Kämpfe und der kurzfristigen Aufhübschung des Profits wegen zu distanzieren. Nicht dem Model Cara Delevingne, nicht den Schauspielerinnen Keira Knightley oder Emma Stone. Superstars wie sie waren in den vergangenen Jahren oft wegen ihrer frauenpolitischen Statements in den Medien. Doch für Kritik an einem derart zynischen Umgang mit jenen Inhalten, für die sie angeblich stehen, reicht es nicht. Es wirkt fast schon naiv, von schwerreichen Menschen zu verlangen, zumindest das Minimum dessen zu tun, was wegen ihrer nach außen getragenen politischen Haltung eigentlich selbstverständlich wäre. Dabei wäre es ein Leichtes für sie, eine Marke zu boykottieren und auch zu sagen, warum. Jeder Antagonismus, auch wenn er noch so unübersehbar ist, wird glattgebügelt. Bloß keine Spielverderber*in sein.

## Ist Feminist-Washing nur böse?

Doch es gibt Unterschiede im Feminist-Washing und Femverstising: Beides versucht, wenn auch oft holprig, genderspezifische Themen aufzugreifen, wenngleich das an der grundlegenden Motivation, damit Profit zu machen, natürlich nichts ändert. Die Palette reicht von Kampagnen mit völlig an den Haaren herbeigezogenen Zusammenhängen zwischen Produkt und Feminismus bis hin zu plausiblen und informativen Kampagnen, die vielleicht sogar die einen oder anderen für eine intensivere Auseinandersetzung mit politischen Themen ins Boot holen.

Die erwähnte Chanel-Show aber passt nicht einmal mehr in die Kategorie Femvertising, vielmehr ist sie ein Beispiel für Spaß- und Glamour-Feminismus, der ein völlig falsches Bild zeichnet von einer Frauenbewegung, die früher einmal stattgefunden hat, damals, als man Schlaghosen und Mittelscheitel trug. Gerade so, als könnten wir heute schmunzelnd und mit einem Augenzwinkern auf diese Zeit zurückschauen, weil wir schließlich alles erreicht hätten. Botschaften wie diese können wir nicht brauchen, sie verschleiern die Realität. Eine ungerechte Realität, aus der sich jene Frauen, die sich Designermode leisten können, ohne Probleme freikaufen können.

Doch dieser Laufsteg-Feminismus liegt auf einem sehr langen Weg der Entwicklung des Feminismus zur Ware. Begonnen hat es mit der Kaufkraft, den Möglichkeiten von Frauen, ohne Zustimmung eines Ehemannes ein Konto zu eröffnen oder berufstätig zu sein. Beides wurde im Laufe der zweiten Frauenbewegung in den 1960er- und 1970er-Jahren umgesetzt. Parallel zu den aufkeimenden feministischen Protesten setzte Philip Morris in den USA eine interessante Wegmarke auf dem Weg zum Marktfeminismus. Mit einer Kampagne für die Zigarettenmarke Virginia Slims setzte der Tabakkonzern auf die Darstellung von Autonomie und Selbstbewusstsein und bediente sich dabei der Kämpfe von Frauenrechtler*innen seit Ende des 19. Jahrhunderts. Die weißen, dünnen, langen Zigaretten kamen 1968 auf den Markt, ein Jahr nachdem American Tobacco eine Zigarettenmarke herausgebracht hatte, die sich ebenfalls gezielt an eine weibliche Zielgruppe richtete, die Silva Thins. Dünn und schlank, von diesen Attributen der Zigarette sollten sich Frauen angesprochen fühlen. Zum Femvertising-Klassiker und zur bekannteren Marke für »Frauen-Zigaretten« wurden allerdings die Slims, die sich im emanzipatorischen Aufbruchsjahr 1968 anerkennend mit dem Slogan »You've come a long way, baby« (»Du hast es weit gebracht, Baby«) an Raucherinnen und jene, die es noch werden wollten, richteten. Die »Zigarette, gemacht für Frauen«, heißt es auf dem Plakat, das Frauen mit erhobenem Kopf und frontal in die Kamera blickend zeigt. Es gibt unterschiedliche Sujets und Models, mit denen die Slims beworben wurden. Doch der ästhetische rote Faden waren die politischen Kämpfe um Autonomie, die von diesen Frauen nun so selbstbewusst mit ihren Slims zwischen Mittel- und Zeigefinger quasi als Ende der Geschichte dargestellt wurden. Neben diesen modernen Frauen waren auf den Sujets historische Szenen politisch agierender oder schwer arbeitender Frauen abgebildet: Frauen im 19. Jahrhundert, wie sie beim Wäschewaschen schuften, Frauen mit einem Pflug auf dem Feld oder Frauen, die sich in Vereinen trafen, um sich im Kampf gegen ihre Unterdrückung zu organisieren (Print 2013). Im dazugehörenden TV-Spot wurden Frauen Ende des 19. Jahrhunderts gezeigt, wie sie sich vor ihren Ehemännern verstecken, um heimlich eine zu rauchen. Die Szene wird abgelöst von einer, die eine Frauendemo für das Wahlrecht zeigt, auf die dann wiederum die Frohbotschaft folgt: »Letztlich haben Frauen ihre Rechte erkämpft!« – Schnitt auf eine Frau mit ihren Slims. »You've got your own cigarette now, baby, you've come a long, long way«, singen Männer im Hintergrund. Auf den Plakaten lächeln die Frauen allerdings nicht mehr so breit wie auf Werbesujets der 1950er-Jahre, vielmehr ist es ein Gesichtsausdruck, der vor allem eines suggerieren soll: Selbstsicherheit. Ein Lächeln gibt es nur angedeutet.

In diesen Kampagnen steckt schon vieles, das sich bis heute im Femvertising gehalten hat: der Hinweis auf die errungene Autonomie von Frauen, und dass uns ein »eigenes Produkt« für Frauen quasi als frauenpolitischer Akt verkauft wird. Im Falle der Slims bedeutet das, dass eine zarte, dünnere Zigarette kreiert wurde. Weil Frauen offenbar keine »Männerzigaretten« halten können? Nun, das klingt aus heutiger Sicht vielleicht seltsam. Dünne Zigaretten sind auch nicht mehr sonderlich cool. Doch bei den zahlreichen anderen Produkten für Frauen finden es die meisten nicht seltsam. Heute haben wir von Wegwerfrasierern über Feuerzeuge bis hin zu den Erzeugnissen der riesigen Kosmetikindustrie, die völlig selbstverständlich schier alles nach Geschlecht aufsplittet, ein unendliches Spektrum an gegenderten Produkten. Gender-Marketing, also die Vermarktung von Produkten mithilfe von Geschlechterstereotypen, war zuletzt vor allem bei Spielzeug und Kleidung für Kinder ein Thema. Es war in der Tat sehr auffällig, wie nach und nach Kinderabteilungen streng in jene für Buben und jene für Mädchen aufgeteilt wurden – in blau / grau / dunkel und rosa / lila / hell separiert. Bei Erwachsenen gehört diese Trennung allerdings so selbstverständlich dazu, dass es gar nicht mehr weiter als Gender-Marketing auffällt. Statt unser eigenes gegendertes Konsumverhalten zu reflektieren, schmunzeln wir über Gender-Marketing bei Kindern. Etwa über die Absurdität, dass jede Socke für Neugeborene eine »für Buben« oder »für Mädchen« sein soll. Aber die zweigeschlechtliche Warenwelt für uns Erwachsene ist eine Selbstverständlichkeit. Frauen, die ein »Männer-Deo« benutzen? Verrückt! Unternehmen verdienen an den auch von ihnen geschaffenen Normen also sehr gut. Der Verkauf von zwei Deos, für »sie« und »ihn«, ist in jedem Fall besser. Wenn »er« seine eigene Nachtcreme braucht und »sie« einen speziellen Kugelschreiber, so absurd letzteres Beispiel ist, beide Beispiele bedeuten eines: schlicht mehr Profit. »Könnt ihr das glauben? Wir haben all die Jahre Männer-Kugelschreiber benutzt«, machte sich Moderatorin und Komikerin Ellen DeGeneres 2012 in ihrer Show über Kugelschreiber mit dem Namen »For her« der Marke Bic lustig.

Mag die Aufsplittung in »für ihn« und »für sie« noch so plump sein, sie hält sich dennoch wacker. Ebenso die Botschaft in vielen Kampagnen, dass die wesentlichen frauenpolitischen Kämpfe hinter uns lägen, dass wir heute zwar hin und wieder etwas geraderücken müssten, im Großen und Ganzen aber in einer gleichberechtigten Welt angekommen wären. Dieses Geraderücken wird im Marktfeminismus vor allem mithilfe von Selbstermächtigung, also Empowerment, in Szene gesetzt. Empowerment wird zum ultimativen Heilmittel gegen Diskriminierung. Das ist insofern ein größeres Problem als etwa in den 1980er-Jahren, als die Macht und Präsenz von Werbung heute weitaus größer sind. Dafür müssen wir uns nur vor Augen halten, wie viel Zeit wir inzwischen vor einem Bildschirm verbringen, und wie viel weniger Zeit es noch vor 40 oder 30 Jahren war. Damals kamen gerade erst PCs in die Haushalte, dann waren da noch das Fernsehen und das Kino. Doch heute verbringen Nutzer*innen allein schon mit ihrem Smartphone täglich 3,7 Stunden. Außer mit Spielen vor allem mit sozialen Medien und Videostreams, wo Nutzer*innen ständig mit gesponserten Tweets, interaktiver Werbung und Influencer*innen konfrontiert sind, bei denen noch dazu die Grenze zwischen Information, Unterhaltung und Werbung komplett verschwimmt.

Doch gerade weil Werbung und Konsum gegenwärtig eine noch viel größere Rolle spielen: Könnte man da nicht zu Recht sagen, dass es deswegen klug ist, gute Absichten so zu verpacken, dass letztlich möglichst viele davon profitieren? Tue Gutes, rede darüber – und verdiene dabei. Warum nicht mit Feminismus und seinen Zielen Werbung machen? Ist das nicht ein willkommener Wandel in einer Branche, die uns so viele Jahre praktisch nur Geschlechterstereotype vorgezeigt hat?

Schließlich stoßen sich heute Frauen sehr wohl an sexistischen Werbungen. Das US-amerikanische Unternehmen »She Media« präsentierte etwa eine Umfrage unter 628 Frauen, nach der sich 91 Prozent überzeugt zeigten, dass die Darstellung von Frauen in der Werbung Einfluss auf das Selbstwertgefühl von Mädchen hat. Und 94 Prozent denken, dass die Darstellung von Frauen als Sexsymbol in der Werbung für Mädchen schädlich ist (The Huffington Post 2014). Deshalb haben heute Werber*innen, die über ein grobes feministisches Grundvokabular verfügen, einen Vorteil. Die große

Palette an Kampagnen, die Selbstermächtigung, Selbstbewusstsein und Selbstbehauptung ins Zentrum ihrer Werbebotschaft rücken, reichen von durchaus intelligenter Vermittlung feministischer Inhalte, die der Sache zumindest nicht schaden, bis hin zu einer völlig sinnlosen Aneinanderreihung emanzipatorisch klingender Sätze. Einen Geschmack davon lieferte im Frühjahr 2020 die österreichische Eismarke Eskimo des Unilever-Konzerns.

## Femvertising um jeden Preis

Eskimo meinte mit Twinna das »erste weibliche Eis« auf den Markt zu bringen und erfand zum bisherigen Eis-Klassiker Twinni ein »weibliches« Pendant. »Sämtliche Eisvarianten in Österreich sind entweder ein ›Der‹ oder ein ›Das‹. Ein ›Die‹ gab es einfach nicht«, skandalisierte Eskimo. Die Presseaussendung zur Twinna betitelten manche Zeitungen, die wie wild darüber berichteten, sogar als »Statement«, gerade so, als ginge es tatsächlich um eine politische Position statt um ein Wassereis mit Erdbeer-Maracuja-Geschmack. Jedenfalls verknüpfte Eskimo genau das, ein Wassereis, mit nichts Geringerem als einer sprachpolitischen Botschaft: »Wir bei Eskimo wollen mit unserer Produktvielfalt dazu beitragen, Spaß, Freude und Genuss zu verbreiten und Menschen zusammenzubringen. Egal welcher Herkunft, Alter, Hautfarbe oder Geschlecht. Sprache verändert das Bewusstsein. DIE Twinna haben wir auf den Markt gebracht, um genau dieses Bewusstsein zu stärken. Wir wollen mit Twinna auch dazu aufrufen, alle Frauen zu feiern. Denn zusammen ist das Leben bunter, spaßiger und vielfältiger.«

Es ist wohl einer der ältesten Witze über gendergerechte Sprache, willkürlich bestimmten Begriffen das grammatikalische Femininum voranzustellen. »Jetzt müssen wir wohl bald ›Bitte, kann ich die Salzstreuerin haben‹ sagen!« Derartige Verzerrungen der einfachen Forderung, Frauen schlicht grammatikalisch korrekt anzusprechen, etwa als »liebe Bürgerin« statt als »lieber Bürger«, sind bis heute an der Tagesordnung. Diese kleine und logische sprachpolitische Forderung dominiert noch immer feministische Debatten im Mainstream und diese sind geprägt vom festen Willen, selbst einfach zu behebende Defizite zu bagatellisieren und gleichzeitig als völlig überzogen darzustellen. Schon die Forderung nach dem Wahlrecht für Frauen um die Jahrhundertwende wurde so kommentiert: Es gebe doch wohl Wichtigeres, und viele Frauen wollten schließlich gar nicht wählen, oder?

Doch zurück zu unserem Beispiel über die recht originelle Deutung feministischer Sprachpolitik. »Sprache verändert das Bewusstsein«, das wurde in den letzten Jahrzehnten von Feministinnen und auch Linguist*innen im deutschsprachigen Raum, beginnend mit Luise F. Pusch (Pusch 1984) in den 1970er-Jahren, immer wieder gepredigt. Der Satz ist schon richtig, gilt aber für die Repräsentation von Menschen und nicht für Wassereis. Aber auch so kann Femvertising gehen, oder besser gesagt: Das kommt dabei heraus, wenn die Kurve von einem Produkt hin zu »irgendwas mit Frauenrechten« zu scharf ist, aber trotzdem unbedingt genommen werden will. Derlei absurde Beispiele gibt es inzwischen zuhauf. Die Fitnessstudio-Kette, die die Mitgliedschaft unter anderem mit »Die fetten Jahre sind vorbei« bewirbt, weist auf die für Frauen bestimmen Bereiche launig mit »Hier geht's zur Frauenbewegung« hin. Feministisches Flair will die Marke Zadig & Voltaire mit dem Parfum »Girls Can Do Anything« versprühen, in einem schlichten Flakon mit zartrosa Inhalt und einem groben Schraubverschluss, der wohl für »zupackende Frauen« gedacht ist – oder was immer mit »Mädchen können alles« angedeutet werden will. In dem dazugehörigen Sujet wird es schon etwas konkreter: Ein Model hockt in lässiger Pose auf einem Skateboard, in bequemen Klamotten und mit rotzigem Gesichtsausdruck – und sie riecht offenbar auch noch gut. Ähnlich banal ist die Aussage der Kosmetikmarke Covergirl (P&G), »Girls Can«. Und die Shampoo-Marke Pantene

Pro-V will sogar den Zusammenhang zwischen einem anerzogenen Sozialverhalten vieler Frauen und schimmerndem Haar herstellen: Der Spot zeigt Frauen, die sich für alles Mögliche entschuldigen. Ob sie nun im Gespräch mit einem Kollegen einen anderen Vorschlag haben, ihren Ellenbogen auf eine Stuhllehne gelegt haben, die jetzt ein anderer einfach mal so für sich beansprucht, oder ihrem Partner das Baby kurz in die Hand drücken, sie entschuldigen sich immer, »sorry«, »sorry«, »sorry« (YouTube 2015). »Be shine, be strong« ist die Wendung in dem Spot, mit dem Frauen nahegelegt wird, endlich damit aufzuhören. Schimmerndes Haar soll ihnen dabei helfen.

## Wenn der Bock zum Gärtner gemacht wird

Aber wenn wir schon überall Werbung haben, was kann dann so falsch daran sein, dass diese Werbung wenigstens Mädchen und Frauen in vielfältigeren Rollen darstellt und zeigt, wie sie sich gegen Geschlechternormen wenden, diese überwinden und als »starke Frauen« rüberkommen?

Auch wenn diese inzwischen weit verbreiteten Bilder auf den ersten Blick sympathisch wirken, bescheren sie uns dennoch einen ganzen Haufen Schwierigkeiten: Die Definitionsmacht von medialen Bildern inklusive Werbung ist bereits viel zu groß und wir sollten es nicht jenem Wirtschaftsbereich überlassen, den daraus entstandenen Schaden zu beheben, der ihn entscheidend mitverursacht hat. Wir dürfen nicht vergessen, dass es maßgeblich Werbung ist, die bei Frauen die Befürchtung schafft, nicht schön, aktiv, sportlich, begehrenswert, »weiblich«, oder in sonst einer Art und Weise genug zu sein. Konzerne haben ein Interesse daran, dass ihr Einfluss auf das Leben ihrer Kund*innen groß bleibt und dieser Einfluss in keiner Weise beschnitten oder reglementiert wird. Konzerne und Werbeagenturen sind in der Regel gegen sämtliche gesetzliche Verbote von herabwürdigender, sexistischer oder rassistischer Werbung. Auch der Österreichische Werberat ist nur ein Instrument zur Selbstkontrolle und sieht in der Sensibilisierung der Bevölkerung und der Unternehmen das Mittel der Wahl. Das bedeutet: Die Menschen müssen sich aktiv gegen diskriminierende Werbung in Stellung bringen, Beschwerde-Mails schreiben, darauf aufmerksam machen – um wie so oft letztlich von Unternehmen erklärt zu bekommen, alles sei ironisch gemeint gewesen:»Haben Sie nicht verstanden, dass das Ganze mit Augenzwinkern zu verstehen ist?« Auch wenn viele Kampagnen nun mit Feminismus spielen, ist kein Verlass darauf, dass das so bleibt, wenn das Trendpendel wieder einmal gegen ihn ausschlägt. Und wenn das passiert, können wir uns sicher nicht auf die politische Haltung von Konzernen und Werbeagenturen verlassen. Es ist auch schlichtweg nicht ihr Geschäft, diese Haltung im Sinne einer politischen Bewegung unter Beweis zu stellen. Statt mit Feminist-Washing aufzutrumpfen, wäre es letztlich das stärkere Signal aus der Werbebranche, sich auf weitaus verbindlichere Richtlinien festzulegen, als es sie bisher gibt. Trotz des Feminismus-Trends und emsigen Feminist-Washings gehören sexistische Kampagnen noch immer zum Alltag. Genauso wie die Diskussionen darüber, ob eine Darstellung nun herabwürdigend und diskriminierend oder alles eigentlich nur ironisch gemeint sei und die Rezipient*innen den Witz dahinter nur nicht verstehen würden. Diese Debatten werden in Online-Foren unter Medienberichten über ein rassistisches oder sexistisches Sujet ständig geführt. Ebenso wie in den sozialen Medien. Nachdem seit nunmehr Jahrzehnten über Geschlechterstereotype gesprochen wird, können wir aber wohl kaum von der völligen Ahnungslosigkeit der Werber*innen ausgehen, die die sexistischen Darstellungen als solche einfach nicht erkennen. Wahrscheinlicher ist in vielen Fällen inzwischen, dass man diskriminierende Bilder oder Slogans gezielt einsetzt, um eine Marke erfolgreich in eine krawallige Debatte darüber zu platzieren, was nun noch Ironie oder schon Rassismus ist, was nun noch ein guter Schmäh oder schon Frauenverachtung ist. So geschehen 2019 bei der Smoothie-Marke True Fruits. Die Slogans neben ihren Flaschen, wie »Abgefüllt und mitgenommen«, »Schafft es selten über die Grenze« neben einer schwarzen Verpackung, oder »Oralverzehr – schneller kommst du nicht zum Samengenuss«, zielten wohl eindeutig auf Provokation ab. Die Vermutung liegt nahe, dass das ein ganz gezielter Einsatz von Grenzüberschreitungen war. Werbungen wie diese werden durch den ständigen medialen Diskurs darüber befeuert. Obwohl die Präsenz und die Stimmen von BIPoC (Black, Indigenous and People of Color) in der medialen Öffentlichkeit noch immer fehlen, und obwohl die Perspektive von weißen Menschen die dominierende ist, befassen sich Talkshows bis hin zu liberalen Qualitätsmedien ständig mit der Frage, ob das alles jetzt nicht langsam »zu sehr« hochgekocht werde. Ob es denn nicht sogar »Zensur« wäre, wenn man ständig rassistische und sexistische Bilder und Begriffe kritisiere und dafür auch Verbote sehen wolle. In diese Kerbe schlägt auch die Kampagne der erwähnten Smoothie-Marke und insofern wird der populäre Feminismus (oder auch die etwas stärker werdenden Antirassismus-Bewegungen) quasi umgekehrt benutzt: Man inszeniert sich in einem wilden Gestus des Widerstands gegen den »Gutmenschen-Mainstream«.

Dadurch präsentiert sich die Marke einerseits als »wilder Hund« auf dem Obstmus-Markt, andererseits hat sie dann auch noch jene auf ihrer Seite, die jede feministische und antirassistische Bewegung als überflüssig erachten. Und diese Gruppe ist vermutlich, bei aller Wokeness, also der wachsenden Sensibilisierung gegenüber Diskriminierung, noch immer die größere. Diese wie auch andere Firmen arbeiten ganz bewusst mit »Grenzüberschreitungen in ihrer Werbung, sei es rassistischer, sexistischer oder anderer diskriminierender Art«, schrieb die Genderforscherin Beatrice Frasl, als im Sommer 2019 True Fruits wegen eines sexistischen Sujets große Aufmerksamkeit auf sich zog. Die massive Kritik daran in sozialen Medien sowie die

Flut an Beschwerden wurden von der Firma wiederum dazu benutzt, weiter zu provozieren und die Spirale der Empörung weiterzudrehen. Kritiker*innen ihrer Werbung würden die Ironie darin nicht erkennen, würden sie nicht verstehen, seien »dumm«. So hieß es in einem Statement zur Kritik ihrer Sujets etwa: »Ja, wir sind diskriminierend … gegenüber dummen Menschen.« (Stern 2019)

Eine Sensibilisierung der Unternehmen gegenüber diskriminierender Werbung ist völlig sinnlos, wenn ganz gezielt rassistische und sexistische Slogans eingesetzt werden, um maximale Aufmerksamkeit zu generieren. Trotzdem lauten die häufigsten Argumente »Bewusstsein schaffen« und »Sensibilität schaffen«, wenn es darum geht, weiterhin die Mauer gegen gesetzliche Regelungen für diskriminierende Werbungen zu machen, allen voran von den Unternehmen selbst. So können allerdings Firmen weiterhin damit kontern, es sei nur »ironisch« und »witzig« gemeint gewesen, die Rezipient*innen hätten es aber leider offenbar nicht oder falsch verstanden. Dabei spielt es letztlich keine Rolle, was eine einheitliche Truppe weißer Werber*innen – wie im Falle von True Fruits – lustig meint, wie Gerhard Wagner von »HeForShe Vienna«, das zum »global solidarity movement for gender equality« der UNO gehört, schreibt: »True Fruits (…) arbeitet ganz bewusst mit Frames, die einen bestimmten politischen Diskurs reproduzieren. Es spielt dabei überhaupt keine Rolle, ob sie ihre Werbeslogans ernst meinen oder sarkastisch / ironisch / zynisch. Sie aktivieren damit so oder so Frames, die demokratieschädlich und menschenverachtend sind.« (Gerhard Wagner 2019)


## Wer zahlt, schafft an?

Trotzdem stemmt sich in Österreich die Werbewirtschaft seit Jahren erfolgreich gegen eine gesetzliche Handhabe gegen rassistische und sexistische Werbung. Manche Werber*innen bringen nun auch

Feminist-Washing als Mittel gegen diskriminierende Werbung vor: nämlich schlicht dadurch, dass es Raum einnimmt, so lautete zumindest die Hoffnung von Werber*innen auf einer Veranstaltung zu Femvertising (The Huffington Post 2014). Wenn Frauen sich für Produkte jener Unternehmen entschieden, die Frauen in ihrer Werbung nicht objektivieren und herabsetzen, dann nehme das jenen Unternehmen Raum weg, die das sehr wohl noch tun. Das heißt in letzter Konsequenz aber auch: Wir müssen dafür bezahlen, wenn wir weniger sexistische Werbung sehen wollen. Frauen müssten demnach Unternehmen »unterstützen«, die feministische Botschaften senden, um progressive Geschlechterbilder in der Öffentlichkeit zu sehen. Doch wollen wir in Fragen der Diskriminierung wirklich dem Prinzip »Wer zahlt, schafft an« folgen? Denn wenn zahlungskräftigere Gruppen Produkte jener Firmen kaufen, von denen sie sich gut repräsentiert fühlen und in deren Werbung sie sich wiedererkennen, dann leistet das letztlich nur einem weißen Mittelstandsfeminismus Vorschub, von dem wir in den letzten Jahren schon genug hatten.

Es gibt also viele gute Gründe, warum unsere Aufmerksamkeit und Kritikbereitschaft sehr hoch sein muss, wenn Konzerne plötzlich in geschlechterpolitischen Fragen mitmischen. Und es sind gewichtige Argumente, die dafür sprechen, dass gesellschaftspolitische Aufgaben vor allem in die Hände derer gehören, die sie nicht als Mittel für einen anderen Zweck nutzen.

## Von der kollektiven Stärke zur individuellen Ermächtigung

»Ob ich meine Tage habe oder nicht, ich will immer 100 Prozent geben«, sagt Lynzy Moran, Foodtruck-Besitzerin und Managerin. Sie ist Testimonial in einem Spot für Binden, für »Always Ultra Damenbinden mit InstantDry-System«. Lynzy Moran ist kein super durchtrainiertes Model, das für die Marke wirbt. Sie verkörpert in dem Spot eine selbstbestimmte junge Frau, die ihren eigenen Style hat und ihr Ding durchzieht. Da ist kein Mann weit und breit, der ihr die schweren Menütafeln für ihren Foodtruck durch die Gegend trägt. Sie scheint alles selber zu machen und will sicher keine Pause wegen ihrer Periode einlegen. Es ist eine sehr klassische Darstellung von »weiblichem Empowerment«, wie wir sie in Filmen und TV-Spots seit vielen Jahren sehen: eine erfolgreiche Business-Frau, die sich durch körperliche Kinkerlitzchen nicht aufhalten lässt. Hemdsärmeliges, individuelles Handeln, das ist ein durchgängiges Motiv in vielen Femvertising-Kampagnen. Wir wissen inzwischen, was es mit uns macht, wenn uns ständig durchtrainierte weibliche Körper vorgesetzt werden: Unser Körpergefühl leidet, wir fühlen uns hässlich. Doch genauso wie uns in den verbreiteten Idealbildern von Körpern die Formbarkeit eines jeden Körpers zu einem wunderschönen Körper vorgegaukelt wird, wird in verzerrten Bildern von »Empowerment« die Überwindbarkeit von patriarchalen Strukturen auf individuelles Handeln reduziert. Nur weil eine Frau wie die Unternehmerin Lynzy Moran offenbar sehr empowert ist, heißt das für die gesellschaftlichen Verhältnisse erstmal gar nichts.

Die Soziologin und Expertin für Entwicklungszusammenarbeit, Globalisierung und Genderfragen Christa Wichterich schreibt, dass die Basis für politisch wirksame Selbstermächtigung kollektive Stärke ist. Das hat also mit den beliebten Bildern von Empowerment erfolg-reicher Frauen nichts zu tun. »Machtbildung von Frauen bezieht sich auf Anerkennung, Ressourcen und Rechte.« (Wichterich 2009, 36) Erst die Schaffung einer kollektiven Stärke, etwa durch gute Bildung für Mädchen, gleiche Beschäftigungschancen, die gerechte Bewertung von Arbeit und gleiche Entlohnung, schafft die Möglichkeiten einer individuellen Stärke. Die Kämpfe für diese kollektive Ermächtigung von Frauen und Mädchen sind dafür die notwendige Basis. Doch davon sei nicht mehr viel übrig. Staatliche und zivilgesellschaftliche

Kräfte hätten den Empowerment-Begriff geschwächt. »Der herrschaftskritische Kern des Konzepts und seine machttransformatorische Perspektive wurden (…) weichgespült. Empowerment ist zu einem politischen Amöbenwort geworden: extrem anpassungsfähig und dehnbar.« (Wichterich 2009, 37) Tatsächlich können wir beobachten, dass sowohl in der Popkultur als auch in der Werbung individuelles Handeln allem anderen vorangestellt wird. Ebenso ist es das stärkste Argument beim Abbau sozialstaatlicher Absicherungen. Die Option vom individuellen, selbstermächtigten Handeln als glücksbringendem Weg wird auf allen Ebenen laufend wiederholt und auf diese Weise erdbebensicher einzementiert. Durch die immer stärker werdende Verknüpfung von Konsumkultur und Feminismus nimmt diese Neubesetzung von »Empowerment« weiter Fahrt auf.

Die derzeit so dominanten Bilder einer weiblichen Selbstermächtigung, die quasi der erste Schritt zu einer gerechten Welt sei, sollten wir deshalb nicht schulterzuckend als Pseudo-Feminismus abtun. Vielmehr müssen wir diese Dominanz ernst nehmen und daran erinnern, dass der Fokus feministischer Politik auf einer »kollektiven Verantwortlichkeit« liegen muss, wie es die Soziologin Chandra Talpade Mohanty ausdrückt (Theißl 2019).

## Fairness bitte

Femvertising und Feminist-Washing beschränken sich inzwischen keineswegs mehr auf einige wenige Produktpaletten. Während man früher vorwiegend bei Hygiene- und Kosmetikprodukten sowie Nahrungs- oder Genussmitteln auf Femvertising setzte, ist es heute überall. Auch in Kampagnen von Banken.

2019 feierte die österreichische Bank »Erste Bank und Sparkassen« ihr 200-jähriges Bestehen. Aus diesem Anlass blickte die Jubiläums-Kampagne auf das 20. Jahrhundert zurück, auf die enorme Armut im

19. Jahrhundert, auf die technischen Entwicklungen, die Weltkriege, den Wiederaufbau nach 1945 und auf die gesellschaftlichen Umwälzungen der 1968er. Was haben all diese Entwicklungen für Frauen bedeutet? Diese Frage stellte die Kampagne ins Zentrum. Darin kommen in Wäschereien schuftende Arbeiterinnen ebenso vor wie die immens hohe Müttersterblichkeit Anfang des 19. Jahrhunderts. Und man erfährt wirklich einiges über Frauenleben im 20. Jahrhundert, das kaum jemand im Geschichtsunterricht je gehört hat. »Die Zahl der Frauen, die infolge von Geburten sterben oder siechen, ist weit größer als die Zahl der Männer, die auf dem Schlachtfeld fallen oder verwundet sterben.« (Glaub an dich 2019) Und auch die engagierte Frauenrechtlerin, die mit Mitstreiterinnen auf der Straße ihre Gleichstellung einfordert, ist ein wichtiger Teil der Geschichte des 20. Jahrhunderts, der früher gern ausgelassen wurde, in dieser Kampagne aber nicht fehlt. Neben diesem Fokus auf das Leben von Frauen in den vergangenen 200 Jahren hebt die Kampagne die Statuten der »Ersten österreichischen Spar-Casse« aus dem Jahr 1819 hervor: »Kein Alter, kein Geschlecht, kein Stand, keine Nation ist von den Vorteilen ausgeschlossen, welche die Spar-Casse jedem Sparer anbietet.« Auch das alte Motto der Bank, das eine Biene zierte, findet sich auf der Kampagnen-Webseite: »Arbeite, Sammle, Vermehre«. Die Geschichte der Bank wird schließlich anhand einer persönlichen Geschichte erzählt, jener von Marie Schwarz, die als »zwölfjähriges Mädchen als erste Kundin so ein Sparbuch in der Hand hält«, heißt es in der Kampagne. »Ganze 29 Jahre spart Marie ihr Geld an, bevor sie sich im Revolutionsjahr 1848 ihr kleines, auf 30 Gulden angewachsenes Vermögen beinahe vollständig auszahlen lässt. In den Jahren danach spart und behebt Marie weiter Geld, bis am 29. Jänner 1896 die letzte Behebung getätigt wird: Auf dem Sparbuch liegen 5 Gulden und 33 Kreuzer.« (Glaub an dich 2019)

Diese Kampagne versammelt beispielhaft die Verflechtung von wirtschaftsliberalen Erzählungen mit feministischen Idealen. Sobald gesetzliche Benachteiligungen bestimmter Gruppen (»Stand«, »Nation«, »Geschlecht«) beseitigt sind, etwa die eingeschränkte Geschäftsfähigkeit von Frauen oder die notwendige Zustimmung des Ehemannes, um arbeiten gehen zu dürfen, dann liegt der Erfolg in der Hand der Einzelnen. Es ist nur logisch, dass eine Bank damit wirbt, Frauen, Arbeiter*innen und Menschen, die nicht aus Österreich kamen, vor 200 Jahren nicht verjagt zu haben. Im Zentrum der Kampagne steht also neben dem Slogan, an sich glauben zu sollen, eine andere wichtige Message: Chancengleichheit. Denn wir können uns noch so sehr anstrengen, wenn es keine Chancengleichheit gibt, ist diese Anstrengung für viele sinnlos. Nur, sosehr diese Kampagne auch vermittelt, wir wären hinsichtlich Chancengleichheit weit gekommen: Dem ist nicht so.

»Arbeite, sammle, vermehre«, das klappt heute sogar weniger als noch vor den 1980er-Jahren. Danach wich der wohlfahrtsstaatliche Nachkriegskonsens nach und nach einer Politik der Marktliberalisierung, beginnend in den USA und Großbritannien. Wie der Ökonom Thomas Piketty in seinem Buch »Das Kapital im 21. Jahrhundert« (Piketty 2014) gezeigt hat, haben sich die Vermögensverhältnisse nicht weiter demokratisiert. Seit den 1980er-Jahren wachsen die Renditen auf Vermögen deutlich schneller als die Wirtschaftsleistung. Hinzu kommt, dass mittlere und niedrige Einkommen stagnieren, während nur hohe Einkommen wachsen. Und dann konzentrieren seltene, aber sehr hohe Erbschaften die Vermögen noch zusätzlich. Sammeln und vermehren? Die Entwicklung geht derzeit in eine Richtung, die das immer schwerer bis unmöglich macht, insbesondere für Frauen und Menschen mit Migrationshintergrund, die weniger verdienen und auch schlechter bezahlte Jobs haben. Frauen verdienen in Österreich um 19,6 Prozent weniger als Männer, in Deutschland um 20,9 Prozent – im EU-Schnitt sind es 15,7 Prozent (Statistik Austria 2020). Und was die berufliche Stellung betrifft, so sind Menschen mit Migrationshintergrund mit 42,9 Prozent mehr als doppelt so oft als Arbeiter*innen beschäftigt als jene ohne Migrationsgeschichte. Von Letzteren gehören nur 21,2 Prozent zur Arbeiter*innenschaft (Integrationsbericht 2019). Und diese Unterschiede haben häufig nichts mit der Ausbildung zu tun: Im Jahr 2018 hatten 34 Prozent der 25- bis 64-Jährigen ohne Migrationshintergrund die Matura oder einen akademischen Abschluss, in der gleichen Altersgruppe mit Migrationshintergrund waren es mehr, nämlich 41 Prozent. Die soziale Mobilität, also ob sich der Bildungsgrad der Eltern auf die Kinder vererbt, ist bei Migrant*innen aber schwächer. 47 Prozent der Menschen mit Migrationshintergrund, deren Eltern nur einen Pflichtschulabschluss haben, hatten im Jahr 2015 ebenfalls keinen höheren Bildungsabschluss. Bei jenen ohne Migrationshintergrund waren es nur 22 Prozent. Und Nachkommen aus Familien, die zu den 10 Prozent mit den niedrigsten Einkommen gehören, brauchen durchschnittlich fünf Generationen, um das Durchschnittseinkommen zu erreichen (Vermögensverteilung 2019). Die Studienautor*innen der Untersuchung zur sozialen Mobilität und Vermögensverteilung ziehen unter anderem den Schluss, dass ein »beträchtlicher Teil des sozioökonomischen Erfolgs oder Misserfolgs von einer zur nächsten Generation vererbt wird« (John 2019). Für Frauen ist der sozioökonomische Erfolg aus eigener Kraft wegen geringerer Aufstiegschancen und größerer Abstiegsrisiken aufgrund von Unterbrechung und Reduzierung der Lohnarbeit noch einmal schwerer.

Es ist also nicht besonders weit her mit der Chancengleichheit. Das Ergebnis ist ökonomische Ungleichheit, die in der Folge auch eine große Schieflage bei der Verteilung von politischem Einfluss, Mitsprache und gesellschaftlicher Teilhabe bedeutet. Von all dem sind weniger Privilegierte weitaus stärker ausgeschlossen. Und das schwächt demokratische Strukturen, die wir für eine Ermächtigung möglichst vieler brauchen.

Doch Femvertising-Kampagnen konzentrieren sich lieber auf die Geschichte Einzelner, Geschichten von jenen, die Erfolge einfahren, die angeblich für alle bereitliegen. Sehen wir uns die Chancen von Marie Schwarz noch einmal genauer an: Diese waren selbst für diese vorbildliche Sparerin eher überschaubar. Und dass sie diese Chancen überhaupt bekam, war Glück und hatte mit Gerechtigkeit nicht viel zu tun. In einer karitativen Geste wurden zur Gründungszeit der Bank 100 Sparbücher an »würdige Kinder der unteren Klasse« geschenkt, wie die Kampagne erzählt. Marie Schwarz war eines davon. Sie erschien einer Oberin aus dem Bund der Ursulinen, die die Talente des Mädchens lobte, als würdig. Dass an jemandem eine besondere Begabung oder Talente entdeckt werden, und diese Talentierten dann bestimmte Möglichkeiten bekommen, etwa eine Ausbildung oder sonst irgendeine Unterstützung, das wird gerne mit Gleichberechtigung verwechselt. Dass aber Einzelne Glück haben und aus einer unterprivilegierten Masse herausgeholt werden, das ist keine Chancengleichheit und schon gar keine Gerechtigkeit.

Doch man schaut freilich hin auf so eine Kampagne, die Geschichten von Frauen der letzten 200 Jahre in einem Spot auftauchen lässt. Nach so viel gewohnter Ignoranz gegenüber ihren Kämpfen, ihren Lebensumständen und ihrem Wirken für die Geschichte ist es erfreulich, wenn plötzlich in einem TV-Spot ein Gefühl von »Wir haben es geschafft« vermittelt wird. Sinnbildlich für das Ende der Geschichte steht in dieser Kampagne eine sportlich gekleidete junge Frau. Sie macht den Eindruck, angekommen zu sein in einem autonomen, selbstbestimmten Leben.

## Feminismus mit Happy End

Wenn Kampagnen sich feministischer Bilder bedienen, wie jener der Frauenbewegung, dann muss die Geschichte gut ausgehen. Wie die Kommunikationswissenschaftlerin Banet-Weiser gesagt hat: Schlechte Gefühle sind schlecht fürs Geschäft. Und wenn man schon politische Bewegungen aufgreift, dann sollten diese möglichst als abgeschlossene Kapitel daherkommen. Das ist die Gefahr von Feminist-Washing: Es vermittelt den Eindruck von Feminismus als abgeschlossenem Kapitel. Zumindest was jenes Kapitel betrifft, in dem Feminismus eine unangenehme und unlustige Bewegung sein musste. Das muss doch nicht mehr sein! Wir können unsere Chancengleichheit genießen und etwas daraus machen! Auch wenn solche Kampagnen Feminismus als wichtige Bewegung sehen, verstellen sie dennoch den Blick auf die realen Hierarchien und darauf, wie es tatsächlich um Chancengleichheit steht. Versicherungen und Banken geizen in der Werbung generell nicht mit Pathos. Lebensträume werden wahr, die Zukunft wird in die Hand genommen und geplant, Wünsche gehen in Erfüllung. Bei der »Bank Austria« musste es 2016 auch eine Frau sein, die Schauspielerin Nina Proll, die mit Botschaften zu Selbstsorge und Selbstverwirklichung in der Pose von Wonder Woman – breitbeinig, die Hände in die Taille gestemmt – für Kleinkredite warb. »Herzenswünsche« müsse man sich ab und zu einfach erfüllen, heißt es in dem Spot.

Klein- bzw. Konsumkredite also. Ein Blick auf die Produkte von Unternehmen, die mit Feminist-Washing arbeiten, reicht oft, um zu sehen, wie weit es mit der Unterstützung von Gleichberechtigung her ist. Konsumkredite fokussieren gezielt auf untere Einkommensschichten. Diese Kredite sollen die Erfüllung jener Konsumwünsche ermöglichen, die man sich eigentlich nicht leisten kann. Schuldnerberatungen erklären immer wieder, dass für Menschen im Niedriglohnsektor oder ohne Job Konsumkredite ein häufiger Einstieg in die Verschuldung sind.

Firmen werben für sich in schillernden Farben, das ist klar. Und ebenso, dass das mit der Realität kaum etwas zu tun hat. Doch wenn wir uns fragen, warum wir diese Entwicklung von poppiger und weit verbreiteter Aufmerksamkeit für gleichstellungspolitische Themen haben, während gleichzeitig realpolitisch keine mutige Politik für eine gerechtere Verteilung von Ressourcen gemacht wird, dann müssen wir Werbung als Medium sehr begegnen. Wir dürfen nicht akzeptieren, dass politische Bewegungen dazu genützt werden, eine angenehme Geschichte über angeblich erreichte Ziele zu erzählen. Wir müssen insbesondere auch deshalb kritischer sein, weil Werbung durch die vielen neuen digitalen Kanäle eine bisher unerreichte Präsenz gewonnen hat und sich immer gezielter an immer spezifischere Zielgruppen richten kann. Deshalb sollte es nicht unterschätzt werden, wenn Feminist-Washing und diverse »Wokeness-Kampagnen« eine Vorstellung von einem gesellschaftspolitischen Status quo verbreiten, der mit der Realität kaum etwas zu tun hat. Kampagnen, die den Eindruck vermitteln, man würde sich schon darum kümmern – um Feminismus, um Antirassismus, um den Kampf gegen Armut. Die Kampagnen tun das nicht, denn Bewusstsein über den Umweg des Konsums zu bilden, das wird bei Weitem nicht reichen.

Ungleiche Chancen und Diskriminierung müsste so weit wie möglich der Staat ausgleichen. Konzerne, Unternehmen oder die Werbung können und wollen teils gar nichts dagegen tun. Sie begrüßen naturgemäß alles, was ihnen möglichst freie Hand auf dem Markt lässt. Es ist natürlich nichts falsch daran, dass Unternehmen mit Bildern einer diversen und gleichgestellten Gesellschaft für sich werben. Oder dass sie es erwähnen, wenn sie womöglich sogar einen kleinen Beitrag zu einer solchen Gesellschaft geleistet haben. Tatsächlich lösen Kampagnen wie etwa die Jubiläumskampagne der »Erste Bank und Sparkassen« ein gutes Gefühl und im besten Fall auch Stolz auf die Frauenbewegung aus, wenn eine feministische Demo endlich mal als ein wichtiges geschichtliches Ereignis gezeigt wird. Wir dürfen aber über diesem guten Gefühl nicht vergessen, dass diese Bilder nicht bedeuten, dass wir in einer egalitären Gesellschaft angekommen wären. Und wir dürfen ebenso nicht vergessen: Es ist nicht die Aufgabe von Firmen, gesellschaftspolitische Aufgaben zu erledigen, aber es ist inzwischen wichtig für ihr Image geworden. Doch Image ist nicht Politik.

## Quellen

(Ahmed 2018, 100) Sara Ahmed: »Das Glücksversprechen. Eine feministische Kulturkritik«, Unrast, Münster, 2018

(Banet-Weiser 2018, 15) Sarah Banet-Weiser: »Empowered: Popular Feminism and Popular Misogyny«, Duke University Press Books, Durham, 2018

(Glaub an dich 2019) Kampagne Erste Bank und Sparkasse, www.sparkasse.at/sgruppe/wir-ueber-uns/200-jahre#1819

(The Guardian 2012) »Karl Lagerfeld says Adele is ›a little too fat‹«, www.theguardian.com/fashion/fashion-blog/2012/feb/08/karl-lagerfeld-adele

(The Huffington Post 2014) »›Femvertising‹ Ads Are Empowering Women – And Making Money For Brands«, www.huffpost.com/entry/femvertising-advertising-empowering-women_n_5921000

(Integrationsbericht 2019) »Migration & Integration«, www.bmeia.gv.at/fileadmin/user_upload/Zentrale/Integration/Integrationsbericht_2019/Migration-Integration-2019.pdf

(John 2019) Gerald John: »Die Chancen auf sozialen Aufstieg sind in Österreich gesunken«, www.derstandard.at/story/2000110155908/die-chancen-auf-sozialen-aufstieg-sind-in-oesterreich-gesunken

(Piketty 2014) Thomas Piketty: »Das Kapital im 21. Jahrhundert«, C. H. Beck, München, 2016

(Print 2013) »Mad Men's Peggy and the Truth About Cigarette Branding«, www.printmag.com/post/mad-men-truth-about-cigarettes

(Pusch 1984) Luise F. Pusch: »Das Deutsche als Männersprache: Aufsätze und Glossen zur feministischen Linguistik«, Suhrkamp Verlag, Frankfurt am Main, März 1984

(Statistik Austria 2020) »Einkommensstatistik«, www.statistik.at/web_de/statistiken/menschen_und_gesellschaft/soziales/gender-statistik/einkommen/index.html

(Stern 2019) Beatrice Frasl: »So funktioniert das perfide Marketing von True Fruits – und so zeigt sich der Widerstand im Netz«, www.stern.de/neon/wilde-welt/gesellschaft/true-fruits-werbung--so-funktioniert-die-perfide-masche-dahinter-8855784.html

(Theißl 2019) Brigitte Theißl: »Feministische Politik braucht keine charismatischen Figuren«, www.derstandard.at/story/2000105522644/feministische-politik-braucht-keine-charismatischen-fuehrungsfiguren

(Vermögensverteilung 2019) Bundesministerium für Arbeit, Soziales, Gesundheit und Konsumentenschutz (BMASGK),»Soziale Mobilität und Vermögensverteilung«, www.sozialministerium.at/Services/Studien.html

(Wagner 2019): Gerhard Wagner: www.facebook.com/gerhard.wagner.79/posts/2475204 292501753

(Wichterich 2009, 36 f.) Christa Wichterich:»Gleich, gleicher, ungleich: Paradoxien und Perspektiven von Frauenrechten in der Globalisierung«, Ulrike Helmer Verlag, Sulzbach / Taunus, 2009

(YouTube 2015) Pantene Pro-V-Spot 2015, www.youtube.com/watch?v=Qt5kOTzdyL8

# Body Positivity: Liebe dich selbst wie deine Beautyprodukte

Der Körperpflegemarke Dove ist Mitte der Nullerjahre etwas Erstaunliches gelungen. Dove, eine Marke des Unilever-Konzerns, wurde als revolutionär gefeiert, und zwar allein aus dem Grund, weil sie die Körperlotionen in ihrer Werbung plötzlich für alle Körper anpries. Mit Frauen, in denen sich Konsument*innen wiedererkannten. Dicke, dünne, ältere und jüngere Frauen tauchten in einer Werbung für Körperlotion auf – wow! Menschen wie jene, die wir ständig sehen, posierten gut gelaunt vor einer Kamera. Eine Werbung für Körperlotion, die ihr Produkt als passend für alle Körper bewirbt – man will es kaum glauben, aber das war eine kleine Revolution im Jahr 2004. Und da ist tatsächlich ein bisschen etwas Wildes dran: In den anderen Kampagnen, die noch immer weit in der Überzahl sind, werden Duschgels, Duschpeelings, Deos, Shampoos, Fußcremes – die Liste ist endlos – mit Körpern beworben, die mit dem eigenen ungefähr so viel zu tun haben wie die Statur eines Bibers mit der eines Flamingos. Das feilgebotene Produkt, das geschätzt 17-jährige, glatt- und hellhäutige, meist untergewichtige Models bewerben, ist zwar irgendwie auch für uns gedacht, das wissen wir. Allerdings müssen wir uns kognitiv umständlich mitdenken und dann auch noch eine recht unfreundliche Botschaft schlucken: Ihr seht zwar nicht so aus, die Creme dürft und sollt ihr aber trotzdem kaufen. Oder anders gesagt: Wenn ihr schon nicht so ausschaut, dann tut etwas für eure Schönheit und versucht es wenigstens mit dieser Creme.

Dove schlug 2004 also einen etwas anderen Weg ein und zeigte in der inzwischen berühmten »Campaign for Real Beauty« diversere Körper: Solche mit großen, mittleren und kleinen Brüsten, dunklerer und hellerer Haut. Sie repräsentieren damit zumindest einen Teil der Menschen, die dieses Produkt kaufen sollten. Es war eine der ersten großen Body-Positivity-Kampagnen im Mainstream, die selbst konsumkritischen Feministinnen ein anerkennendes Raunen abrang. Und tatsächlich konnte die Kampagne einiges: Sie machte den erschreckenden Status quo deutlich und zeigte, wie misogyn die gängigen Werbebilder für Produkte sind, die speziell für Frauen erdacht werden – auf Basis der sexistischen Idee, Frauen hätten vorrangig attraktiv zu sein. Sie zeigte uns auch, wie selbstverständlich es war und bis heute ist, ständig diese Karikaturen von Frauenkörpern vorgesetzt zu bekommen, mit dem Ergebnis, den eigenen Körper mehr und mehr zu hassen, statt jene Firmen abzulehnen, die uns unerreichbare Schönheitsideale in unendlicher Wiederholung vorsetzen.

Doch eines ist bis heute schlichtweg falsch, irreführend und ärgerlich an dieser Kampagne: Sie wird seit einigen Jahren immer wieder als »Vorreiterin« der Body-Positivity-Bewegung genannt. Zwar waren es Feministinnen, die seit den 1960er-Jahren vehement auf die repressiven Funktionen von Schönheitsnormen und die daraus resultierende lange Liste an Leiden hinwiesen, trotzdem wird die Dove-Kampagne streckenweise so verhandelt, als hätte sie es erfunden, Schönheitsideale zu kritisieren um uns dann auch noch davor zu retten.

Seit dem großen Erfolg der »Campaign for Real Beauty« vor über 15 Jahren wurde Bewusstseinsarbeit über das weit verbreitete negative Körpergefühl von Frauen zu so etwas wie einem zweiten Standbein von Dove. Viele andere Marken wollten dann auch ein Stück dieses freundschaftlichen Gefühls an ihre Kund*innen verkaufen, ein Gefühl, das ihnen vermitteln soll, sich doch bitte nicht mehr wegen dieser superschlanken Models fertigzumachen. Ob das Produkt in argem Widerspruch zur intendierten Body-Positivity-Botschaft, die vereinfacht gesagt lautet »Liebe dich so, wie du bist«, steht, scheint nicht weiter zu stören.

Auch Dove selbst hätte eigentlich von Anfang an ein Glaubwürdigkeitsproblem haben müssen. Dove bewarb nämlich mit den ersten Body-Positivity-Kampagnen zwar »Kurven«, allerdings um eine hautstraffende Körperpflegelinie an die Frau zu bringen: »Millionen Frauen straffen ihre Kurven mit Dove. Schade, dass wir sie nicht alle zeigen können.« (Der Standard 2005) Dick ja, aber bitte ohne Dellen – das war die »Campaign for Real Beauty«. Unerwähnt bleibt bis heute über weite Strecken, dass diese große und so erfolgreiche Body-Positivity-Kampagne Frauen ein besonders schweres Kunststück als Spaziergang verkaufte: Ein fülligerer Bauch und dicke Oberschenkel plus straffe Haut? Kein Problem.

Unternehmen, die sich wie Dove ganz besonders der Body Positivity verschrieben haben, reden in ihren Kampagnen und auf ihren Webseiten oft erstaunlich wenig von den Produkten selbst. Man tritt eher wie ein Forschungsteam auf, das Umfragen und sonstige Belege dafür präsentiert, wie sehr sich Frauen in ihrem Körper unwohl fühlen, wie hässlich sie sich fühlen und wie schön sie doch in Wahrheit sind. Die »Wahre Schönheit«-Kampagne wurde immer wieder von Zahlen aus einer Umfrage begleitet, die von Dove durchgeführt wurde, nach der sich nur zwei Prozent der Frauen weltweit als schön bezeichnen und neun von zehn Frauen zwischen 15 und 64 Jahren mindestens einen Aspekt ihres Aussehens verändern würden. Das lässt schnell vergessen, wofür das Ganze veranstaltet wird: für eine Haut ohne Cellulite oder für eine hellere Haut. Denn bei aller moralischen Autorität, die sich Dove verpasst hat, verkauft Unilever wie viele andere Kosmetikkonzerne auch Whitening Cremes, die die

Haut weniger dunkel erscheinen lassen sollen. Es geht also immer noch um ein herrschendes Schönheitsideal: helle Haut, große Augen, glatte Haare. Die Ideale orientieren sich noch immer stark an weißen, westlichen Normen, wenngleich nicht immer ganz so offensichtlich wie eine Shampoo-Werbung einer südafrikanischen Drogeriekette, die im Herbst 2020 heftige Proteste der Oppositionspartei Economic Freedom Fighters auslöste. Die Internetwerbung nannte natürliches schwarzes Haar »trocken«, »beschädigt«, »kraus« und »stumpf«, während das Haar weißer Menschen als »fein«, »flach« und »normal« bezeichnet wurde (BBC 2020). Schönheitsangelegenheiten sind also hochpolitisch, sie bilden Vorurteile ab und auch Hierarchien zwischen den sozialen Schichten. Schönheit in der »modernen westlichen Welt dreht sich vor allem um Distinktion, um die Veranschaulichung sozialer Überlegenheit und symbolischer Herrschaft – um die Definition dessen, was als kulturell wertvoll erachtet wird« (Penz 2010, 16).

Die markttauglichen und seichten Botschaften großer Teile der Body-Positivity-Bewegung können diese Dimensionen nicht einmal im Ansatz fassen, sondern spielen mit fröhlichen »Liebe dich, so wie du bist«-Slogans den Ball an die Einzelnen zurück.

## Lukrative Nische

Trotz der vielen Nachahmer von Dove, man denke etwa an die Ankündigung des britischen Versandhändlers Asos im Jahr 2017, die Fotos von Models nicht mehr bearbeiten zu wollen, oder großen Kampagnen von Kosmetik-Riesen wie MAC (»MACnificent Me«), die mehr Kreativität und Diversität in der Gestaltung des Selbst promoteten, bleibt die Abkehr von normschönen Körpern eine Nische. Oder aber die als Body-Positivity-Kampagnen verkauften Sujets sind derart nah an den üblichen Schönheitsidealen, dass man mit freiem Auge gar nicht sehen kann, wo da jetzt die Abweichung von der Norm wäre.

Bei den Asos-Models muss man schon verdammt genau hinschauen, um die winzigen Beauty-Ausreißer an den Modelkörpern zu finden. Wir werden also gut 15 Jahre nach der groß angelegten Body-Positivity-Offensive von Dove noch immer vorwiegend mit Idealvorstellungen von Körpern bombardiert. Erfolg hatte jedenfalls Dove. Der Name steht heute fest in Verbindung mit etwas Größerem als nur Bodylotions, Duschgel und Haarshampoo.

Doch das Problem mit dem unglaublichen Druck auf Frauen, und immer mehr auch auf Männern, was ihre Körper betrifft, bleibt bestehen. Frauen in Österreich und auch Deutschland tragen zu einem überwiegenden Teil jene Konfektionsgrößen, die an Models schlackern würden: Größe 38 bis 42 (Statista 2012a). Wer 40 oder 42 trägt, fällt im Modelbusiness schon unter die Kategorie Curvy. In Deutschland tragen nur 2,4 Prozent der Frauen Größe 34 oder eine kleinere Größe. Gleichzeitig ist das jene Größe, die wir ständig und überall als das »Schöne« präsentiert bekommen, als »den« Frauenkörper, den man haben oder an dem man zumindest arbeiten sollte.

Dove hat sich 2004 in seiner Kampagne anders gezeigt, als wir es als patriarchal und sexistisch geprägte Konsumgesellschaft gewohnt sind, und konnte sich so erfolgreich von anderen Konzernen abheben, die mit Schönheitsprodukten für Frauen Milliarden machen. Und Dove gab sich tatsächlich Mühe: Die Beauty-Marke holte sich damals sogar die feministische Expertise von Susie Orbach ein. Die britische Psychoanalytikerin befasst sich seit den 1970er-Jahren intensiv mit dem Zusammenhang von Patriarchat und Essstörungen. Ihre These ist, dass wir Frauen mit Essstörungen nicht vorrangig als bezwungene Opfer omnipräsenter Schönheitsideale sehen sollen, sondern dass Essstörungen auch eine Form der (unbewussten) Rebellion gegen die Idealvorstellungen von Frauen sein können. Mit ihren Analysen über die Auswirkungen der herrschenden Körperbilder, über das visuelle Regime der Schönheits-, Diät- und Pharmaindustrie erlangte Orbach vor allem unter Feministinnen einige

Berühmtheit (Orbach 1979). Und später darüber hinaus bei Fans von Prinzessin Diana, die bekanntlich an Bulimie litt und deren Therapeutin Susie Orbach war. Orbach kritisiert bis heute die ständig reproduzierten Körperbilder mächtiger Industrien und was diese Bilder mit uns machen. Sie würden uns eine »Form der Zugehörigkeit in Aussicht stellen, wenn wir nur selbst den Bildern entsprächen, die wir sehen« (Orbach 2012, 12), und das unablässige Scheitern an diesen Idealbildern wirke sich massiv auf unsere psychische Gesundheit aus. Orbach ist definitiv die richtige Beraterin für eine Body-Positivity-Kampagne, da hat sich Dove offenbar schlau gemacht. Und die Kampagne war tatsächlich auch sympathisch. Im Grunde ist es also wenig erstaunlich, dass die Kampagne gut ankam – immerhin bekamen Frauen in einer Werbung nun ausnahmsweise Körper zu sehen, die ihren eigenen ähnelten. So banal, so erfolgreich. Dove kam in Zusammenhang mit Engagement gegen Diätwahn und übertriebene Schönheitsanforderungen ins Gespräch – und hält bis heute an dieser Linie fest. Der Grund ist allerdings kein politischer: Body Positivity funktioniert, weil es so gut in unsere Zeit der Arbeit am Selbst passt. Und dass sie funktionierte war die Voraussetzung für ihre Fortsetzung. Wäre die Kampagne danebengegangen, hätte sie die Verkaufszahlen negativ beeinflusst, wäre man wohl sofort wieder zu den üblichen Models zurückgekehrt. Warum sollte ein Konzern so eine Werbelinie weiter betreiben, wenn es die Marke nicht positiv platziert und sein Wachstum fördert? Eben. Das ist für ein Unternehmen eher keine Option. Man muss die Verantwortlichen bei Dove also nicht dafür feiern oder sie gar als Pioniere von Body Positivity loben und ihren »Mut« bestaunen. Die »Vogue« schreibt, »Doves Einsatz ist bewundernswert und weltweit eines der wenigen Beispiele für ein Kosmetikunternehmen, das Veränderungen anführt« (Moulton 2019). Bis zu einem gewissen Grad können solche Konzerne auch gar nicht anders, wie die lange Geschichte des Femvertising zeigt. Sie bekämen schnell Schwierigkeiten, wenn sie bestimmte gesellschaftliche Entwicklungen verpassen und an sich vorbeiziehen lassen würden.

Die gewachsene Sensibilität für Frauenfeindlichkeit und die geringere Akzeptanz, diese hinzunehmen, sind Entwicklungen, die Unternehmen aufgreifen müssen, sie springen aber lediglich auf den Trend auf. Losgetreten haben ihn politische Aktivist*innen und Denker*innen, feministische Kollektive, die ohne Profit und ohne Anerkennung gesellschaftspolitische Arbeit geleistet haben. Vor diesem Hintergrund mutet es sehr zynisch an, Konzerne mit Kampagnen, in denen sie die mühsame politische Vorarbeit für kommerzielle Interessen ausnutzen, als »mutig« zu bezeichnen. Body Positivity ist heute so stark im Mainstream, weil es eine feministische Grundhaltung bemerkenswert weit in die Mitte der Gesellschaft geschafft hat. Das sind gute Nachrichten. Allerdings haben die derzeitigen Body-Positivity-Botschaften mit den grundlegenden feministischen Anliegen oft nichts mehr gemein, im Gegenteil: Sie drängen sie sogar wieder zur Seite und ersetzen sie durch markt- und konsumfreundliche sowie individualisierte Vorstellungen davon, wie wir Probleme lösen sollen.

Die Body-Positivity-Bewegung geht ursprünglich auf einen feministischen Kampf gegen die massive Diskriminierung und Abwertung dicker Menschen zurück. Ihre Anfänge hat sie als Fat-Acceptance-Bewegung in den USA in den 1960er-Jahren. Die Bewegung fand damals insbesondere vor dem Hintergrund der stärker werdenden Vorwürfe statt, dicke Menschen würden die Produktivität mindern und wären in ihrer Arbeitsleistung eingeschränkt. Aktivist*innen feministischer Gruppen wie »The Fat Underground« und »New Haven Fat Liberation Front« verfassten Positionspapiere, die sie in dem für die Fat-Acceptance-Bewegung wichtigen Buch »Shadow on a Tightrope: Writings by Women on Fat Oppression« (1983) zusammenfassten. Sie kämpften nicht nur gegen die alltäglichen sowie gesundheitspolitischen Diskriminierungen, sondern auch für einen Bedeutungswandel von »fett«: »Fett« sollte als wertneutrale Beschreibung verstanden werden.

Die Bewegung, die die Diskriminierung von Dicken im Bildungssystem, auf dem Arbeitsmarkt, im Beziehungsleben oder durch die Medien thematisierte, bot damals offenbar noch keinerlei kommerziellen Nutzen. Das änderte sich mit dem Internet und später insbesondere durch die sozialen Medien sowie eine neue »Ökonomie der Sichtbarkeit« (Banet-Weiser 2018, 72).

Heute erinnern große Teile dessen, was unter dem Label Body Positivity läuft, an eine wohlwollende Freundin, die uns während des Shoppings immer wieder versichert, dass man ohne Bedenken diese Jeans oder jenes Kleid tragen könne, weil man ja so oder so wunderschön sei. Liebt euch so, wie ihr seid, selbstbewusst ist das neue sexy. So ähnlich lauten die vielen neuen Botschaften zur eben entdeckten Selbstliebe trotz »Makel«. Keine Kritik an den Diskriminierungen in der Bildung, auf dem Arbeitsmarkt, im Gesundheitsbereich weit und breit. Stattdessen sind die meisten Body-Positivity-Botschaften konsumfreundlich und konsumanimierend. Instagram-User*innen und Influencer*innen inszenieren auf allen Kanälen ihren nicht so ganz der Norm entsprechenden Körper. Sie wollen ihre Follower*innen allein durch die Präsenz dieser Bilder stärken, sie sollen sie »empowern«. Influencer*innen und YouTuber*innen stärken dadurch ihre Accounts, ihre Reichweite, ihre Marke. Und die, die sich durchscrollen, sollen sich selbst stärken.

So wie sich Body Positivity heute darstellt, ist diese »Bewegung«, oder besser gesagt: dieser Slogan, der Inbegriff der Kommerzialisierung von Feminismus. Der zentrale Begriff dieser Body Positivity ist »Selbstbewusstsein«, und damit muss ein intensiver Blick nach innen einhergehen, über den man die Kritik an den Strukturen völlig aus den Augen verliert. Für die Kommunikationswissenschaftlerin Sarah Banet-Weiser spielt der so wichtig gewordene Begriff des »Selbstbewusstseins« generell eine zweifelhafte Rolle im Feminismus: »Das Schlüsselelement des zeitgenössischen populären Feminismus ist ›Selbstbewusstsein‹; der Imperativ, dass Mädchen und Frauen sich selbstbewusst fühlen sollen – insbesondere mit ihrem Körper –, zirkuliert schonungslos in den sozialen Medien.« (Banet-Weiser 2018, 72) Zwar stecken auch in diesen Body-Positivity-Slogans voller Selbstliebe und Wohlfühlansagen feministische Versatzstücke. Doch Body Positivity ist inzwischen vor allem wunderbar kommerziell nutzbar. Und auch eine tiefergehende neoliberale Schlagseite dieser Kommerzialisierung bekommt ein deutliches Profil: Die vielen Body-Positivity-Botschaften – #SelfLove, #SelfCare, #IloveMySelf – sind durchgehend Aufforderungen ans Individuum und ein einziges Abfeiern des Einzelnen. Schaut aus, wie ihr wollt, aber fühlt euch wohl! Dazu ist allerdings einiges an Arbeit an der eigenen Psyche nötig, damit das noch immer herrschende und ständig reproduzierte Schönheitsideal euch nichts anhaben kann! Liebe deinen Körper, liebe dich selbst!

Ein feministischer Anstrich, ein kommerzieller Nutzen und die Individualisierung eines Problems: Das sind die Zutaten für einen neoliberalen Feminismus, der keiner Politik, keinem Konzern auf die Füße tritt. Er ist zwar sehr präsent und klingt schon mal kämpferisch, viel mehr aber auch nicht.

## Selbstbewusstsein for Sale

Die Schönheitsarbeit, die vorwiegend Frauen verrichten, ist zeitaufwendig, teuer und sinnlos zugleich. Abermillionen rackern sich an Idealen ab, die schlicht nie zu erreichen sind und noch dazu ständig erweitert werden. Die Kosmetikindustrie konstruiert immer neue mögliche Makel, um neue Produkte im Kampf dagegen auf den Markt werfen zu können. Vor einigen Jahren wussten nur Make-up-Profis, was ein Concealer ist und was er abdeckt (Augenringe), und Mascara für Augenbrauen wäre vielen noch übertrieben erschienen. Abertausende Schminktutorials auf YouTube oder Websites von Mode-, Beauty- und Frauenmagazinen liefern Schritt-für-Schritt-

Anleitungen für ein Make-up, das bis vor wenigen Jahren nur Profis können mussten und das sich nur Menschen verpassten, die ebenso professionell vor der Linse oder Filmkamera standen. Die noch junge Social-Media-Kultur der Selbstdarstellung hat diese Professionalisierung und Intensivierung der Kosmetik ohne Zweifel befördert. Während das Produktportfolio für Gesicht, Körper und Haare also wächst und wächst, erklären uns teils dieselben Firmen, die sie auf den Markt werfen, ebenso wie mediale Diskurse und Influencer*innen, dass wir doch alle schön seien und unsere Körper lieben sollten, völlig egal, wie weit jemand von den omnipräsenten idealisierten Körperbildern abweicht. Komplettiert wird das perfekte Body-Positivity-Paket schließlich mit einer wirkmächtigen Bilderflut via Kampagnen großer Unternehmen und mächtiger Internetplattformen. Sowohl die einen als auch die anderen spielen spätestens seit Anfang der 2010er-Jahre geschickt mit dem Diversity-Thema und vermitteln so den Eindruck, dass vielfältige Körperbilder ohne sie gar nicht mehr denkbar wären. Dabei waren es sie, die das Problem des Hasses, der Abwertung bis hin zum Ekel vor dem durchschnittlichen Frauenkörper jahrzehntelang befeuert haben. Anders gesagt: Gäbe es die Schönheitsindustrie nicht, bräuchte es auch nicht den ermutigenden Zuspruch, man solle doch bitte seinen Körper mögen.

Dass einem mit Body Positivity eine ausführliche Beschäftigung mit sich selbst angetragen wird, beschränkt sich übrigens nicht nur auf kommerzielle Zusammenhänge. »Vom perfekten Körper zur perfekten Selbstliebe«, so formuliert es die US-amerikanische Kommunikationswissenschaftlerin Alexandra Sastre in ihrer Arbeit über Body-Positivity-Kampagnen im Netz (Sastre 2016, 137). Sie untersuchte Botschaften auf Webseiten, die sich voll und ganz der Body Positivity widmeten – ganz ohne Produkt im Schlepptau. Sie kommt zu dem Schluss, dass diese Webseiten für mehr Körperpositivität stets auch ein Aufruf sind, etwas zu tun, es in die Hand zu nehmen. Die Kampagnen würden Körperpositivität »als Mittel zum Glück, für Selbstwertgefühl und Selbstliebe« präsentieren (Sastre 2016, 137). Insofern habe diese Rhetorik eine starke Ähnlichkeit mit der üblichen Mainstream-Diätkultur, die ein besseres Leben in Aussicht stellt, sobald man erst einmal ein paar Kilos abgenommen habe. Viele Body-Positivity-Kampagnen würden demnach das zentrale Ziel von Diäten, ein besseres Leben durch Gewichtsverlust, einfach durch ein neues Ziel ersetzen: ein besseres Leben durch Selbstliebe (Sastre 2016, 137). Dann werde alles gut. Dafür brauche es zwar kein Kalorienzählen und keine Sit-ups, aber dafür emotionale und auch körperliche Arbeit in dem Sinn, dass die Pflege des Körpers wichtig sei, um sich wohlzufühlen. Und das schließt praktischerweise den argumentativen Kreis, warum Kosmetikprodukte mit Body Positivity verkauft werden: nicht um schön zu sein, sondern für das Wohlbefinden, für die Pflege des Selbst. Dieser Diskurs spiegle unverkennbar die neoliberale westliche Kultur wider, so Sastre.

Sastre nennt in diesem Zusammenhang auch eine interessante Formulierung der Musikerin Beth Ditto. Die Frontfrau der Band »The Gossip« hat 2016 eine eigene Plus-Size-Modelinie auf den Markt gebracht und mit der Kosmetikfirma Mac für eine Body-Positivity-Kampagne zusammengearbeitet. Ditto ist dick, bisexuell und wuchs in sehr armen Verhältnissen auf. Sie kennt sich mit Diskriminierung gleich auf mehreren Ebenen gut aus. In einem Interview (The Guardian 2012) reduziert sie allerdings den Handlungsbedarf vor allem auf sich selbst. Sie könne nicht kontrollieren, was andere über sie denken würden, aber sie könne kontrollieren, was sie selbst von sich halte. Man müsse Selbstbewusstsein ständig neu lernen, sich quasi ständig neu »programmieren«, so Ditto. Ausführungen wie diese finden großen Anklang auf Seiten wie »Stop Hating Your Body«. Diese Aussagen über Selbstverantwortung und Selbstbewusstsein finden sich laut Alexandra Sastre in vielen körperpositiven Erzählungen wieder. Das damit in Aussicht gestellte Ergebnis, die Selbstliebe, berge allerdings auch die Gefahr, dass das

Selbst nicht irgendwann verbessert sei; vielmehr führe dies zu einer endlosen Arbeit an sich selbst (Sastre 2016, 137).

## Body Positivity der dreisten Sorte

Seit dem Erfolg der Dove-Kampagne 2004 zogen zahllose Unternehmen nach, mit mehr oder weniger großen Glaubwürdigkeitsproblemen. Die Unterwäschefirma Palmers war jahrzehntelang der Inbegriff dafür, Frauenkörper zum Objekt zu degradieren, in deren Kampagnen wurde jeder Zentimeter Haut bis in den letzten Winkel retuschiert und sexualisiert. 2019 kam plötzlich eine Kehrtwende – mit einer Kampagne mit Models in Konfektionsgröße 38 und schwangeren Frauen im Bikini. Mit Slogans wie »Eine Welt, in der jede Figur eine Bikinifigur ist« oder »Eine Welt, in der Frauen Ecken und Kurven haben« wechselte Palmers plötzlich ins Wohlfühlprogramm (zumindest, wenn man davon ausgeht, dass eine Frau mit Größe 38 Zuspruch wegen ihrer Figur braucht). In sozialen Medien und Online-Kommentaren über die Kampagne machten überraschend viele ihrem Ärger über die Kampagne Luft. Sie wurde als unglaubwürdig kritisiert, obendrein würden noch Banalitäten wie eben Frauen in Größe 38 oder Schwangere im Bikini als Tabubruch inszeniert. Davor hatten wir jahrelang diese als Fächer in Szene gesetzten fünf Frauenhintern in transparenten Strumpfhosen vor die Nase gesetzt bekommen, wo Sexyness auf eine Barbie-ähnliche Statur reduziert wurde. Das gerät offenbar nicht so schnell in Vergessenheit.

Diese breite Kritik an der Body-Positivity-Kampagne von Palmers zeigt also, dass der Feminismus im Mainstream durchaus stark verankert ist. Die Kulturwissenschaftlerin Elisabeth Lechner meint, dass ein Zusammenspiel von Populärkultur und Plattformen wie Instagram für die intensivere Kritik an den herrschenden Körpernormen mitverantwortlich sei. Dass in der US-Serie »Girls« 2012 Serienerfinderin und Hauptfigur Lena Dunham als mollige, kleine Hannah auftrete und in ihrem positiven Körpergefühl selbst ihre mit einer Modelfigur ausgestattete Freundin Marnie überstrahlte, spiele eine ebenso große Rolle für die Body-Positivity-Bewegung wie Instagram, sagt sie. Die Plattform ging im Jahr 2010 online und hatte zum Zeitpunkt des Erscheinens von »Girls« bereits eine anständige Reichweite erreicht. Beides hat parallel viele Diskussionen über Körperbilder, Feminismus und weniger geschönten Sex, als wir ihn bisher im TV sahen, den es in »Girls« zur Genüge gibt, angefacht. Stars wie Lena Dunham setzten sich selbst via Instagram in Szene, ohne darauf zu warten, dass eines der Hochglanzmagazine sie auf sein Cover hob und sie so als sexy adelte – was diese allerdings rasch nachholten, sobald sich der große Hype um Dunham herauskristallisierte. Und nicht nur Stars wie sie, auch alle anderen können sich selbst auf allen Kanälen zeigen, auch wenn sie nicht den Idealen entsprechen. Das könnte vielleicht tatsächlich etwas gegen ein patriarchal vergiftetes Körperbild bewirken und eine Chance sein.

Allerdings steht dem eine viel größere Bilderflut anderer Art entgegen: die Zigmillionen Selfies von Menschen, die auf ihren Körper fixiert sind, sich unendlich oft und in jeder Situation in Szene setzen. Mag sein, dass davon nicht alle den Schönheitsnormen entsprechen; doch auch wenn sie es nicht tun, die Arbeit am Körper, die Beschäftigung mit ihm, mit dem eigenen Aussehen und mit der optimalen Selbstinszenierung scheint jeden Gewinn an Vielfalt wieder auszuhebeln. Denn die Botschaften der Body-Positivity-Bewegung, »Jeder Körper ist schön« oder »Liebe deinen Körper«, bedeuten noch lange nicht, dass man nicht eine Menge Arbeit in ihn investieren sollte, und sie schließen auch nicht aus, dass die herrschenden Normen nicht einfach erweitert werden.

Der Körper von Reality-TV-Star Kim Kardashian ist mit seiner extrem schmalen Taille und den breiten Hüften keine Modelfigur im herkömmlichen Sinn, trotzdem er legt eine neue Latte für die Arbeit am Körper. Kardashian verdient Millionen mit Kosmetikprodukten wie etwa Make-up für den gesamten Körper. Mit Kardashians Produktlinie könnten alle, die nicht genug Selbstbewusstsein hätten, sich nun in Kleidung zeigen, die blaue Flecken, Hautirritationen oder Narben freilegt, schreibt die »Vogue«. »In mehreren Postings spricht sie selbst offen darüber, dass ihr Body-Make-up dabei geholfen habe, ihre von Schuppenflechte betroffenen Stellen zu kaschieren.« (Vogue 2019) Wie mutig, sie spricht also ganz über ihre Schuppenflechte. Würde sie das auch tun, wenn sie nicht die Lösung dafür im Angebot hätte? Sicher nicht, denn warum über etwas sprechen, wogegen man nichts tun kann oder tun will? Der Body-Positivity-Hype ist also auch Symptom einer Intensivierung der Arbeit am Körper. Und er ist auch eine Aufforderung, an der eigenen Einstellung zu arbeiten.

Wir erleben zwar von Kindesbeinen an, wie Schönheit als Wert an sich gehandelt wird, welche Bewunderung fitte und schlanke Körper als Inbegriff von Leistungsfähigkeit und Selbstdisziplin ernten, mit welcher Abwertung dicke Menschen bombardiert werden – aber wir sollen es plötzlich trotzdem hinbekommen, uns superschön zu finden. Und das, obwohl die Diskriminierung aufgrund von Aussehen, also Lookismus, sicher nicht weniger geworden ist. Die Autorin Magda Albrecht (Albrecht 2018) schreibt etwa von Ärzt*innen, die noch immer jedes Leiden, mit dem ein dicker Mensch in die Praxis kommt, auf Übergewicht zurückführen. Sie haben ein Gerstenkorn? Abnehmen könnte helfen. Albrecht kennt die Kommentare anderer, die sie, seit sie ein Kind war, hört. Dass sie zu dick sei und was sie alles dagegen zu tun habe. Nicht zu vergessen die Benachteiligung dicker Menschen auf dem Arbeitsmarkt und ihre niederträchtige Darstellung in Medienberichten, wenn es um Adipositas geht: essend oder liegend, womit durch die Bildsprache gleich die Botschaft »undiszipliniert« und »faul« mitgeliefert wird. Das sind große Probleme, die sich durch verschiedenste Institutionen ziehen und kaum angegangen werden. Doch bei jenen, die von dieser Diskriminierung betroffenen sind, wird durch die meisten Body-Positivity-Botschaften Handlungsbedarf ohne Ende suggeriert. Auch Expertin Elisabeth Lechner kritisiert, dass verwässerte Teile der Body-Positivity-Bewegung vermitteln, man solle doch einmal am eigenen Verhältnis zum Körper arbeiten. »Aber strukturell ändert das wenig. Lookismus basiert auf Sexismus, Rassismus und Ageismus – und das kann man nicht auf das Individuum abwälzen.« (Hausbichler 2019) Indessen scheint alles auch noch schlimmer zu werden. Vor allem junge Leute werden via Instagram, YouTube oder TikTok mit Bildern von »perfekten« weiblichen Körpern geflutet. Durch die permanente Präsenz von Körperbildern und den ständigen Einsatz von Kameras wird der Schönheitsdruck noch intensiver, immer mehr Körperregionen werden genauer unter die Lupe genommen und müssen bearbeitet werden. Die inneren Schamlippen zu lang, der Abstand zwischen den Oberschenkeln zu gering, die Haut zu wenig ebenmäßig. Zu alldem kommt nun auch noch die Anforderung, sich selbst zu lieben, und zwar genau so, wie man ist. Es ist eine unablässige Ermunterung (Banet-Weiser 2018, 72) der Body-Positivity-Bewegung, sich großartig zu finden, sich zu akzeptieren, auch wenn man weit von der Schönheitsnorm abweicht. In Kombination mit der neuen Allgegenwärtigkeit der üblichen bis hin zu noch rigideren Schönheitsnormen ergibt das für junge Mädchen und Frauen einen gehörigen Spagat, den sie zu meistern haben. Entspannung in Sachen Frauenkörper brachte also die populäre Body-Positivity-Bewegung bisher nicht – sondern streckenweise sogar neuen Druck.

## Den sozialen Medien zum Fraß vorgeworfen

Gillette hat 2018 ebenfalls mit einer Body-Positivity-Kampagne viel Aufsehen erregt. In einem TV-Spot zeigt die Frauenrasierer-Marke hier ein paar Achselhärchen, da kleinere Narben und dort etwas dickere

Bäuche. Die Frauen erzählen in dem Gillette-Spot, wie sie wegen kleiner Narben, ein bisschen Körperfett und ein wenig Flaum abwertende Kommentare einstecken mussten und sich unwohl in ihrer Haut fühlten. Gillette bietet schließlich die Lösung:»Schöne, glatte Haut passt zu allem«, heißt es in dem Spot. Ungefähr zur selben Zeit, tauchte in den sozialen Medien eine Body-Positivity-Kampagne anderen Kalibers auf, ebenfalls von Gillette. Dort hielt man sich nicht mit einem Bäuchlein und ein paar Sommersprösschen auf dem perfekten Gesicht eines jungen Models auf. In den sozialen Medien, dort, wo so oder so Frauen mit Vergewaltigungsandrohungen, Beschimpfungen, mit unbändigem Hass konfrontiert sind – ausgerechnet dort gab sich Gillette radikal und sah von den Mini-Mängeln, die man sonst als mutige Body-Positivity-Kampagne verkauft, ab. Das Model für die Social-Media-Kampagne war Anna O'Brien. O'Brien war schon vor der Gillette-Kampagne als Influencerin bekannt, sie ist sehr dick und Gillette konnte sich sicher sein: Mit einem Instagram-Post mit Anna O'Brien hatte man die Aufmerksamkeit garantiert auf seiner Seite. Die 35-jährige US-Amerikanerin ist auf einem Foto am Strand zu sehen. In dem Post springt sie durch die Wellen und freut sich des Lebens, darunter der Kommentar »Geh raus und rock deinen Tag!«. Fünf Tage später teilte die Influencerin ihren Follower*innen mit, dass es ihr gut gehe. Worauf sie damit anspielte: Trotz der Welle des Hasses und einer Flut an paternalistischen Hinweisen, Body Positivity sei ja schön und gut, aber mit so einem Bild werde gesundheitsgefährdende Fettleibigkeit verniedlicht. Über die Kampagne und den Hass, die geballte Herablassung gegenüber dicken Menschen im Allgemeinen und O'Brien im Besonderen wurde vielfach berichtet. Medien, die sich als feministisch verstehen, verurteilten den Umgang im Netz mit O'Brien scharf. Völlig zu Recht, allerdings wurde gleichzeitig die Rolle des Unternehmens überhaupt nicht beleuchtet, stattdessen wurde es vielmehr für seinen Mut gefeiert.

Es ist interessant, dass Gillette, eine Marke von Procter & Gamble, für die unterschiedlichen Kanäle verschiedene Grade der Body

Positivity in Szene setzt: In ihren TV-Spots werden die weichgespülten Body-Positivity-Bilder von durchschnittlichen Körpern, die nur eine kleine Spur von den rigiden Idealen abweichen, präsentiert. In den sozialen Medien hingegen eine sehr dicke Frau – also genau dort, wo das Model selbst und alle anderen mitlesenden dicken Menschen ungefiltert den Hass auf dicke Personen und insbesondere dicke Frauen abbekommen. Ein feministischer Kommentar, dem nur der Tadel an der Hassrede im Netz einfällt und der einen milliardenschweren Konzern, der eine solche Kampagne konzipiert, völlig außen vor lässt, wird seinem Anspruch, feministisch zu sein, nicht gerecht. Auf Instagram oder Twitter treffen Menschen, die weit außerhalb der Schönheitsnormen stehen, auf Abwertung, Chauvinismus und Hass. Dass insbesondere auf diesen Kanälen vielen Menschen besonders viel Feindseligkeit entgegenschlägt, ist offensichtlich. Deshalb genügt der Blick auf die menschenverachtenden Online-Kommentare nicht, sondern wir müssen auch kritisch auf Konzerne schauen, die solche Kampagnen konzipieren – auch wenn sie sie unter ein feministisches Label setzen. Oder: Insbesondere dann! Statt sie für ihren »Mut« zu loben, sollte genau darauf geachtet werden, wie umsichtig sie mit ihren Models umgehen, auf welchen Kanälen sie sie präsentieren und wie intensiv sie sich um ihren Schutz vor Hassrede bemühen.

Konzerne werfen sich nicht in die Bresche gegen Schönheitsnormen, schon gar nicht jene, die vor allem Schönheitsprodukte verkaufen. Es ist wirklich erstaunlich, wie sehr in den letzten Jahren diese banale Tatsache in den Hintergrund geraten ist. Konzerne setzen sich für eine Marke, für ihr Produkt ein und nutzen dafür, was funktioniert. Und sie nutzen alternative, ungewohnte Bilder sicher nicht nur wegen irgendeines ethischen Aspekts.

Es wäre also höchste Zeit, den mit welchen Mitteln auch immer auf Aufmerksamkeit ausgerichteten Kampagnen weitaus kritischer zu begegnen, als das bisher geschah – auch wenn sich Kampagnen mit einem feministischen Mäntelchen vorweg gegen Kritik immunisieren, was auch zu gelingen scheint. Wenn sich ein Unternehmen feministisch wachsam gibt, muss es auch einen Rahmen für Kampagnen schaffen, in denen diejenigen, die sich für ihr Produkt in die vorderste Reihe stellen, nicht zur Zielscheibe werden. Sich zurückzulehnen und das Ganze den üblichen Social-Media-Effekten zuzuschreiben, gegen die man halt kaum etwas machen könne, das ist zu wenig. Wenn man schon die Geister, die man selbst gerufen hat, ungefiltert auf eine diskriminierte Gruppe loslässt, dann beweist das keinen Mut, sondern in erster Linie Geschäftssinn.

Wenn es schon um Mut gehen soll, ist dieser Menschen wie Anna O'Brien zuzuschreiben, die auch abseits der weitreichenden Gillette-Kampagne das Feld nicht den überwiegend normschönen Influencer*innen überlassen, die im Gegensatz zu O'Brien mit Schönheitsmakeln nur kokettieren. Die zwischen Hunderten von wunderschönen Fotos von sich hin und wieder mal ein unvorteilhaftes platzieren, um zu zeigen, dass auch sie »nicht perfekt« sind, wofür sich ihre Gefolgschaft auch gleich wieder vor Dankbarkeit überschlägt. Ein Mini-Speckröllchen, Haare auf den Beinen – ja, das gibt's, ich steh dazu! Es bringt uns wirklich nichts, wenn wir uns bei solchen inszenierten Selbstaufopferungen im Namen des Feminismus die Finger wund liken. Influencer*innen geben sich im Netz als Gesamtprodukt aus, das ständig an sich selbst werkt und andere animiert, es ihnen gleichzutun. Werbung, das persönliche Leben, ein konsumorientierter Lifestyle, auch wenn er noch so sehr mit Nachhaltigkeit und Feminismus verkauft wird, das alles verschwimmt völlig in eins und ist trotzdem nichts anderes als konsumorientiert. Das präsentierte Speckröllchen gehört ebenso zum Gesamtprodukt auf einem Markt, in dem »Authentizität« eine Währung ist und deshalb halt auch zwischendurch mal ein Foto von einer ungeschminkten Influencer*in sein muss. Es braucht hierfür wirklich keinen feministischen Jubel, das gehört schlicht zum Geschäft. Influencer*innen und Firmen profitieren von diesem Deal, bei dem »Echtheit« und »Authentizität« besonders wichtig sind.

Aber profitiert womöglich doch auch die Sache selbst? Zeigen der Anspruch und die Forderung nach mehr Vielfalt in Kampagnen und damit in der öffentlichen Sphäre Wirkung im Hinblick auf feministische Anliegen? Das lässt sich wohl noch nicht so bald sagen, schließlich gibt es die diversen kommerziellen »Wokeness-Kampagnen«, die sich bei Feminismus oder Antirassismus einhaken, noch nicht so lange, dass man bereits irgendwelche Effekte erkennen könnte. Genaueres weiß man allerdings in Bezug auf Werbung für Alkoholmarken, die ihr Image mit Bewusstseinskampagnen gegen zu viele Drinks aufpolieren. Raphael Gaßmann von der Deutschen Hauptstelle für Suchtfragen bringt in einer Dokumentation den Nutzen solcher Kampagnen auf den Punkt: »Sie sind dazu da, um nicht zu funktionieren.« (Pichler 2020) Sie sind nur dazu da, das Unternehmen gut aussehen zu lassen. Die Bewusstseinskampagnen von Heineken & Co werden auch nicht evaluiert. Sehr wohl untersucht hat sie aber ein Forschungsteam des Institute of Alcohol Studies in London. Es untersuchte über 3000 Initiativen zur sozialen Verantwortung der Alkoholindustrie. Es zeigte sich, dass ein Großteil nicht auf Wirksamkeit ausgelegt war, es wurden keine verlässlichen Bewertungstechniken eingesetzt, um Erfolg oder Effekte zu messen. Allerdings sind in all diesen Initiativen und Kampagnen die Logos der Marken ständig präsent, im Endeffekt handle es sich deshalb hauptsächlich um eine zusätzliche Werbemaßnahme, und es gehe gar nicht darum, irgendeine Verbesserung im Umgang mit Alkohol zu erzielen. »Die multinationalen Konzerne zeigen so Politikern, dass sie Gutes tun und dass sie dafür auch noch Geld ausgeben. In Wahrheit schützen sie ihre Gewinne und stellen sicher, dass im öffentlichen Gesundheitswesen keine Maßnahmen gesetzt werden«, sagt Katherine Severi vom Institute of Alcohol Studies in London (Pichler 2020).

Die Ähnlichkeit zwischen den Bewusstseinskampagnen der Alkoholindustrie, damit die Menschen weniger trinken, und Bewusstseinskampagnen der Schönheitsindustrie, damit die Menschen angeblich weniger unsicher in Bezug auf ihr Äußeres sind, liegt auf der Hand. Auch bei Letzteren geht es natürlich nicht darum, weniger in sein Äußeres zu investieren. Es geht darum, noch mehr Geld mit den Ansprüchen an Frauen zu verdienen. Noch dazu mit Werbung, die die Errungenschaften der Frauenbewegung ausbeutet.

## Quellen

(Albrecht 2018) Magda Albrecht: »Fa(t)shionista. Rund und glücklich durchs Leben«, Ullstein, Berlin, 2018

(Banet-Weiser 2018, 72): Sarah Banet-Weiser: »Empowered. Popular Feminism and popular Misogyny«, Duke University Press Books, Durham, 2018

(BBC 2020) BBC News: »South Africa's Clicks beauty stores raided after ›racist‹ hair advert«, www.bbc.com/news/world-africa-54055814

(The Guardian 2012) »Beth Ditto: I'm constantly learning how to be confident«, www.theguardian.com/music/2012/may/06/beth-ditto-interview-joyful-noise

(Hausbichler 2019) Kulturwissenschafterin Lechner: »Schönheit ist ein kapitalistisches Konstrukt«, www.derstandard.at/story/2000111880732/kulturwissenschafterin-lechner-schoenheit-ist-ein-kapitalistisches-konstrukt

(Moulton 2019) Nicola Moulton: »Darum sollten sich große Beauty-Brands für mehr Body Positivity einsetzen«, www.vogue.de/beauty/artikel/body-positivity-beauty-marken

(Orbach 1979) Susie Orbach: »Anti-Diätbuch. Über die Psychologie der Dickleibigkeit, die Ursachen von Eßsucht«, Frauenoffensive, München 1979

(Orbach 2012, 12): Susie Orbach: »Bodies. Schlachtfelder der Schönheit«, Arche Verlag, 2012

(Penz 2010, 16) Otto Penz: »Schönheit als Praxis«, Campus Verlag, Frankfurt a. M., 2010

(Pichler 2020) Andreas Pichler: Film-Dokumentation »Alkohol – der globale Rausch«, Andreas Pichler, 2020

(Sastre 2016, 137) Alexandra Sastre: »Towards A Radical Body Positive: Reading The Online Body Positive Movement«, Dissertation 2016. Publicly Accessible Penn Dissertations, https://repository.upenn.edu/edissertations/2569

(Statista 2012) »Konfektionsgrößen«, https://de.statista.com/statistik/daten/studie/260325/umfrage/verteilung-der-konfektionsgroessen-bei-frauen-in-deutschland/

(Der Standard 2005) »Straffe Kurven«, www.derstandard.at/story/2021249/straffe-kurven

(Vogue 2019) »Kim Kardashian hat Make-up für den ganzen Körper auf den Markt gebracht«, www.vogue.de/beauty/artikel/news-kim-kardashian-lanciert-body-make-up

# Vom Produkt zur Bewegung

Vom Kampf um das Wahlrecht für Frauen bis zur Zigarettenmarke für Frauen, diesen Bogen hat die Marke Virginia Slims bereits in den 1970er-Jahren gespannt –»Du hast es weit gebracht,
Baby«. Damit hat diese Werbung eine Kontinuität zwischen dem
Erringen des passiven und aktiven Wahlrechts und der Entwicklung einer eleganten »Damenzigarette« konstruiert. Natürlich hat
ein mit Zartheit und schlanker Linie assoziiertes »Frauenprodukt«
mit Frauenrechten erstmal rein gar nichts zu tun. Anders verhält
es sich mit den selbstbewusst auftretenden Frauen dieser Kampagne. Im Gegensatz zu vielen Sujets aus den 1950er-Jahren waren
sie ohne Kinder, ohne Ehemann und ohne Küchengerät zu sehen.
In diesem Kontext ist es also um einiges verständlicher, dass bei
der Slims-Werbung der Zusammenhang zwischen politischem
Aktivismus und selbstbestimmtem Konsum plausibel hergestellt
werden konnte. In den 1980er- und 1990er-Jahren, in denen das
Image des Feminismus in der Massenkultur besonders schlecht
war, behielt man zwar den Topos der »selbstbewussten Frau« im
Auge, mit »Frauenbewegung« oder »Feminismus« wollte man das
allerdings absolut nicht mehr in Verbindung bringen. Zu konsumfeindlich erschienen damals die kursierenden Klischeevorstellungen von politisch weit links stehenden Frauen mit Achsel- und
Beinbehaarung in unförmigen und mehrmals geflickten Latzhosen.
Mit solchen Frauenbildern konnte die Mode- und Schönheitsindustrie keinen Blumentopf gewinnen, dachte man zumindest

damals. In den 1980er- und 1990er-Jahren wurden emanzipierte Frauen in der Populärkultur mit »Power-Frauen« und »Karriere-Frauen« gleichgesetzt. Auch in zahlreichen Filmen und Serien wurde Gleichstellung darauf reduziert, dass es Frauen hinsichtlich Rücksichtslosigkeit und Konkurrenzdenken im Job mit jedem Kerl aufnehmen können – wenn auch mit einigen Kollateralschäden für die weibliche Psyche. Prototypisch hierfür ist die Darstellung der Verlagsdirektorin Alex Forrest (Glenn Close) in dem Thriller »Eine verhängnisvolle Affäre« (mit Michael Douglas): Forrest spielt darin eine erfolgreiche Frau, die als Single ein selbstbestimmtes Leben in einem schicken Loft in New York führt, doch sie ist einsam und zahlt einen hohen emotionalen Preis, wie der Film nach und nach zeigt. Eigentlich, so das Narrativ, wünscht auch sie sich im Grunde ihres Herzens ein hübsches Eigenheim in der Vorstadt, mit Garten, in dem Kinder herumtollen, inklusive Michael Douglas, versteht sich. Sie wird zwar zu Beginn des Films als toughe Business-Lady dargestellt, aber ihre Fassade bröckelt im Lauf des Films. Dahinter steht eine vor Eifersucht rasende Psychopathin im Liebeswahn. Es war also damals noch eine recht ambivalente Sache, das mit den Power-Frauen.

Ein weiteres Paradebeispiel dafür ist auch die romantische Komödie »Die Waffen der Frauen« mit Sigourney Weaver als arroganter und knallharter Chefin des aufstrebenden jungen Finanzgenies Tess McGill (Melanie Griffith). McGill ist in dem Film ihr weiblicher Konterpart. Auch McGill will es, so wie ihre Chefin, an die Spitze schaffen. Ihr Part als Frauenfigur im Gegensatz zur berechnenden, kalten »Karriere-Frau« kam allerdings nicht ohne zahllose stereotype Klischees aus. Tess McGill wird uns später noch einmal beschäftigen. Jedenfalls zeigen Filme wie diese, wie sehr Gleichberechtigung in der damaligen Populärkultur in erster Linie mit einem »Recht auf Karriere« gleichgesetzt wurde. Die »beruflich erfolgreiche Frau« schien das Einzige, was man von der zweiten

Frauenbewegung als halbwegs akzeptables feministisches Versatz-stück in den aufkeimenden neoliberalen Zeitgeist der 1980er-Jahre herüberretten wollte.

Später wurden mit der Popularisierung von Feminismus dann Autonomie und Selbstbestimmung wieder öfter auch abseits von »Frauenkarrieren« mit feministischen Errungenschaften und Be-strebungen verknüpft. Nicht zuletzt, weil eben jene erfolgreichen Frauen zunehmend selbst darauf Bezug nahmen, seien es junge Popstars wie Miley Cyrus (»Just go for what you want to do«) oder Topmanagerinnen wie Sheryl Sandberg (»What would you do if you weren't afraid?«). Mit dem Imagewandel nahm sich auch die Werbeindustrie den Feminismus zur Brust. Marken wie Dove oder Always machten es vor und gingen noch einen Schritt weiter: Sie brachten ihre Kampagnen nicht nur als Werbung in Umlauf, son-dern nannten ihre Spots »Bewusstseinskampagnen« oder »Body Positivity«, was die eigenen Marketingkonzepte in die Nähe von politischer Arbeit rückte. Inzwischen gehen Firmen immer öfter in diese Richtung und bedienen sich der Mittel eines politischen Aktivismus, der über die Verbreitung feministischer Bilder und Bot-schaften hinausgeht.

## Bitte unterschreiben, es geht um die Sache

Die poppig aufgemachten Menstruationsprodukte der Firma Ein-horn sind nicht gerade billig. Sie bieten allerdings etwas, das man einen »politischen Mehrwert« nennen könnte. Sie kosten fast das doppelte wie No-Name-Produkte, die mit ihren verschämt ausse-henden Verpackungen die Periode als etwas inszenieren, das man möglichst unauffällig über die Bühne bringen sollte. Die Tampon-Packungen von Einhorn sind hingegen im Graffiti-Style verzierte Viertellitermilchpackungen. Die Hüllen für die einzeln verpackten

Slipeinlagen für unterwegs zeigen Zeichnungen von Vulven in all ihrer Verschiedenheit. Das Material der Verpackung besteht aus Bioplastik, das aus Maisstärke gemacht wurde, versteht sich. Und die Slipeinlagen selber, ebenso wie die Tampons, sind aus Biobaumwolle. Das kostet natürlich, doch dafür passt auch wirklich alles zusammen: die politische Message mit einer klaren Body-Positivity-Haltung, nachhaltigere Materialien und dieses irgendwie widerständig anmutende Design. Aber das ist noch nicht alles. Die Berliner Firma, die auch vegane Kondome verkauft, initiierte auch eine Petition und macht mit ihrer Firmenpolitik von sich reden: Mitarbeiter*innen wird kostenlose psychologische Beratung zur Verfügung gestellt, wer schwanger wird, bekommt eine Gehaltserhöhung von 400 Euro netto. Während anderswo eine Schwangerschaft bei vielen erst einmal mit der Sorge um Einkommenseinbußen einhergeht, bekommt frau bei Einhorn mehr Geld. Man wolle die »Spirale der Ungleichheit auflösen, die dazu führt, dass eher die Frau zu Hause bleibt, weil sie ja weniger verdient als der Mann«, nannte Mitbegründer und Geschäftsführer von Einhorn, Waldemar Zeiler (Kurier 2019), als Grund, warum sich das Unternehmen zu dieser Gehaltserhöhung entschlossen hat. Dessen Büro sieht übrigens eher wie eine besetzte Wohnung aus denn wie eine Firma. Die beiden Gründer von Einhorn wollten irgendwann auch ausdrücklich keine Weisungsbefugnis mehr. Jede*r kann entscheiden, wann und wieviel Urlaub er oder sie konsumiert.

Der bisher größte Coup von Einhorn war die bereits erwähnte Petition. Sie forderte eine Senkung der Steuer auf Periodenprodukte in Deutschland, die im Deutschen Bundestag 2019 dann auch beschlossen wurde. Genau genommen wurden in den letzten Jahren insgesamt drei Petitionen dazu gestartet. Eine bereits im Jahr 2015, sie hatte allerdings keine politischen Konsequenzen. Jene von Einhorn und des Magazins »Neon«, die sich für eine neuerliche Petition zusammengetan haben, schaffte in nur einem Monat

80 000 Unterschriften, eine weitere Petition von zwei Privatpersonen – Nanna-Josephine Roloff und Yasemin Kotra – startete 2018 und wurde insgesamt von über 190 000 Menschen unterschrieben. Im Herbst 2019 wurde schließlich die Senkung der Mehrwertsteuer auf Periodenprodukte schließlich in Deutschland die Senkung von 19 auf 7 Prozent beschlossen. Keine Kleinigkeit also, und Einhorn kam medial für seinen politischen Aktivismus prominent vor, während die Namen von einzelnen Aktivistinnen meistens schnell hinter der Sache selbst verschwinden. In Deutschland dürfte vielen in Zusammenhang mit dem Protest gegen die sogenannte Tampon-Steuer eher Einhorn in den Sinn kommen als Nanna-Josephine Roloff und Yasemin Kotra. Und das ist nur logisch: Ihren Namen begegnen wir nicht bei jedem Kauf von Menstruationsprodukten in den Drogeriemärkten. Und von ihrem Image als Aktivistinnen kann man sich auch kein kleines Stück mit nach Hause nehmen, indem man die Power-Vulven in seinen Einkaufskorb legt statt der schnöden Produkte anderer Firmen, die ihre Tampons oder Binden immer noch mit blauer Flüssigkeit bewerben.

Die Idee, Formen des politischen Aktivismus mit Werbung zu verbinden, gab es schon vor knapp hundert Jahren. 1929 inszenierte der PR-Profi Edward Bernays, der sogar einer der Erfinder von Public Relations ist, gemeinsam mit der American Tobacco Company für die Zigarettenmarke Lucky Strike einen Marsch für Gleichberechtigung auf der Fifth Avenue in New York. Dafür wurden eigens Demonstrantinnen engagiert, die Lucky Strikes als »Fackeln der Freiheit hochhielten, den Zuschauern die Losung ›Kampf dem nächsten Geschlechter-Tabu!‹ entgegenbrüllten und diese aufforderten, mit ihnen gemeinsam den aufregenden Duft der Geschlechtergerechtigkeit zu inhalieren«, wie Andi Zeisler die Szene beschreibt (Zeisler 2017, 23). Es gab einen großen Medienhype um diese »Demo«, und die Anzahl der Zigarettenkäuferinnen verdoppelte sich. Politische Agitationsformen und

Werbung zu kombinieren, dafür gibt es also schon erfolgreiche Vorbilder.

## Von »Stay Woke!« zu »Woke-Washing«

Die von Einhorn und »Neon« initiierte Petition war eine politische Kampagne als Marketingstrategie wie im Lehrbuch. Das Unternehmen machte sich einen Namen, und neben dem kommerziellen Part der Kampagne war auch der politische Part durch die Steuersenkung von Erfolg gekrönt. Was soll also daran nicht in Ordnung sein? Warum soll man für ein lange gefordertes feministisches Anliegen nicht die professionelle und distributorische Kraft eines Unternehmens nutzen? Und warum sollte eine Firma es dann nicht verdienen, mit ihrem rechtschaffenen Einsatz mehr von ihrem Produkt zu verkaufen? Immerhin stehen sie auf der richtigen Seite.

Die Verzahnung von politischen Kampagnen und Marketingstrategien gehört unter dem allgemeineren Titel »Woke-Washing« zum üblichen Geschäft der Marketing- und Werbebranche. Der Begriff »Woke« kommt aus dem politischen Aktivismus von Afro-Amerikaner*innen und verbreitet sich seit 2014 vor allem in Zusammenhang mit der »Black Lives Matter«-Bewegung in den USA. »Woke« diente aber auch schon davor als politischer Begriff, der Wachsamkeit gegenüber Rassismus und sozialer Ungerechtigkeit ausdrücken sollte. Inzwischen ist er auch in der Werbung eben unter Woke-Washing gängig. Eine Agentur beschreibt diesen »Markenaktivismus« so: Damit sei »nichts Weiteres als der Gebrauch von sozialen Themen zu Marketingzwecken« gemeint (Treestones 2019). Nichts Weiteres? Angesichts der Aktualität und Brisanz dieser »sozialen Themen« erscheint diese schnoddrig formulierte Feststellung, dass man diese Themen halt jetzt auch mal für Marketingzwecke nutze, doch ziemlich zynisch.

Wer die bis heute nötigen und sehr harten Kämpfe gegen Rassismus nur annähernd auf dem Radar hat, wird ebenfalls Unbehagen angesichts dieser Erklärung empfinden. Immerhin geht es um die Nutzung eines massiven gesellschaftlichen Missstandes, um Diskriminierung, der BIPoC (Black, Indigenous and People of Color) tagtäglich ausgesetzt sind und die diese bis heute das Leben kosten kann. Trotzdem empört die Nutzung politischer Anliegen für Gewinne meistens gar nicht, oder zumindest nicht besonders. Im Grunde ist das erstaunlich, stehen die Werbeagenturen und kommerziellen Nutznießer*innen diesen politischen Ideen doch oft diametral entgegen, auch wenn kleinere Firmen wie Einhorn es durchaus ehrlich meinen. Dass das kaum aufzufallen scheint, mag an der großen Distanz zwischen Aktivismus und Marketingbranche liegen: Das sind Milieus, die sich kaum überschneiden. In den Meetings von Agenturen sitzt wohl nur selten jemand, der kurz zuvor noch bei Frauenstreikbewegungen aktiv war. Es mag auch daran liegen, dass in vielen Agenturen schlichtweg kaum jemand zu finden ist, der sich mit Diskriminierung auskennt. Weiße Männer sind noch immer vorwiegend in besser bezahlten Jobs, Frauen und vor allem Women of Color vorwiegend im Niedriglohnbereich tätig. Doch gerade weil es zwischen diesen beiden Sphären – hier die Werbebranche und die Marketingstrategen von Konzernen, dort der politische Aktivismus und benachteiligte Gruppen – kaum Berührungspunkte gibt, lohnt es sich, diese zwei Welten näher aneinanderzurücken. Denn letztendlich bekommt der Mainstream und somit eine enorm große Gruppe von Menschen eine diffuse Mischung aus beidem vorgesetzt, einen Mix aus politischen Ideen und Werbestrategien, der auf den ersten Blick nur schwer auseinanderzudividieren ist. Und oft auch auf den zweiten.

Was steht also hinter den »sozialen Themen«, die auch für Marketingzwecke ganz praktisch sind? Die Antirassismus-Bewegung »Black Lives Matter« wurde wegen Protesten gegen Gewalt und Diskriminierung von Afroamerikaner*innen international bekannt. Diese sich immer wiederholende, oft tödliche Gewalt gegen Afroamerikaner*innen fand einen ihrer brutalen Höhepunkte 2012 im Tod des Teenagers Trayvon Martin. Der Nachbarschaftswächter George Zimmerman hatte den unbewaffneten 17-jährigen Highschool-Schüler erschossen. Martin kam Zimmerman offenbar irgendwie verdächtig vor, weswegen er die Polizei anrief. Er glaube, der junge Mann sei »wohl irgendwie auf Drogen oder so«, sagte er den Polizisten am Telefon. Diese rieten ihm, nichts zu unternehmen. Trayvon Martin telefonierte währenddessen mit seiner Freundin, die später aussagte, Martin habe am Telefon gesagt, irgendein Kerl sei hinter ihm her. Zimmerman ignorierte den Rat der Polizei, den jungen Mann nicht zu verfolgen, und erschoss ihn schließlich während eines Handgemenges. Zimmerman wurde wegen »Mordes mit bedingtem Vorsatz« angeklagt – und im Sommer des Jahres 2013 freigesprochen. Das Urteil führte zu zahlreichen und heftigen Protesten in vielen Städten der USA. Es ging dabei um den offenkundig rassistischen Status quo in den USA, etwa, warum afroamerikanische Eltern und sogar Schulen bis heute nicht weiße Kinder darin trainieren müssen, wie sie sich in Anwesenheit der Polizei verhalten müssen, damit ihnen nichts passiert. Welche Extraleistung sie liefern müssen, um nicht verhaftet oder Opfer rassistischer Gewalt zu werden. Um nicht erschossen zu werden wie Trayvon Martin, der auf dem Weg zu seiner Freundin nur eine Packung Skittles und eine Dose Saft kaufen wollte. Auch in den darauffolgenden Jahren, auch nach massiven Protesten von »Black Lives Matter«, gab es zahlreiche tödliche Übergriffe auf Afroamerikaner*innen. 2020 starb George Floyd, nachdem ein weißer Polizist fast zehn Minuten auf dessen Hals gekniet hatte. Ein Video zeigt, dass Floyd noch mehrmals verzweifelt rief, dass er nicht atmen könne. Doch der Polizist machte keinerlei Anstalten, von Floyd abzulassen, bis dieser schließlich an Ort und Stelle starb. In den USA und auch weltweit löste dies eine weitere Welle der »Black Lives Matter«-Proteste aus. Der Tod Floyds zeigt, dass sich nach all den Fällen an der Polizeigewalt nichts geändert hat. Angesichts der Kämpfe von schwarzen Menschen und solidarischen anderen Aktivist*innen ist die flapsige Selbstverständlichkeit, mit der ein Begriff wie »Woke«, der den Aufruf zu Wachsamkeit gegenüber Rassismus meint, als kommerziell ausgerichtete Werbestrategie zweckentfremdet wird, ethisch ziemlich fragwürdig.

## Das miese Image von Greenwashing

Während Woke-Washing oder auch Feminist-Washing fast wie eine neutrale Beschreibung daherkommen beziehungsweise als Strategie gar nicht so bekannt sind, sieht es bei dem verwandten Greenwashing ganz anders aus. Die strategische Verzahnung von Marketing und Öko-Aktivismus, die Greenwashing beschreibt, ist durchwegs kritisch besetzt. Der Begriff Greenwashing war von Beginn an weder ein werbestrategisch neutraler Begriff noch eine knackige, positiv konnotierte Beschreibung, wie politisches Engagement und kommerzielle Interessen zusammengehen. Das Wort Greenwashing verweist unumwunden auf die Entpolitisierung eines zutiefst konsum- und kapitalismuskritischen Anliegens von ökologischen und klimapolitischen Bewegungen. Das Gabler-Wirtschaftslexikon beschreibt Greenwashing als »Versuch von Unternehmen, durch Marketing- und PR-Maßnahmen ein ›grünes Image‹ zu erlangen, ohne allerdings entsprechende Maßnahmen im Rahmen der Wertschöpfung zu implementieren.« (Gabler 2020) Ursprünglich habe sich der Begriff auf eine »suggerierte Umweltfreundlichkeit« bezogen, heißt es dort weiter. Und im Oxford Dictionary wird es so erklärt: »Greenwash: disinformation disseminated by an organization so as to present an environmentally responsible public image.« (Oxford Dictionary 2020)

Viele Erläuterungen von Greenwashing führen demnach gleich direkt zu den konkreten Problemen. Wer nach Texten zu Greenwashing sucht, stößt mehr als einmal auf die »sechs Sünden von Greenwashing«, die auf zahlreichen Webseiten zu ökologischen Themen aufgelistet sind. Dazu gehört etwa die Irreführung von Konsument*innen durch Begriffe wie »natürlich«, »grün« oder »nachhaltig«, die lediglich einen Anschein erwecken, letztlich aber über den ökologischen Mehrwert des Produkts nichts aussagen. Oder es wird ein Produkt damit beworben, bestimmte umweltschädliche Stoffe nicht zu enthalten. Der Hinweis »FCKW-frei« findet sich auf diversen Produkten in Sprühdosen, er ist allerdings wegen des bestehenden Verbotes von FCKW in Deutschland, Österreich und vielen anderen Ländern völlig überflüssig – und verdeckt womöglich, wovon das vorliegende Produkt nicht frei ist. Oder es hilft zu verdrängen, wie es um die Ökobilanz der Zulieferbetriebe steht. Und: Greenwashing hat für Unternehmen oft schlicht den Nutzen, einen höheren Preis veranschlagen zu können. Wer den Profit dafür einstreicht, ist allerdings in den wenigsten Fällen transparent.

Das Problem an Greenwashing und die vielen Widersprüche zwischen dem Image eines Konzerns und seinen angeblich nachhaltigen Produkten bleiben der Öffentlichkeit nicht mehr verborgen. Der Nachhaltigkeitsbericht des Textilriesen H&M wurde laut Greenpeace »auf Hochglanz poliert« (Greenpeace 2017). Hinter der Fassade aus »Conscious«-Kollektionen und Recycling-Boxen für die alte Kleidung von Kund*innen sieht es anders aus: 2017 wurde öffentlich, dass H&M tonnenweise Ware verbrennt, die sich nicht mehr verkaufen lässt. Für viele andere Textilriesen und auch für hochpreisige Modehäuser steht die Praxis der Vernichtung von Ware ebenso auf der Tagesordnung. Für Klamotten von Luxusmarken wie Burberry oder Louis Vuitton macht es sich einfach nicht gut, mit einem Minus-70-Prozent-Schild im Laden zu hängen. Bevor die Ware also zu einem Preis verkauft wird, der nicht standesgemäß ist, wird sie vorher vernichtet (ORF 2018).

Laut Greenpeace sollen von H&M allein in Dänemark seit 2013 jährlich zwölf Tonnen Kleidung verbrannt worden sein (Greenpeace 2017). Das zeigt, dass Greenwashing auch mit solchen Zahlen gut zu machen ist: Hier das Öko-Image dank »grüner« Produktlinien, dort die massenhafte Vernichtung von Produkten, was eine unglaubliche Ressourcenverschwendung ist. Allerdings gibt es beim Andocken von Konzernen an politisches Bewusstsein oder politische Bewegungen noch einen anderen, sehr wichtigen Aspekt. Und der lässt sich schwerer messen als die Glaubwürdigkeit eines Nachhaltigkeitsberichts oder problematische Firmenpolitik. Gerade deshalb ist dieser Aspekt als Verkaufsargument umso interessanter: das gute Gewissen. Damit trifft man auf einen sehr persönlichen, inneren moralischen Kompass der Konsument*innen. Inmitten eines endlosen Angebotes kann das zu einem praktischen Auswahlkriterium werden. Das Gefühl, bei einem Kauf auch noch ein kleines Stück Engagement, ein bisschen Awareness zu erwerben, tut gut und ist natürlich nicht nur für Ökologiethemen reserviert. Das gute Gewissen beim Konsum lässt sich für sämtliche gesellschafts- und sozialpolitischen Themen aktivieren. Für Gleichberechtigung, für Rechte von Minderheiten, für karitative Zwecke, für Tiere.

Am Beispiel des relativ jungen Bewusstseins für klimapolitische und ökologische Folgen der Konsumkultur zeigt sich besonders gut, wie wichtig es für Konzerne geworden ist, gesellschaftliche Entwicklungen in ihre Marken zu integrieren. Die Konsumkultur und ein Kapitalismus mit ständiger Wachstumsorientierung sind zu einem Großteil für die Erderwärmung verantwortlich. Energiewirtschaft, Industrie, Verkehr und Landwirtschaft sind die Hauptverursacher von Treibhausgas-Emissionen. Darüber wissen Konsument*innen heute besser Bescheid als je zuvor. Unternehmen müssen ihre Produkte deshalb so platzieren, dass sie nicht nur als Teil des Problems gesehen werden, sondern so, dass Konsument*innen das Gefühl haben, mit einem Produkt einen Teil der Lösung erworben zu haben.

Ein Produkt nicht zu kaufen, das darf nicht der Weg sein, vielmehr soll es trotz der klimapolitischen Folgen gekauft werden. Und das geht nur in Kombination mit einem guten Gefühl, mit dem guten Gewissen, durch den Kauf etwas für die Umwelt getan zu haben. Fragen der Art etwa, was wir in welchem Umfang überhaupt brauchen, sollten am besten erst gar nicht oder zumindest nicht oft auftauchen.

## Alles, nur keine Gesetze

Obwohl seit den deutlich spürbaren Veränderungen unseres Klimas ein noch nie dagewesenes Interesse an klimapolitischen Fragen und Engagement entstanden ist, zeigt sich, wie zäh Veränderungen auf realpolitischer Ebene sind. Dass politische Entscheidungsträger*innen verbindliche und international gültige Maßnahmen beschließen, scheint trotz der Dringlichkeit kaum durchsetzbar: Die UN-Klimakonferenzen enden noch immer mit Minimalbeschlüssen und Absichtserklärungen. Auch das ist das Ziel von unternehmerischem »Washing« und dem Gestus der Selbstregulierung: Es soll gesetzlichen Regulierungen vorbeugen. Unternehmen können auf diese Weise vermitteln, dass sie selbst Verantwortung übernehmen. Verbote oder Regulierungen anderer Art – etwa über Steuerpolitik – können so verhindert werden. Ein wichtiges Schlagwort für diese Praxis der Selbstverantwortung ist »Corporate Social Responsibility« (CSR), ein Schlüsselbegriff der Wirtschaftsethik. Manche nennen Greenwashing die »dunkle Seite des CSR«. Die Nachhaltigkeitsplattform »Reset« schreibt: »Wenn glaubhaft gemacht wird, dass gewisse Standards freiwillig von der Wirtschaft eingehalten werden, dann ist die Politik u. U. ›großzügiger‹ bezüglich der Regulierung von Umweltwerten.« (Reset 2009) Das ist praktisch, denn CSR klingt ganz nett, verlangt aber Unternehmen keine verbindlichen Standards ab. CSR ist weder ein spezifisches Konzept, noch gibt es in Zusammenhang mit CSR feststehende Leitlinien. CSR umreißt lediglich den Grundgedanken, dass ein Unternehmen nachhaltig, ethisch und sozial agieren sollte, und orientiert sich meistens an den 17 Entwicklungszielen der Vereinten Nationen (BKA 2020), die nachhaltige Entwicklung auf ökonomischer, sozialer sowie ökologischer Ebene formulieren. Neben Armutsbekämpfung, menschenwürdiger Arbeit für alle oder der Sicherstellung nachhaltiger Konsum- und Produktionsformen gehört auch die Gleichstellung der Geschlechter zu diesen Zielen. Doch wie in umweltpolitischen Fragen sind auch im Bereich der Gleichstellung Regulierungen äußerst unbeliebt.

CSR entspricht ganz dem Zeitgeist. Gesellschaftspolitik per Gesetz zu gestalten, ist ziemlich aus der Mode gekommen. Das verlagert man lieber in die Vergangenheit. Gesetzliche Gleichstellungsmaßnahmen wurden in den 1970er-Jahren gesetzt, doch auch damals wurden sie oft und von vielen Teilen der Gesellschaft als überzogen bis völlig unnötig angesehen. Heute, im Rückblick, schaut man verwundert auf diese alten Debatten. Etwa auf jene über die Vergewaltigung in der Ehe, die 1989 unter Strafe gestellt wurde. Die damaligen Diskussionsbeiträge belächelten diesen Plan im Vorfeld als völlig absurd: Man könne den Leuten doch nicht ins Schlafzimmer schauen! Und was, wenn eine Frau mit einer Anzeige nur Rache nehmen wolle? Viele Argumente gegen die jüngste Sexualstrafrechtsreform in Österreich im Jahr 2016 (Interventionsstelle 2016), mit der der Schutz gegen sexualisierte Gewalt ausgeweitet wurde, ähneln diesen früheren Aussagen zwar noch immer in beängstigender Weise. Trotzdem ist heute weitgehend selbstverständlich, dass sexualisierte Gewalt auch in der Ehe ein Straftatbestand sein muss. Diese und viele andere Gesetzesänderungen waren nötig, darüber ist man sich weitgehend einig. Mit der Familienrechtsreform in den 1970er-Jahren wurde unter anderem dem Vater der Status des Familienoberhauptes endlich aberkannt. In dieser Rolle waren »Frau und Kinder seinem Führungsanspruch unterstellt«. Ehemänner konnten bis zur Familienrechtsreform auch über die Berufstätigkeit ihrer Ehefrauen bestimmen. Gesetze wie diese werden unter »gesetzliche Gleichstellung« subsumiert und der faktischen Gleichstellung gegenübergestellt. Obwohl auf gesetzlicher Ebene Frauen und Männer heute gleichgestellt sind, sind sie es im realen Leben weiterhin nicht – vom Gender Pay Gap über die ungleiche Verteilung der Sorgearbeit, sexualisierte Gewalt gegen Frauen bis hin zum Gender Pension Gap im Alter. So stehen wir heute vor folgender Situation: Man ist sich zwar einig, dass die gesetzlichen Änderungen zur Gleichstellung der vergangenen Jahre wichtig und richtig waren, im Großen und Ganzen ist man sich aber auch einig, dass man gegen die verbleibenden Probleme keine stärkeren gesetzlichen Regulierungen ergreifen sollte. All dem versucht die Politik tatsächlich nur mehr oder weniger engagiert mit Bewusstseinskampagnen und anderen symbolischen Aktionen zu begegnen. Doch der Erfolg dieser Aktionen hält sich bekanntlich in Grenzen: Die Lohnschere ist in Europa zwischen 2008 und 2018 von 17 auf 16 Prozent um ein mickriges Prozent kleiner geworden (Statistik Austria 2020). Dieser lahme Fortschritt brachte die Akzeptanz für gesetzliche Regelungen aber ebenfalls nicht auf Touren. Gesetzliche Maßnahmen für mehr Lohngerechtigkeit oder gegen Sexismus im öffentlichen Raum – Stichwort: sexistische Werbung – haben keine Priorität. Es gibt hier sehr deutliche Parallelen zur Klimapolitik: Es existiert ein Haufen Studien über die vorliegenden Probleme und es gibt die jahrzehntelange Erfahrung damit, dass das Problem ohne verbindliche Maßnahmen nicht in den Griff zu bekommen ist. Vielleicht gibt es ein wachsendes Bewusstsein, die Zahlen zeigen allerdings, dass faktischer Fortschritt kaum stattfindet. Trotz alldem scheint Selbstregulierung noch immer das Gebot der Stunde zu sein. Und das ist aus Sicht von Konzernen nur logisch: Besser, man legt sich selbst ein paar lockere Leitlinien fest, die nicht wehtun, als zu riskieren, dass der Staat mit verbindlichen Regulierungen oder sogar Strafen eingreift. Setzt man auf eine nach außen hin gut sichtbare Unternehmenspolitik entlang von CSR und reagiert selbst auf die gesellschaftspolitischen Transformationen, dient das also auch als Signal: Wir machen das schon. Und zwar fair, gerecht und nachhaltig. Das Image eines Unternehmens, das vermittelt, man hätte soziale und ökologische Themen auf dem Radar, ist ein Signal in Richtung Politik und ein Signal in Richtung Konsument*innen, dass den Konzernen diese Inhalte ein Anliegen sind. Doch wie bei Greenwashing ist das auch das zentrale Problem an Feminist-Washing: Es vermittelt den Eindruck, der aktuelle Zeitgeist sei dem Feminismus und Gleichstellungsthemen sehr zugewandt. Das mindert den Druck auf die Politik, die sich tatsächlich zunehmend zu sämtlichen Gleichstellungsmaßnahmen auf Distanz hält. Parallel zur immens gestiegenen medialen Präsenz von Feminismus hat die Politik alles andere als mitgezogen. In Österreich dominiert heute mehr denn je eine konservative Frauenpolitik. Das muss uns stutzig machen.

## Die offizielle Haltung ist politisch korrekt, der Alltag bleibt misogyn

Ein Google-Entwickler verbreitete 2017 ein Manifest, in dem er die Männerdominanz in der Tech-Branche mit »natürlichen Ursachen« begründete. Obendrein behauptete er auch noch, dass deswegen Frauen per se schlechter in der Softwareentwicklung seien. Der Konzern trennte sich nach einigen Medienberichten darüber von diesem Mitarbeiter. Die Positionen, wie sie in dem Manifest formuliert wurden, seien ein »Widerspruch zu unseren Grundwerten«, so Konzernchef Sundar Pichai. Für Google war und ist Diversity und Frauenförderung wichtig, zumindest schreibt sich der Konzern das auf die Fahnen. Doch dass dieser Anspruch mit den Erfahrungen der Mitarbeiter*innen nicht übereinstimmt, zeigte eine Protestwelle von Google-Mitarbeiter*innen gut ein Jahr später: Tausende legten im

Herbst 2018 aus Protest gegen Sexismus und Rassismus durch Führungskräfte kurzzeitig ihre Arbeit nieder. Struktureller, tief verankerter Sexismus in der Führungsetage scheint also ein weitaus größeres Problem zu sein als ein einzelner Entwickler mit einem Faible für krude biologistische Theorien. Der Rauswurf und die offiziellen Statements dazu hingegen vermitteln das Bild, Sexismus werde bei Google nicht geduldet, was die protestierenden Mitarbeiter*innen wohl anders sehen. Mit einer öffentlich wirksamen Kündigung eines Angestellten kann man sehr einfach eine klare Haltung gegen Sexismus und Rassismus vor sich hertragen – doch gegen fest verankerte diskriminierende Strukturen scheint Selbstregulierung ein schwaches Instrument zu sein. Pichai hat sich nach den Veröffentlichungen der »New York-Times«, in denen Führungskräften von Google sexuelle Belästigung vorgeworfen wurde, zu Wort gemeldet. In den vorangegangen zwei Jahren habe Google 48 Mitarbeiter*innen gekündigt, denen sexuelle Belästigung vorgeworfen wurde. »Wir wollen klarmachen, dass wir einen sicheren Arbeitsplatz garantieren«, so der Google-CEO (Der Spiegel 2018). Er gestand allerdings auch ein, »in der Vergangenheit nicht immer alles richtig gemacht [zu] haben, und das tut uns aufrichtig leid«, schrieb Pichai 2018 in einem Rundschreiben an die Google-Belegschaft (Die Zeit 2018). Dass bei 48 Mitarbeiter*innen die Vorwürfe offenbar so handfest waren, dass sie gekündigt wurden, zeigt auch, wie sehr sexuelle Belästigung in der jungen Tech-Branche offenbar zum Alltag gehört. Die Zahl soll auch ausdrücken, dass man derlei bei Google nicht dulde. Dass Unternehmen, die sich als innovativ und modern verstehen, Sexismus- und Rassismusvorwürfe nicht mehr einfach so wegwischen können, das ist sicher ein Verdienst des zuletzt medial präsenteren Feminismus. Insbesondere durch die Entwicklungen der letzten zehn Jahre wird offener Sexismus weitaus öfter verurteilt oder zumindest diskutiert. Doch was heißt das für die reale Lage von Arbeitnehmer*innen? Dass mehr Leute heute darüber reden, stärkt die Sensibilität, keine Frage. Aber wichtiger noch sind

die jeweiligen Arbeitsbedingungen, damit Arbeitnehmer\*innen sexuelle Belästigung in einem Betrieb nicht hinnehmen müssen. Befristete
Verträge oder andere prekäre Beschäftigungsverhältnisse verhindern
jeglichen internen Protest. Die Politik selbst hat arbeitsmarktpoliti-
sche Maßnahmen in keinster Weise auch als Antidiskriminierungs-
maßnahmen auf dem Schirm. Sensibilisierung ist schön und gut,
dann hat womöglich jemand schneller einen Begriff davon, was da
gerade passiert. Man muss aber als Arbeitnehmer\*in die Sicherheit
haben, dass man etwas dagegen tun kann, ohne in finanzielle Schwierigkeiten zu geraten. Und diese Sicherheit haben die wenigsten.

Da gäbe es noch viel Handlungsbedarf: etwa bei dem in Österreich
gültigen Lohntransparenzgesetz, das im Grunde eher eine »Empfeh-
lung« ist. Zu tun wäre auch einiges bei der Teilung der unbezahlten
Sorgearbeit, bei der noch sehr viel Luft nach oben ist. Und das sind
nur zwei Beispiele, bei denen eine offenbar stärkere feministische
Grundhaltung auf gesetzlicher Ebene schlicht nichts verändert hat.

Müssen nun also Firmen ran, wo die Politik versagt? Immerhin hat
eine Petition einer kleinen Firma und eines Magazins erheblich dabei
mitgeholfen, endlich bei der Besteuerung von Menstruationsprodukten etwas weiterzubringen. Doch das Problem ändert sich nicht, nur
weil sich das Washing verändert, von »Green« auf »Feminist« oder
auf »Woke«: Mit dem Gestus der Selbstverantwortung von Firmen
geht auch eine Politik der Deregulierung einher.

## Sollen Unternehmen Politik machen?

»Werbung ist Macht«, sagt Hilke Krause von Unilever, dem Mutter-
konzern von Dove (Süddeutsche Zeitung 2019). Doch wir können
beruhigt sein, denn man will diese Macht nutzen, um gesellschaftspolitischen Einfluss zu nehmen. So lautet zumindest die Erzählung
der Konzerne. Wir haben zwar Unternehmen nicht gewählt und

können auch nicht mitbestimmen, in welche Richtung dieser Einfluss geht, aber bitte. Wir sehen auch, dass es der Politik oft gar nicht so schlecht gefällt, den Ball an die Konzerne zu spielen. So kann man sich ganz bequem bestimmten Forderungen mit dem Argument »Aber der Markt!« entziehen. So ähnlich passierte es auch bei der vieldiskutierten »Tampon-Steuer«: Der Staat kann Waren zu Produkten des täglichen Bedarfs erklären und damit die Steuern auf diese Produkte senken. Genau das forderten die Petitionen zu Steuersenkungen auf Menstruationsartikel: Periodenprodukte sollten als Grundbedarf klassifiziert werden. 2015 lehnte aber der Deutsche Bundestag eine Senkung der Steuer für Periodenprodukte unter anderem damit ab, dass die Weitergabe der Umsatzsteuerersparnis allein im Ermessen der Unternehmen läge und von der Wettbewerbsposition abhänge. Der Gesetzgeber könne deshalb ohnehin nicht garantieren, dass das Produkt letztlich auch wirklich billiger bei den Konsumentinnen ankomme. Genau diese Befürchtung gab es tatsächlich, als die Senkung der Steuer auf Periodenprodukte im Januar 2020 schließlich doch umgesetzt wurde. Als das Ziel, niedrigere Kosten für Periodenprodukte in Deutschland, endlich erreicht schien, kündigten Unternehmen plötzlich an, die Preise für das Produkt selbst anheben zu wollen. Argumentiert wurde dies mit angeblich höheren Rohstoffpreisen. Das konnten Handelsunternehmen, darunter etwa die deutsche Drogeriekette Rossmann, nicht nachvollziehen und versicherten, die angekündigte Preiserhöhung nicht an die Kundinnen weitergeben zu wollen (Tagesspiegel 2019). Das ist ja nett, zeigt allerdings, wie sehr man letztendlich doch vom guten Willen von Unternehmen abhängig ist. Im österreichischen Nationalrat wurde die Senkung der »Damenhygieneartikel« wie es im Regierungsprogramm so schön antiquiert heißt, im Dezember 2020 beschlossen. Frauenministerin Susanne Raab richtete deshalb mit ihrer Ankündigung der Steuersenkung ebenso einen Appell an die Unternehmen, diese auch an die Kundinnen weiterzugeben.

Gerade bei vielen Fragen, die Frauen und Minderheiten betreffen, ist es zentral, dass die Politik gestaltend eingreift und wir nicht auf den wohlwollenden Einfluss von Unternehmen bauen müssen. Warum müssen Frauen durch Periodenprodukte und die oft nötigen Schmerzmittel höhere Kosten tragen, während sie über weniger Einkommen verfügen als Männer? Solche Fragen sind politische Themen, nicht unternehmerische. Außerdem: Das Angebot an Periodenprodukten ist breit; wenn sich eine oder zwei Marken entschließen, die Preise zu erhöhen, gibt es andere, auf die Konsumentinnen ausweichen können. Das damalige Argument der Politik, man habe letztendlich keinen Einfluss auf die Preise, die bei den Konsumentinnen ankommen, war also fadenscheinig. Und gibt uns einen sehr klaren, zentralen Hinweis darauf, warum politischer Aktivismus von Unternehmen gefährlich ist: Eine Firma hat einen selektiven Blick auf gesellschaftspolitische Schieflagen und wird immer jenen Fokus setzen, der sein Produkt auf dem Markt gut platziert, und somit andere Perspektiven in den Hintergrund schieben. Perspektiven, die ebenso wichtig sind, nur eben weniger Geld bringen oder schlechter vermarktbar sind, gehen dann unter. Noch einmal zurück zu dem Beispiel, als Google sich umsichtig und entschlossen im Umgang mit sexueller Belästigung präsentierte. Das kann ein Unternehmen schon tun: Mitarbeiter kündigen, unterstreichen, wie viele Maßnahmen und Antidiskriminierungsseminare man ansetzt. Eines wird ein Unternehmen aber wohl kaum tun: sich für stärkere Arbeitnehmer*innenrechte einsetzen. Doch nur mit diesen kann es einen umfassenden Schutz vor Diskriminierung geben. Fest verankerte und umfassende Rechte für Arbeitnehmer*innen, das ist alles andere als ein kleines Puzzleteil. Doch Unternehmen werden uns dabei nicht weiterhelfen.

Gesellschaftlicher Einfluss also, beispielsweise von Unilever. Nun, das Geld hätten sie. Kein feministischer Verein, keine Frauenpolitik hat nur annähernd so viele Mittel für Kampagnen zur Verfügung wie Konzerne. Was sie in der Öffentlichkeit als Tabubruch, als gesell-schaftspolitische Notwendigkeit präsentieren, das hat eine enorme Reichweite. Und das ist eine bedenkliche Dominanz.

## Der Kampf um den weiblichen Körper

So wie man Unternehmer wie jene von Einhorn schon mal mit Aktivist*innen verwechseln könnte und sich der Konsum bestimm-ter Produkte schon an sich irgendwie widerständig anfühlt, so fallen auch politische Leitsprüche und Werbeslogans immer öfter in eins. Kampagnen für Periodenprodukte sind dafür ein hervorragendes Beispiel. Mit dem feministischen Trend bekam auch die sogenannte »Period Pride« zunehmend eine Bühne. Die Künstlerin Rupi Kaur wurde mit ihren Bildern von sich selbst in blutbefleckten Jogging-hosen bekannt. Sie postete diese Bilder auf Instagram, wo sie von der Plattform prompt gelöscht wurden. Sie protestierte scharf dagegen, letztlich wurden die Bilder wieder freigegeben. Was für eine Doppel-moral von Plattformen, die zwar kein Problem mit allen Arten sexu-alisierter Darstellung von Frauen haben, einen Blutfleck am Hintern einer Frau aber umgehend zensurieren! Diese und ähnliche Debatten laufen unter dem Motto »Period Pride« oder »Period Positivity«. Es soll dabei darum gehen, Menstruation zu enttabuisieren. Angesichts dessen, dass in vielen Ländern Mädchen wegen ihrer Regel den Schu-len fernbleiben oder in Nepal Frauen und Mädchen während ihrer Periode in einsame Hütten in der Wildnis verbannt werden, ist das in der Tat ein enorm wichtiges Anliegen. In reichen Industrielän-dern liegt der Fall aber doch etwas anders: Dort ist bei frauenspezifi-schen Themen ein Trend zu beobachten, der wieder eher in Richtung Idealisierung des weiblichen Körpers geht. Jegliche Mühseligkeit, die dieser Körper nun mal mit sich bringt, wird positiv gedeutet. Weil es ja nur natürlich sei. Die französische Philosophin Élisabeth Badinter hat dies etwa für den Umgang mit Säuglingen festgestellt. Die Natur werde zu einer »kaum angreifbaren ethischen Bezugsgröße« (Badinter 2010), was für Frauen zu einem Dauereinsatz für den Nachwuchs und völliger Selbstaufgabe führe. In Zusammenhang mit Mutterschaft würde demnach Stillen seit Jahren als Notwendigkeit angesehen und Alternativen für jene Frauen, die es anders machen wollen, würden dadurch rar oder sogar verurteilt. Bis in die 1980er-Jahre war es genau umgekehrt: Das Fläschchen war das Standardprogramm, Stillen nicht. Diese jeweiligen Präferenzen hängen mit gesellschaftlichen Entwicklungen zusammen. Sie entstehen leider noch immer nicht aus Überlegungen heraus, wie man frischgebackene Mütter in den ersten Tagen und Wochen mit ihrem Baby am besten unterstützen kann. Sie hängen vielmehr damit zusammen, was man in einer Zeit für das absolut Richtige hält. Warum reden wir hier nun plötzlich übers Stillen? Weil alles, was den weiblichen Körper betrifft, seit Jahrtausenden politisch aufgeladen ist. Der Körper von Frauen ist bis heute ein hochideologischer Kampfplatz. Wenn Firmen feministische Themen wie einen offeneren Umgang mit der Periode für sich entdecken und diese Forderungen in ihre Kampagnen einarbeiten, ist deshalb große Skepsis angebracht.

Doch schauen wir auch einmal auf mögliche positive Aspekte: Die Nutzung von politischen Instrumenten zum Zweck des Brandings (und besseren Verkaufs) einer Marke kann schließlich gleich zweierlei in einem Aufwasch erledigen: Die personellen und finanziellen Möglichkeiten einer Firma können genutzt werden, um langjährigen frauenpolitischen Forderungen eine breitere Bühne zu geben, und können sie schließlich sogar durchsetzen. So geschehen im Falle der Tampon-Steuer in Deutschland. Eigentlich eine klassische Win-win-Situation: Dem Unternehmen bringt es ein frauenbewegtes Image und menstruierenden Frauen bringt es eine Kostensenkung bei Produkten. Diese Kosten sind tatsächlich nicht zu unterschätzen: Frauen und Mädchen in vielen Ländern der Welt haben zum Teil große Schwierigkeiten, sich Tampons, Binden oder Menstruationstassen zu leisten (BBC 2020). Der Zugang zu Binden und Tampons ist keine Nebensächlichkeit. Dass darüber berichtet wird, ist auch ein Effekt der »Period Pride«, die somit durchaus mehr als eine Kampagne ist, die sich Firmen einverleiben. Sie hat das Bewusstsein für die Tabuisierung und die damit verbundenen Probleme auf den Radar vieler Journalist*innen, Autor*innen und Filmemacher*innen gehoben. 2019 gewann eine Dokumentation über eine kleine, regionale Produktion von Binden in Indien einen Oscar, in der gezeigt wird, wie sehr der tabuisierte Umgang mit der Monatsblutung den Alltag von Mädchen und Frauen erschwert. »Ich kann nicht glauben, dass ein Film über Menstruation gerade einen Oscar gewonnen hat«, sagte Rayka Zehtabchi, Regisseurin und Produzentin des Kurzfilms, bei der Oscar-Verleihung. Und tatsächlich, das war erstaunlich.

Kampagnen, die die Menstruation betreffen, die geringere Kosten fordern, bessere Aufklärung oder einfach nur das dringend notwendige Ende der Scham, sind wichtig. Gerade bei Körperthemen wie diesem herrscht weiterhin eine enorme Doppelmoral. So will die Gesellschaft einerseits noch immer nicht offen damit umgehen und macht die Menstruation zu etwas, das eigentlich gar nicht existiert, andererseits sollen Frauen aber bitteschön auch dann menstruieren, wenn sie massiv darunter leiden. Menstruationsbeschwerden werden bis heute nicht sonderlich ernst genommen. Eine niederländische Studie (Menstruation-related Symptoms 2019) zeigt, dass fast ein Drittel der 30 000 befragten zwischen 15 und 45 Jahren schon einmal so starke Regelbeschwerden hatten, dass sie eine Ärzt*in aufsuchen mussten. Viele Frauen gaben an, auch unter starken Schmerzen zur Arbeit zu gehen. Für manche Frauen ist das Verhältnis zu ihrer Periode alles andere als »Pride«, sie leiden massiv unter Schmerzen oder sonstigen starken Beeinträchtigungen während und vor ihrer Menstruation. Es gibt also viele, die sehr gut auf sie verzichten könnten – und das auch wollen. Um über Wege informiert zu werden, die Regel nicht mehr zu bekommen, müssen Frauen konsequent und nachdrücklich ihre Beschwerden unter Beweis stellen und beharrlich nach Alternativen fragen. Es ist kein Zufall, dass die Praxis der »Pillenpause« noch immer für die meisten, die mit der Pille verhüten, eine Selbstverständlichkeit ist: Die Pille auszusetzen dient allerdings nur dazu, die Illusion eines natürlichen Zyklus aufrechtzuerhalten, und ist medizinisch überflüssig. Hinter dieser Pause, damit die Regel kommt, steht das symbolisch aufgeladene Bild von einem funktionierenden, gebärfähigen Frauenkörper, zu dem eine Menstruation demnach gehören muss. Mag die Menstruation auch noch so tabuisiert sein, wie Kampagnen unter dem Motto »Period Pride« zu Recht anprangern, nicht menstruieren zu wollen ist allerdings auch ein Tabu. Vielen Mädchen wird früh die Pille verschrieben, als Mittel für eine schönere Haut etwa. Andererseits wird ihnen noch immer oft gesagt, sie müssten sie mit einer Pause von sieben Tagen nehmen, damit sie eine Menstruation haben. Wofür? Damit sie wissen, dass sie »weiblich« sind?

Es sind, zugegeben, wirklich schwierige und umfangreiche Debatten rund um hormonelle Verhütung. Zuletzt sind viele Bücher erschienen, die sich sehr kritisch mit der Pille auseinandersetzen, etwa damit, dass sie über die menschlichen Ausscheidungen (wie bei allen Medikamenten) einen umweltschädlichen Hormoncocktail in Gewässern hinterlässt, die Sexualität negativ beeinflusst oder Depressionen begünstigt. Auch wenn die Pille noch immer zu den beliebtesten Verhütungsmethoden gehört, gibt es den Trend, die Pille nicht zu nehmen und das als Rückeroberung des Körpers, der Libido und der Psyche zu betrachten. Dieses Abfeiern eines von hormoneller Manipulation befreiten Körpers erinnert auch an Badinters Warnung davor, wieder zurückzufallen in alte Vorstellungen von einem natürlichen weiblichen Körper mit all seinen natürlichen Aufgaben. Zu dem es in letzter Konsequenz auch gehört, zu gebären.

Natürlich gibt es noch andere Verhütungsmethoden von Kondom bis Spirale, aber es geht mir hier gar nicht um die Frage, ob hormonelle Verhütung gut oder schlecht ist. Das ist pauschal auch gar nicht zu beantworten. Sondern es geht darum, dass auch diese Diskussionen zeigen, wie umkämpft der Diskurs über den weiblichen Körper heute noch ist. Die Frage, welche Mittel und Wege es Frauen ermöglichen, ein selbstbestimmtes Leben zu führen, darf weder von der Pharmaindustrie noch von anderen Unternehmen dominiert werden. Wir müssen stattdessen weiter auf der Komplexität dieses Themas beharren. Wir müssen uns fragen, was durch Hypes, die von Konzernen unterstützt und befeuert werden, untergeht und unsichtbar wird. Und wie dadurch womöglich neuerlich ein limitiertes Frauenbild befördert wird. Dass »wir Frauen« unsere Körper doch lieben, annehmen und »stolz« auf sie sein sollten, appelliert zu einem großen Teil wieder daran, dass Frauen die Handlungsoptionen selbst ergreifen sollten, etwa wie sie sich fühlen könnten, wenn sie nur diese verdammte Scham hinter sich lassen könnten. Das verkennt völlig die tiefen Furchen der Unterdrückung von Frauen und wie stark die Spuren davon in unserem kollektiven Bewusstsein sitzen.

Es ist also nicht einfach eine Win-win-Situation, wenn Konzerne politische Kampagnen betreiben. Sie werden und können sich gar nicht um ein Gesamtbild bemühen, das ist auch nicht ihre Aufgabe. Es wäre eigentlich die Aufgabe des Staates, für Gleichberechtigung zu sorgen. Doch der »progressive Neoliberalismus«, wie Nancy Fraser (Fraser 2017) den dominanten politischen Diskurs unserer Zeit nennt, setzt auf gesellschaftliche Veränderungen durch den Einzelnen. Aber Trends können sich ändern. Der Hype um den Feminismus ist davon nicht ausgenommen – und dann ist mehr als fraglich, ob jene Firmen, die sich derzeit so leidenschaftlich einer feministischen Ästhetik bedienen, daran festhalten.

## Quellen

(Badinter 2010): Élisabeth Badinter:»Der Konflikt. Die Frau und die Mutter«, C. H. Beck, München, 2010

(BBC 2020)»Period Poverty«, www.bbc.com/news/uk-england-53236870

(BKA 2020) Bundeskanzleramt:»Nachhaltige Entwicklung – Agenda 2030«, www.bundeskanzleramt.gv.at/themen/nachhaltige-entwicklung-agenda-2030.html

(Fraser 2017) Nancy Fraser:»The End of Progressive Neoliberalism«, Dissent Magazine 2017, www.dissentmagazine.org/online_articles/progressive-neoliberalism-reactionary-populism-nancy-fraser

(Gabler 2020) Gabler Wirtschaftslexikon:»Greenwashing«, www.wirtschaftslexikon. gabler.de/definition/greenwashing-51592

(Greenpeace 2017)»Skandal um H&M«, https://blog.greenpeace.de/artikel/skandal-um-hm

(Interventionsstelle 2016) Wiener Interventionsstelle gegen Gewalt in der Familie, Tätigkeitsbericht 2015, 24–29, www.interventionsstelle-wien.at/download/?id=456

(Kurier 2019)»Kondom-Start-up Einhorn: Gehaltserhöhung für Schwangere«, www.kurier.at/leben/kondom-start-up-einhorn-gehaltserhoehung-fuer-schwangere/400672556

(Menstruation-related Symptoms 2019)»Productivity loss due to menstruation-related symptoms: a nationwide crosssectional survey among 32.748 women«, https://bmjopen. bmj.com/content/bmjopen/9/6/e026186.full.pdf

(ORF 2018)»Luxusmode: Verbrennen statt Ausverkauf«, https://help.orf.at/v3/stories/2928433/

(Oxford Dictionary 2020) www.lexico.com/definition/greenwash

(Regierungsprogramm 2020, 57)»Aus Verantwortung für Österreich. Regierungsprogramm 2020–2024«, Seite 57, www.dieneuevolkspartei.at/Download/Regierungsprogramm_2020.pdf

(Reset 2009)»Greenwashing – Die dunkle Seite der CSR«, www.reset.org/knowledge/greenwashing-%E2%80%93-die-dunkle-seite-der-csr

(Statistik Austria 2020)»Genders-Satistik«, www.statistik.at/web_de/statistiken/menschen_und_gesellschaft/soziales/gender-statistik/einkommen/index.html

(Süddeutsche Zeitung 2019)»Schönheit: Nicht perfekt ist perfekt«, www.sueddeutsche. de/wirtschaft/schoenheit-nicht-perfekt-ist-perfekt-1.4722304

(Der Spiegel 2018)»Google entließ 48 Mitarbeiter in zwei Jahren«, www.spiegel.de/netzwelt/web/google-unternehmen-entlaesst-48-mitarbeiter-wegen-sexueller-belaestigung-a-1235224.html

(Tagesspiegel 2019) »Hersteller erhöhen Preise für Menstruationsprodukte«, www.tagesspiegel.de/wirtschaft/nach-senkung-der-tamponsteuer-hersteller-erhoehen-preisefuer-menstruationsprodukte/25446172.html

(Treestones 2019) »Woke-Washing«, www.treestones.ch/blog/woke-washing/

(Zeisler 2017, 23) Andi Zeisler: »Wir waren doch mal Feministinnen. Vom Riot Grrrl zum Covergirl – Der Ausverkauf einer politischen Bewegung«, Rotpunktverlag, Zürich 2017

(Die Zeit 2018) »Google ändert nach Protesten Umgang mit Belästigungsvorwürfen«, www.zeit.de/digital/internet/2018-11/google-walkout-sundar-pinchai-sexuelle-belaestigung-aktionsplan-mitarbeiter-proteste

Teil 2

# Medien: Feminismus auf Quote und Klicks optimiert

# Quote, Quote über alles

Das Verhältnis zwischen Medien und Feminismus hat in den vergangenen 10 bis 15 Jahren eine bemerkenswerte Entwicklung durchgemacht. Früher waren es Welten, die kaum Berührungspunkte hatten: Feministische Zeitschriften produzierten auf Basis von Selbstausbeutung und politischem Engagement und versuchten, eine Lücke in der Berichterstattung zu füllen. Die Skandalisierung von Sexismus, von struktureller Diskriminierung und Gewalt durch den eigenen Partner – um nur ein paar wenige Themen zu nennen – schafften es bis vor wenigen Jahren höchstens am 8. März, dem Internationalen Frauentag, in reichweitenstarke Medien. In den Redaktionen der Tageszeitungen, Wochen- und Monatsmagazine hielt man zu allem Feministischen und Frauenpolitischen mit dem Argument der Objektivität größtmöglichen Abstand. Inzwischen ist auch dort ein Stück weit klarer geworden, dass»Objektivität!« oft nur die eigene Deutungsmacht verteidigt. Denn auch Redakteur*innen wählen tagtäglich aus, worüber sie berichten und welche Schwerpunkte sie setzen. Zu selektieren und Inhalte für die Leser*innen zu gewichten, das gehört zu den zentralen Aufgaben von Journalismus. Keine*r kann in dieser tagtäglichen Gewichtung dessen, was sehr, was weniger oder was gar nicht betrachtenswert ist, wertfrei urteilen. Hinzu kommt, dass viele Entscheidungsträger*innen in Medienhäusern zu einem großen Teil Diskriminierung nur vom Hörensagen kennen, und das trägt nicht gerade zu einer Berichterstattung aus unterschiedlichen Blickwinkeln bei. Das Ergebnis: Themen, die vorwiegend Frauen und Minderheiten betreffen, sind stark unterbelichtet. Es mag verwundern, dass das auch noch im Jahr 2020 gelten soll, wird doch immer wieder behauptet, dass alles schon ein bisschen viel werde: überall Gender, Gender, Gender. Ein sogenanntes drittes Geschlecht darf inzwischen in den Pass, Transpersonen fordern mehr Rechte ein, oder denken wir nur an die Schwed*innen, die nicht mehr nur die Pronomen »er« oder »sie« kennen, sondern 2015 sogar ein geschlechtsneutrales Pronomen eingeführt haben, »hen«. Selbst »Emma«, das feministische Magazin von Alice Schwarzer, suggerierte mit der Formulierung »Transwahn« sehr deutlich, dass die Aufmerksamkeit für sexuelle Minderheiten inzwischen überschießend wäre.

Allerdings ist das ein Zeichen für etwas anderes als für zu viel politische Korrektheit: Nämlich dafür, dass Medien die laufenden Debatten in sozialen Medien und mit der tatsächlichen gesellschaftspolitischen Situation verwechseln. Auch »Emma« schloss mit der Formulierung vom »Transwahn« von einer heftigen Debatte in sozialen Medien auf das echte Leben. Was war also passiert? Die Starautorin J. K. Rowling hatte sich im Frühjahr 2020 abfällig darüber geäußert, dass in einem Tweet einer NGO von »Menschen, die menstruieren« die Rede war. Die Bezeichnung »Frauen«, die menstruieren, wäre wohl noch immer richtig, meinte Rowling sarkastisch. Zahllose Transsexuelle und Prominente kritisierten Rowling daraufhin und bezeichneten sie als transfeindlich. Wo liege das Problem, auch Transfrauen, also Menschen, die sich einer geschlechtsanpassenden Operation unterzogen haben, sprachlich einzubinden? Denn auch sie können nach hormonellen und operativen Behandlungen menstruieren, warum also nicht? Und warum, so die Kritik an Rowling, muss man sich auf eine ohnehin praktisch unsichtbare und diskriminierte Gruppe einschießen? Die Kritik an Rowling klang allerdings um Längen harscher und heftiger – wie das oft so ist auf Twitter.

Diese einmal mehr wilde Social-Media-Debatte erinnerte ein wenig an das Thema der gendergerechten Sprache. Meine Güte, die Frauen sollen sich doch mitgemeint fühlen, wenn zum Beispiel von Bürgern die Rede ist – was für ein »Genderwahn«. »Emma« verfolgte nun eine ähnliche Schiene bei der Benennung von Transmenschen und schrieb auf dem Cover: »J. K. Rowling. Opfer des Transwahns« (Emma 2020). Und ja, es stimmte, der Ton gegenüber Rowling auf Twitter war teils gewaltsam. Es kursierten Hashtags wie #RIPJK-Rowling« (»Rest in Peace J. K. Rowling«) und auf dem Videoportal TikTok tauchten User*innen auf, die die Bücher von Rowling verbrannten. Das ist vor allem im deutschsprachigen Raum tatsächlich von fürchterlicher Symbolik. Allerdings sagen derartige Kämpfe in den sozialen Medien nichts über die Lage von Transmenschen offline aus. Nur weil sie sich auf manchen sozialen Plattformen nun stärker Gehör verschaffen können, heißt das noch lange nicht, dass sie in der Welt darüber hinaus gleichberechtigt leben können. Daraus, dass nun einige digital ihre Stimme erheben, wenn es um sie selbst geht, darauf zu schließen, dass Gleichstellung von Transmenschen erreicht sei, ja sogar von Übertreibung bei der Einforderung von Respekt und Rechten zu sprechen – vom »Transwahn« –, das entbehrt jeder Grundlage. Genau in derselben Art verläuft bereits seit Jahren der Diskurs zu gendergerechter Sprache: Wer fordert, Frauen müssten in der Sprache konsequent berücksichtigt werden, habe wohl keine »echten« Probleme mehr und einen übertriebenen Machtanspruch. Eine ähnliche Argumentation trifft nun auch Minderheiten, die nicht den herrschenden Geschlechternormen entsprechen, wie eben Transmenschen. Doch Sprache schafft Sichtbarkeit – von Problemen, von Menschen, von Hindernissen. Sprachliche Missachtung, wie sie Rowling nach Meinung vieler gegenüber Transmenschen ausgedrückt hat, führt inzwischen zu viel Kritik und auch zu teils fragwürdigen Reaktionen. Vergessen wir nicht, dass in sozialen Medien die meisten als Privatpersonen unterwegs sind, sie können dort sprechen und kritisieren, wie es ihnen passt – sie haben keine offizielle Funktion. Doch insbesondere von Angehörigen von Minderheiten wird oft angenommen, sie würden gleich für alle aus jener Gruppe sprechen, der sie sich zugehörig fühlen. Die Autorin Kübra Gümüşay hat diese Erwartung gegenüber Minderheiten in ihrem Buch »Sprache und Sein« sehr treffend so beschrieben: Wenn sie schon reden, dann tun sie das als eine Art Pressesprecher*in für ihre Gruppe, für ihre Community (Gümüşay 2020, 95–100).

Und wir dürfen angesichts der Diskurse in sozialen Medien auch nicht übersehen: Twitter oder TikTok haben keine Redaktionen. Meinung und Fakten werden nicht getrennt, das Geschriebene wird nicht gegengecheckt. Dort kann alles gesagt oder gezeigt werden, soweit es nicht den Regeln der Plattform widerspricht, und dass diese Regeln oft nicht greifen und die Verbreitung von Hass nicht verhindern, egal von wem dieser Hass kommt, wissen wir.

Wenn dort ein paar Hundert Menschen massiv und aggressiv gegen eine Autorin antwittern, wie im Falle von Rowling, dann ist das zwar für den Ton auf Twitter & Co. nicht löblich, hat aber mit der echten Welt außerhalb von Twitter nur wenig zu tun. Es bedeutet natürlich nicht, dass Transpersonen kurz davor sind, Strafen einzuheben, wenn jemand von »menstruierenden Frauen« statt von »menstruierenden Menschen« spricht, wie Berichte wie jene aus »Emma« anzudeuten versuchen. Die Realität ist eine ganz andere: Eine US-amerikanische Studie zeigte, dass mehr als die Hälfte der männlichen Transgender-Teenager bereits versucht haben, sich das Leben zu nehmen (Transgender Adolescent Suicide Behavior 2018). J.K. Rowling ist eine der erfolgreichsten Autorinnen unserer Zeit, weiß, heterosexuell und verfügt über ein Vermögen, das auf 770 Millionen bis eine Milliarde Euro geschätzt wird. Diese Zahlen zeigen ein anderes Bild der Machtverhältnisse zwischen J. K. Rowling und Transgender-Personen. Auch wenn auf sozialen Medien der Eindruck konträr sein mag: Die Perspektiven und Probleme von BIPoC (Black, Indigenous and People of Color), trans- und intersexuellen sowie homosexuellen Menschen fehlen in klassischen Medien noch immer.

## Die Quotenbringer

Bleiben wir noch ein wenig beim »Wahn«, diesmal beim inzwischen gern zitierten »Genderwahn«, mit dem es sich ähnlich verhält. Eine Studie über die Anzahl von Berichten, die die Geschlechterverhältnisse beleuchten (MediaAffairs 2020), zeigt deutlich, dass diese noch immer kaum vorkommen. Viele werden jetzt einwenden, dass sich das inzwischen doch sicher geändert habe. Spätestens seit #MeToo seien doch Frauen- und Genderthemen praktisch überall präsent, richtig? Nein, eben nicht. Mag sein, dass es »Frauenthemen« sind, die vermehrt vorkommen, in einem medialen Zusammenhang zählen dazu etwa die zahllosen Serviceartikel und Ratgeberinhalte zu besserer Vereinbarkeit von Job und Familie ebenso wie Texte über ein erfolgversprechendes Verhalten bei »Karrieregesprächen«. Doch dabei geht es um Selbsthilfe, nicht um Geschlechterpolitik.

Eine Auseinandersetzung mit Fragen, die für die breite Bevölkerung wichtig sind, fehlt nach wie vor. Welche Auswirkungen haben Steuerreformen auf Alleinerzieherinnen? Warum ist die Gehaltsdifferenz zwischen den Geschlechtern bei handwerklichen Berufen größer als etwa bei Verkäufer*innen? Wie wirken sich Gewaltschutzgesetze auf die Anzeigenrate bei sexualisierter Gewalt aus? All das betrifft mehr Frauen als die perfekte Performance bei der Gehaltsverhandlung, die es etwa für prekär und im Niedriglohnsektor Beschäftigte ohnehin nie gibt.

Dass Feminismus plötzlich jeden Beliebtheitswettbewerb gewinnt, konnte rein gar nichts daran ändern. Die Agentur MediaAffairs untersucht seit 2013, welche frauenpolitischen Themen medial vorkommen. In den Jahren 2017 und 2018 waren Verschleierung und Sexismus in

Form von misogynen Sprüchen öffentlicher Personen die frauen- und genderspezifischen Topthemen. 2018 twitterte der damalige österreichische ÖVP-Nationalratsabgeordnete Efgani Dönmez als Antwort auf die Frage eines Users auf Twitter, wie die Berliner Staatssekretärin Sawsan Chebli (SPD) nur zu ihrem Amt gekommen sei, so:»Schau dir mal ihre Knie an, vielleicht findest du da eine Antwort.« Es hagelte massive Kritik und abstruse Erklärungsversuche von Dönmez (»Oft steckt auch im Auge des Betrachters der Fehler«) waren die Folge, doch schließlich musste er den Parlamentsklub deswegen verlassen. Vorkommnisse wie dieses sind inzwischen enorm medienpräsent und man verfolgt intensiv, wer wie darauf reagiert. Obwohl ein solcher Spruch inzwischen nicht mehr spurlos an den Karrieren von Politiker*innen vorübergeht, dreht sich ein beachtlicher Teil diese Debatten letztlich immer wieder um die Frage: War das jetzt wirklich Sexismus? Nun ja: Ja. Diese Diskussionen stellen Sexismus – wie auch Rassismus – immer wieder als eine Frage des Geschmacks dar, und über den kann man bekanntlich streiten.

Das war selbst während der intensiven Debatten über #MeToo der Fall. Dass Sexismus medial 2017 und 2018 zu den meistbehandelten geschlechtsspezifischen Themen gehörte, sind Auswirkungen von #MeToo. Die enorm starke mediale Präsenz von #MeToo stand auch in einem logischen Verhältnis zum Ausmaß des Problems, was insbesondere bei Genderthemen ansonsten absolut nicht der Fall ist. Doch #MeToo ist in vielerlei Hinsicht ein Sonderfall. Drei Viertel (72,4 Prozent) der Frauen wurden im Erwachsenenalter schon einmal sexuell belästigt, bei Männern ist es ein Viertel (27,2 Prozent). 29,7 Prozent erlebten die sexuelle Belästigung als bedrohlichen psychischen Übergriff, bei den Männern waren es 5,6 Prozent (Prävalenzstudie zu Gewalt 2011). #MeToo war eines der wenigen Medienereignisse, bei dem Feminismus als große Überschrift fungierte und trotzdem nicht ins Leere lief: Das Thema betrifft enorm viele Frauen und die Berichterstattung führte durchaus zu einer steigenden Sensibilität sowie einem ausgeprägteren Wissen über sexualisierte Übergriffe. Doch das ist bei vielen anderen Themen, die unter dem Label Feminismus verkauft werden, oft nicht so. Nehmen wir etwa das Kopftuch als Beispiel: Das Kopftuch wird in den meisten Fällen nur entlang der Frage verhandelt, ob ein Kopftuch per se Symbol der Unterdrückung sei sowie ob und wo es verboten werden sollte. Oder ob der Islam als Religion per se patriarchaler als andere Religionen sei. In dieser Vereinfachung zieht das Kopftuch-Thema zwar medial, es bringt aber weder Erkenntnisgewinn noch Fortschritt im Diskurs um Gleichberechtigung. Viele Fragen, die mit Verschleierung zusammenhängen, sind wichtig, keine Frage. Allerdings werden sie medial in einer Intensität und auf einem Niveau verhandelt, mit dem viele Medien rechtspopulistischen Parteien nacheifern. Und weil man jene Frauen, die Kopftuch tragen, selten bis nie selbst fragt, wird man sich mit diesen immer gleichen Debatten über das Kopftuch wohl noch länger aufhalten. Übrigens: Dass man ausgerechnet bei jenen Themen, die als feministisch ausgewiesen und verkauft werden, sehr gern bestimmte Gruppen von Frauen nicht als glaubwürdige Sprecherinnen gelten lässt, sollte die Alarmglocken läuten lassen. Das ist ein deutlicher Wink mit dem Zaunpfahl, dass es letztlich wohl nicht um die Wahrung der Frauenrechte geht, wie gerade in den Kopftuch-Debatten gern behauptet wird.

Dass das Kopftuch schon seit mehreren Jahren an der Spitze der frauenpolitischen Berichterstattung steht, während die wirtschaftliche Absicherung von Frauen kaum vorkommt, zeigt: Ja, frauenspezifische Themen kommen stärker vor als noch vor 20 Jahren. Aber sie werden vorwiegend als Quotenbringer genützt. Sowohl in Österreich als auch in Deutschland erhalten Frauen über 40 Prozent weniger Pension. Weltweit sind die Pensionen von Frauen zwischen 30 und 40 Prozent niedriger als jene von Männern, weshalb Frauen stärker von Altersarmut betroffen sind. Das ist alles andere als ein kleines Problem (Trend 2017), trotzdem kommt es medial kaum vor. Nicht eine der zahllosen Diskussionssendungen würde sich auch nur im Ansatz damit befassen, während man sich dort in den vergangenen Jahren über den Komplex »Verschleierung und Gleichberechtigung« den Mund fusselig geredet hat. Weitere Beispiele sind die sehr schwierige Lage von Alleinerzieher*innen, die zu 90 Prozent Frauen sind, sowie die Themen Gewalt, Sexualität, Abtreibung, Verhütung oder Sexarbeit. Alle österreichischen Parteien haben sich etwa im Jahr 2019 in ihren Debatten durchschnittlich nur zu 1,6 Prozent mit frauenpolitischen Themen befasst. Mit diesem winzigen Anteil werden also alle eben aufgezählten Schwierigkeiten abgespeist und das ist angesichts der neuen Popularität von Feminismus eigentlich erstaunlich. Immerhin haben wir in den letzten Jahren die wohl erfolgreichste feministische Kampagne aller Zeit miterleben können – zumindest, wenn man diesen Erfolg nach der Aufmerksamkeit bemisst, die sie bekam.

#MeToo brachte zentrale feministische Forderungen auf eine große Bühne. Mit diesem Hashtag setzte man nicht nur sexualisierte Gewalt und Übergriffe monatelang auf die mediale Agenda, sondern auch Bereiche, die eng damit zusammenhängen, wie mangelnde ökonomische Sicherheit, Lohn- und somit Machtdifferenzen bis hin zu Fragen der Deutungshoheit. Was wird überhaupt als ein sexualisierter Übergriff und sexualisierte Gewalt anerkannt und was wird als »Lappalie« kleingeredet? #MeToo rückte die Machtverhältnisse im Großen wie im Kleinen in den medialen Fokus. Kaum einer kennt die Ereignisse nicht, erinnern wir uns dennoch noch einmal: Es begann mit den Vorwürfen an den ehemaligen Hollywood-Produzenten Harvey Weinstein. Recherchen des »New Yorker« und der »New York Times« deckten auf, was lange ein offenes Geheimnis gewesen war: Einflussreiche Männer kauften sich von öffentlichen Anschuldigungen zu Übergriffen und sexualisierter Gewalt mit horrenden Summen und Schweigevereinbarungen frei, nicht nur Weinstein. Obwohl es im Grunde keine große Überraschung war und ganze Branchen über viele Jahre darüber Bescheid gewusst hatten, war nun offenbar die Zeit reif, das Ganze auch als Skandal anzuerkennen. Auch die genannten Medien recherchierten trotz massiven Drucks mächtiger Netzwerke weiter. Der Journalist Ronan Farrow hat von seiner Odyssee mit ängstlichen Chefredakteuren, von Interviews mit Betroffenen und Journalist*innen, die schon vor vielen Jahren an der Geschichte dran waren, doch wegen des hohen Drucks durch Weinsteins Anwält*innen aufgaben, in seinem Buch »Catch and Kill« (auf Deutsch »Durchbruch. Der Weinstein-Skandal, Trump und die Folgen«, Farrow 2019) berichtet. Es vermittelt eine Ahnung davon, was für Mächte da im Hintergrund über so viele Jahre verhinderten, dass Gewaltopfer reden, geschweige denn anzeigen oder mit Journalist*innen darüber sprechen.

#MeToo war zweifelsohne eine Zäsur im Umgang der Medien mit Sexismus. Nach diesem Herbst 2017, als der Weinstein-Skandal enthüllt wurde, wurde plötzlich überall darüber geredet und geschrieben, womit sich feministische Publikationen schon seit Jahrzehnten befassten.

Jetzt wurde auch darüber hinaus klar: Es stimmt! Sexualisierte Übergriffe betreffen Frauen ständig und überall. Selbst millionenschwere Filmstars erlebten sexualisierte Gewalt und behielten es lieber jahrelang für sich, als sich den möglichen Risiken auszusetzen, wenn sie redeten. Risiken für sie selbst, nicht für den Täter. Feministische Magazine, wie etwa die »an.schläge«, das »Missy Magazine« oder, wenn wir weiter zurückgehen, die »AUF«, die »Courage« – um nur eine Auswahl aus dem deutschsprachigen Raum zu nennen –, waren die Ersten und lange die Einzigen, die sich mit solchen Auswirkungen der Geschlechterverhältnisse befassten. Und jetzt? Jetzt wurden die Zeitungen, Magazine und auch der Boulevard durch einen Hashtag auf Twitter mehr oder weniger dazu gezwungen, das auch zu tun. Nachdem die US-Schauspielerin Alyssa Milano im Zuge der ersten Berichte über Weinstein mit dem Hashtag #MeToo Betroffene aufforderte, auch ihre Geschichte zu erlebter Gewalt und Übergriffen zu erzählen, platzte das Internet vor lauter Berichten schier aus den Nähten. Was die Rolle von klassischen Print- und TV-Medien betrifft, war es allerdings nicht unbedingt eine Sternstunde der Solidarität. Etablierte Journalist*innen und Medienhäuser erwähnen die Vorreiterinnenrolle von feministischem Journalismus bis heute nicht, im Gegenteil, sie tun so, als hätten sie es plötzlich selbst erfunden, den Fokus auf Perspektiven und Erfahrungen von Frauen zu legen. Die zähe und meist unbezahlte Vorarbeit feministischer Publikationen wird bis heute verkannt und herabgesetzt. Denken wir nur an die vielen Journalist*innen-Preise, die man sich freudig gegenseitig verleiht: Selbst jene Jurys und Veranstaltungen, die den Fokus auf Journalistinnen und frauenspezifische Themen legen, berücksichtigen feministische Magazine praktisch nie. Und so beliebt und hip es heute sein mag, sich Feministin zu nennen, so schlecht schaut es oft damit aus, sich mit einem weniger schicken Feminismus zu solidarisieren. Mit einem Feminismus, der weniger gefällig ist und ohne fetzig klingende Tweets mit Oberarmmuskel-Emojis auskommt, einem Feminismus, der nicht auf Twitter und Instagram ist, weil man sich dort eher gegenseitig in seinem politischen Posing bestätigt, als dass man versucht, weiterzudenken. Aber dazu später. Soziale Medien und Feminismus sind ein eigenes, schwieriges Kapitel, trotz #MeToo.

## Der sinnlose Streit um Fakten

Zunächst einmal muss man aber festhalten, dass wir mit #MeToo die medial bestbegleitete feministische Kampagne aller Zeiten hatten. Und deshalb gibt es sie inzwischen immerhin: eine halbwegs stetige Beziehung zwischen Tageszeitungen, Wochen- und Monatsmagazinen und feministischen Inhalten. Allerdings ist es eine sehr ambivalente Beziehung. Denn die Präsenz frauenpolitischer Inhalte ist nicht nur spärlich, sie reduziert sich auch auf Themen, die sich für emotionale Debatten und für Streit eignen. Selbst wenn eigentlich gar nichts zur Diskussion steht, weil die Fakten zehn- bis hundertfach belegt sind, machen viele Medien daraus ein Streitthema. Ein Beispiel: Die Lohndifferenz zwischen Frauen und Männern ist ein vielfach belegtes Faktum. Ebenso weiß man inzwischen, dass es unterschiedliche Methoden gibt, sie zu berechnen. Ob man nun die Bruttostundenlöhne in ähnlichen Branchen vergleicht oder das Jahreseinkommen von Frauen und Männern – sowohl das eine als auch das andere ergibt eine Differenz. Allerdings entstehen daraus unterschiedliche Fragen. Die erste Methode wirft die Frage danach auf, warum Frauen aufgrund ihres Geschlechts in ähnlichen Jobs einen niedrigeren Stundenlohn erhalten. Und die zweite: Warum verfügen noch immer vorwiegend Frauen aufgrund von Teilzeitarbeit über 40 Prozent weniger Jahreseinkommen als Männer? Es könnten ja auch Männer vermehrt in Teilzeit gehen. Eigentlich ist das alles wenig aufregend und schon gar nicht kontrovers. Allerdings versteckt sich hinter diesen jährlich vorgelegten Zahlen vieles, das alles andere als gelassen verhandelt werden kann: Warum ist das nach rund 50 Jahren Gesetzen zur Gleichstellung noch immer so? Weil Frauen und Männer einfach so leben wollen? Weil Frauen nun mal gerne vorwiegend ihre Kinder betreuen? Weil Frauen ihr Gehalt schlechter verhandeln? Oder einfach, weil die geschlechtsspezifischen Trampelpfade so bequem sind und das halt die viele unbezahlte Arbeit für Frauen mit sich bringt? Es gibt also große weltanschauliche Unterschiede dahingehend, was jemand aus den vielen unterschiedlichen Zahlen und Statistiken schließt.

Doch zahlreiche Berichte über die Lohnschere schaffen es nicht, diese zwei Dinge auseinanderzuhalten: Hier die belegten Zahlen und dort die weltanschaulichen Schlüsse, die man daraus zieht. Stattdessen wird das eine mit dem anderen vermischt und durchaus auch angedeutet, dass da womöglich eine feministische Lobby das Ganze etwas hochspielt. Das österreichische Nachrichtenmagazin »profil« titelte 2012 mit der »Wahrheit« über den Gender Pay Gap und schrieb von einer »Gender-Pay-Gap-Folklore«, die zur »Waffe im aufgeheizten Geschlechterkampf« geworden sei (profil 2012). Exakt dieser Waffe, um in der martialischen Sprache der »profil«-Geschichte zu bleiben, bedient sich allerdings so eine Berichterstattung. Man ruft »Mythos« auf Magazincovern und suggeriert damit, dass vieles, womit wir uns bezüglich Gleichberechtigung abmühen, auf Übertreibung und einer ideologisch motivierten Interpretation basiere. Der erwähnte Artikel über die angebliche Wahrheit des Gender Pay Gap ist in seinem chauvinistischen Ton zwar einer unter vielen, allerdings ist er bis heute aus folgendem Grund paradigmatisch: Ein Medium stellt ein frauenpolitisches Thema zur Debatte, das ein gut beforschtes Feld ist. Doch gerade wenn es um »Frauenthemen« geht, greift man gern zur Emotionalisierungskeule, auch dann, wenn es um trockene und noch dazu altbekannte Statistiken geht. Noch einmal: Die Schlüsse und die politischen Konsequenzen, die man aus dem vorhandenen Zahlenmaterial zieht, sind sehr wohl politisch und müssen debattiert werden. Die Zahlen an sich aber nicht. Genau so etwas auseinander-zudröseln ist Aufgabe von seriösem Journalismus.

## Noch mehr Krawallpotenzial

Wenn schon etwas derart gut Belegtes wie die Lohnschere dank entsprechender medialer Aufbereitung zur hitzigen Debatte wird, wie viel Krawallpotenzial liegt dann erst in anderen genderspezifischen Themen, die weit schwerer mit Zahlen auf den Boden zu bringen sind? Etwa, ob Minderheitenrechte womöglich mit dem Recht auf Gleichstellung der Geschlechter kollidieren, was sich regelmäßig und heftig in diversen Kopftuch-Debatten zeigt? Oder wo Konsequenzen gegen Sexismus anfangen müssten? Wo muss bei Diskriminierung gesetzlich eingeschritten werden, wo nicht? Was ist überhaupt eine sexistische Darstellung, was Satire? Warum wird das Rosa-Blau-Diktat für Kinder immer stärker? Ist das überhaupt ein Problem oder halt Konsum-Schnickschnack, der bei den Kindern keinen Schaden anrichtet? Zu Fragen wie diesen drehen sich zahlreiche Artikel leidenschaftlich polternd und unter großem Interesse der Leser*innen und Zuschauer*innen im Kreis. Das sind zwar alles tatsächlich Fragen, die man diskutieren muss, allerdings ist es ab dem Zeitpunkt keine sinnvolle Diskussion mehr, ab dem wir immer wieder bei dem Punkt landen, infrage zu stellen, ob es überhaupt noch strukturelle Diskriminierung gibt. Es gibt sie, und wir wissen es. Die Streitfrage ist, wie wir dieser Diskriminierung begegnen wollen – und nicht, ob wir das überhaupt tun sollen.

Obwohl #MeToo zahllose interessante und vielschichtige Berichte über sexualisierte Übergriffe brachte, wurde natürlich auch #MeToo gezielt genutzt, um zu polarisieren. In Talkformaten gaben sich Menschen die Klinke in die Hand, die sich mit sexualisierter Gewalt auf einer professionellen Ebene keine Sekunde befasst hatten. Doch bei Genderthemen werden plötzlich Herren, die meinen, ein »bisschen Machogehabe« müsse wohl noch erlaubt sein, zu Experten in Genderfragen. Schließlich haben auch die ein Geschlecht. Man stelle sich vor, die TV-Diskussionen in den Jahren 2008/2009 zur Finanzmarktkrise wären regelmäßig mit Menschen besetzt worden, deren einzige Kompetenz zu dem Thema jene ist, auch Geld zum Leben zu brauchen. Doch bei genderspezifischen Themen werden Fakten erst einmal möglichst emotional zur Debatte gestellt. Abertausende Frauen twitterten ihre Erfahrungen mit verbalen und physischen Übergriffen, Dutzende Schauspieler*innen berichteten von erniedrigenden Casting-Situationen bis hin zu Vergewaltigungen – und welche österreichische Schauspielerin lud man zu einer TV-Talkshow ein, um darüber zu reden? Jene, die in ihrer Laufbahn noch keinerlei Sexismus erlebt haben will oder ihn nicht als solchen bezeichnen möchte. Die TV-Debatte mit der österreichischen Schauspielerin Nina Proll war eine der meistbeachteten TV-Diskussionen in Österreich zu #MeToo.

Im November 2017, als die #MeToo-Bewegung im Begriff war, richtig groß zu werden, waren die österreichischen Medien also voll mit Prolls Aussagen. Dass sie das »kollektive Jammern« satthabe und dass sich jene Frauen, die nun von sexueller Nötigung sprächen, sich jahrelang prostituiert hätten, wie sie in Richtung einiger Opfer von Harvey Weinstein meinte (profil 2017). Nur: Das war zu der Zeit gerade nicht das Thema. Das Thema waren jene Menschen, die ein massives Problem mit den oft üblichen Vorgängen in dieser und auch anderen Branchen hatten. Es ging nicht um jene, die eine Anmache in einem beruflichen Kontext okay finden. Und immerhin wurde auch schon vor #MeToo vielfach darauf hingewiesen, dass sexualisierte Gewalt ein gesamtgesellschaftlicher Missstand ist, um den wir uns dringend kümmern sollten. Warum lädt man dann aber genau jene Person ein, die kein Problem in alldem sieht? Sobald geschlechter- und machtspezifische Probleme endlich groß thematisiert werden, wird liebend gern jenen Menschen eine Bühne geboten, die sagen: alles Übertreibung, oder sogar: alles Lüge.

Langgediente Feuilletonisten haben in der Zeit, als #MeToo besonders viel Aufmerksamkeit bekam, einen Sport daraus gemacht, die Bewegung niederzuschreiben, und das angebliche Ende ihrer männlichen Existenz beweint. Jens Jessen betitelte damals in der »Zeit« einen Essay mit »Der bedrohte Mann«. Jessen fragte sich in seinem durchaus ernst gemeinten großen Anti-#MeToo-Stück: »Worauf wollen die Aktivistinnen der #MeToo-Bewegung mit ihrem neuen feministischen Volkssturm hinaus, diesem Zusammentreiben und Einsperren aller Männer ins Lager der moralisch Minderwertigen?« Er verglich die Erfahrungen der Männer mit den Diskriminierungserfahrungen von Muslimen, denen »pauschal alles zur Last gelegt wird, was einige wenige getan haben«. Und auch um andere drastische

Vergleiche war er nicht verlegen: »Das System der feministischen Rhetorik folgt dem Schema des bolschewistischen Schauprozesses, nur dass die Klassenzugehörigkeit durch die Geschlechtszugehörigkeit ersetzt ist.« (Die Zeit 2018)

Hätte man einen Infokasten mit den Studien zu Gewalt im eigenen sozialen Umfeld dazugestellt, Zahlen, die zeigen, wer davon betroffen ist, dann wäre Jessens Essay ziemlich deplatziert rübergekommen. So allerdings wurde damit kokettiert, dass Feminismus inzwischen alles ins Gegenteil verkehrt hätte.

Beiträge wie jener von Jens Jessen in einer seriösen und liberalen Zeitung lassen vermuten, dass solche Texte durchaus ein bewusstes Spiel mit Ressentiments sein könnten. Oder dass zumindest die Hoffnung besteht, dass daraus ein schöner Kampf zwischen Feministinnen und ihren Gegnern entsteht. Denn inzwischen gibt es zahlreiche Autor*innen und Journalist*innen, die Texte vom gemarterten Mann nicht mehr unkommentiert stehen lassen (Der Spiegel 2018). Obwohl immer wieder derartig rückschrittlichen Positionen Raum gegeben wird, wurde in vielen Medienhäusern dennoch klar, dass man die Zeit nicht mehr zurückdrehen kann. Um beim Beispiel #MeToo zu bleiben: Viele wollen nun das Schweigen über Anschuldigungen gegen bekannte Persönlichkeiten nicht mehr mittragen. So war es auch die »Zeit«, die den Vorwürfen gegen den deutschen Regisseur Dieter Wedel, die von Mobbing bis zur Vergewaltigung reichten, akribisch nachging (Zeit Magazin 2018). Als ein anderer »Zeit«-Kolumnist, der ehemalige deutsche Bundesrichter Thomas Fischer, diese Recherchen der »Zeit« in einem deutschen Wirtschaftsmagazin »Tribunal« und »mediale Abrechnung« nannte, trennte sich die »Zeit« von Thomas Fischer – obwohl die Aussagen Fischers zu der öffentlichen Aufarbeitung von Vorwürfen mehrerer Frauen gegen eine öffentliche Person sich nicht von jenen unterschieden, die Jessen in seinem Text über den »totalitären Feminismus« äußerte. Denn Jessens Thesen waren nicht minder drastisch formuliert. Ein derart widersprüchlicher Umgang mit gesellschaftspolitischen Themen erweckt den Eindruck, dass man um trotz wachsendem Bewusstsein auch, um der Quote und Reichweite willen die Debatte auf einem maximal hohen emotionalen Level am Laufen halten will. Denn eines hat der Feminismus-Hype sicher gebracht: Texte wie jener von Jens Jessen werden nicht mehr unkommentiert stehen gelassen. Und das ist gut so, keine Frage. Wir müssen uns aber auch die Frage stellen, warum derartige Thesen und Verzerrungen der Diskussion trotzdem immer wieder auftauchen. Und wir müssen uns auch die Frage stellen, wie wir darauf antworten. Sollen wir es überhaupt? Wenn wir es nicht tun, könnten wir uns so womöglich dieses leidige Ping-Pong zwischen offenkundig misogyner Provokation und feministischer Replik sparen? Denn auch diese ist wohl Teil der aufmerksamkeitsökonomischen Kalkulation.

## Der destruktive Diskurs

Dass nun alle Männer an den Pranger gestellt würden, sich keine*r mehr auskenne, was ein Flirt sei und was schon ein Übergriff; dass die Lohnschere eigentlich ein »Mythos« sei und in »Wahrheit« viel kleiner als behauptet: Es sind Botschaften wie diese, die den Diskurs erfolgreich über viele Jahre hinweg verkleben und bremsen. Unter fast jedem Online-Bericht über die Lohnschere finden sich einige bis viele Postings, die sinngemäß lauten: Unsinn, ist doch völlig übertrieben – und wenn nicht, sind die Frauen halt selber schuld, wenn sie Teilzeit arbeiten. Unter Artikeln zu Gewalt gegen Frauen ist es das Gleiche. Selbst unter einem Bericht über den Mord an einer Frau durch ihren Ex-Partner fand sich die Frage: Warum lässt die Frau ihn überhaupt hinein, wenn er ein Betretungsverbot hat? Weniger Geld und infolgedessen Altersarmut: Sie allein ist schuld. Ermordet? Hätte sie doch nicht ...

Diese Art des Umgangs mit geschlechterspezifischen Inhalten bedient einen unendlichen Kreislauf an quotenbringenden, aber destruktiven »Feminismus-Debatten«, die den Diskurs und die Gesellschaft nicht weiterbringen. Das erleben wir bei den immer gleichen Diskussionen über das Kopftuch, bei den seit Jahrzehnten andauernden Debatten über gendergerechte Sprache bis hin zu den seit einigen Jahren ganz stark dominierenden Diskussionen über die sogenannte Political Correctness. Seit Jahren wird all das durchgekaut, unter großem Interesse und polternden Leser*innen-Kommentaren. Die einen brüllen »Rassisten« oder »Sexisten«, die anderen verteidigen sexistische und rassistische Inhalte als Teil der Meinungsfreiheit. Dass diese Positionen oft derart apodiktisch daherkommen, liegt auch an den medialen Inszenierungen gesellschaftspolitischer Themen.

Dass man sich diesem Zirkus auch einfach entziehen kann, hat die Autorin Kübra Gümüşay gezeigt. Sie ist Feministin und sie trägt ein Kopftuch. Feminismus und Islam ist bekanntlich eine Themenkombination, die besonders aufregt. Als Bloggerin und Kolumnistin stand Gümüşay inmitten dieser viele Jahre lang intensiven und oft sehr hässlichen Debatten. Eine Zeit lang saß sie oft in Talkshows und argumentierte dort ruhig und sachlich. Gümüşay hielt Fakten bereit, hörte ihrem Gegenüber zu und versuchte dessen Positionen ernst zu nehmen, soweit das möglich war. Als gläubiger Mensch, der ein Kopftuch trägt und sich engagiert zu Feminismus äußert, erkannte sie allerdings irgendwann, dass es eine fixfertige, ihr zugeordnete Rolle gab, schreibt sie rückblickend in ihrem Buch »Sprache und Sein« (Gümüşay 2020, 96). Einmal hatte sie vor einer Talkshow einen Mitdiskutanten getroffen, man wollte sich vorab kennenlernen, im Sinne einer guten Diskussion. Kontrovers sei ja okay, so Gümüşay, aber es solle bitte auch konstruktiv sein. »Wir verstanden uns gut, fand ich«, erinnert sie sich. Doch dann, im TV-Studio und vor der Kamera, fuhr ihr Diskussionspartner mit üblen Polemiken auf. Dem Publikum gefiel es, es wurde gegrölt, der Moderator ließ ihn gewähren und griff nicht ein. »Einer meiner Fehler war, jahrelang dieses Spiel mitzuspielen, bei dem es darum geht, Menschen kollektive Etiketten anzuheften.« (Gümüşay 2020, 96) Ihre Rolle war die einer Pressesprecherin für alle Muslim*innen, beschreibt es Gümüşay. Sie hatte die Aufgabe, sich und alle, die man mit ihr in Verbindung bringt, zu verteidigen, während andere ihre Vorurteile weiterverbreiten und Ängste schüren konnten. Aus diesem Kreislauf der TV-Diskussionen rund um Integration, Kopftuch und Islam stieg Gümüşay irgendwann komplett aus. Diese inszenierten medialen Debatten seien ein Kampf um »absolute Wahrheiten über eine ganze Bevölkerungsgruppe« (Gümüşay 2020, 96). Wie kämen wir dazu, dem Mist, der gezielt in Talkformaten platziert werde, ständig hinterherzuräumen, mit Daten, Fakten und Zahlen, fragt die Autorin. Und sie hat völlig recht. Nur um der Aufmerksamkeit willen Diskussionen zu führen, ist in vielen gesellschaftspolitischen Fragen schlicht sinnlos, jedenfalls aus feministischer, antirassistischer oder einer anderen progressiven politischen Perspektive. Aus der Perspektive, der es um Quoten, Zugriffe und populistische Zuspitzung geht, sieht es natürlich anders aus.

## Quellen

(Emma 2020) »J. K. Rowling: Opfer des Transwahns«, Emma, Das politische Magazin für Menschen, Nr. 5, 2020

(Farrow 2019) Ronan Farrow: »Durchbruch. Der Weinstein-Skandal, Trump und die Folgen«, Rowohlt-Verlag, Hamburg, 2019

(Gümüşay 2020, 95–100) Kübra Gümüşay: »Sprache und Sein«, Hanser-Verlag, Berlin, 2020

(MediaAffairs 2020) Jahresstudie 2019, www.mediaaffairs.at/aktuellebeitraege/gesellschaft/frauenstudie218.html

(Prävalenzstudie zu Gewalt 2011) Bundesministerium für Wirtschaft, Familie und Jugend: »Gewalt in der Familie und im nahen sozialen Umfeld«, www.gewaltinfo.at/uploads/pdf/bmwfj_gewaltpraevalenz-2011.pdf

(profil 2012) »Löhne: Die Wahrheit über die Ungleichheit«, www.profil.at/home/ein-kommen-loehne-die-wahrheit-ungleichheit-323607

(profil 2017) Nina Proll: »Das nennt man Prostitution«, www.profil.at/gesellschaft/nina-proll-prostitution-8420035

(Der Spiegel 2018) Margarete Stokowski: »Der Reichsbürger der MeToo-Bewegung«, www.spiegel.de/kultur/gesellschaft/jens-jessen-reichsbuerger-der-metoo-bewegung-a-1202105.html

(Transgender Adolescent Suicide Behavior 2018) https://pediatrics.aappublications.org/content/142/4/e20174218

(Trend 2017) »Zeitbombe Pensionslücke«, www.trend.at/geld/zeitbombe-pensionsluecke-gefaehrlicher-finanzkrise-8167701

(Die Zeit 2018) Jens Jessen: »Der bedrohte Mann«, www.zeit.de/2018/15/metoo-debatte-maenner-feminismus-gleichberechtigung

(Zeit Magazin 2018) »Das System«, Zeit Magazin Nr. 13/2018, www.zeit.de/zeit-maga-zin/2018/13/dieter-wedel-fernsehen-deutschland-sexuelle-noetigung-metoo

# Frauenmagazine:
# Alte Werte neu verpackt

Hochglanzmagazine für Frauen repräsentierten bis vor nicht allzu langer Zeit im Grunde alles, was Feministinnen ablehnen. Ein Wust an Werbung für Produkte, die den Himmel auf Erden versprechen, und Tipps für die Schönheit, das Heim, den Sex, den Style. Vor den Nullerjahren war für Magazinmacher*innen ein maximaler Abstand zu allem, was auch nur im Entferntesten feministisch anmutete, ein absolutes Muss. Eigentlich erstaunlich, waren doch die Erfolge der zweiten Frauenbewegung noch gar nicht so lange her. Die Freude darüber hätte in den 1980er- und 1990er-Jahren noch frisch sein sollen: Es waren die ersten Jahrzehnte mit Gleichstellungs- und Gewaltschutzgesetzen sowie einer Liberalisierung des Zugangs zu Verhütung und Schwangerschaftsabbrüchen. Trotzdem hatte Feminismus gerade in dieser Zeit einen wirklich miesen Ruf und insbesondere Magazine für Frauen wollten damit nichts zu tun haben. Zu konsumfeindlich, zu hässlich, zu politisch. Und schließlich dahingehend geschäftsschädigend, dass Frauen womöglich draufkommen könnten, dass sie die endlose Arbeit an ihrem Aussehen, ihren sexuellen Leistungen, ihren Beziehungen und Kochkünsten doch reduzieren könnten. Diese Magazine waren und sind bis heute voll mit Sex-Tipps dazu, wie sie »ihn« glücklich macht, mit Styling- und Psycho-Tipps für mehr Power im Job, in der Beziehung und überhaupt und überall.

Mit dem Aufstieg eines markttauglichen Feminismus haben sich Frauenzeitschriften kaum verändert. Das betrifft sowohl jene von besserer Qualität, die auch gute Texte enthalten, als auch Zeitschriften, die im Prinzip nur aus Mode, Stars und Kosmetik bestehen. Und dennoch gehören heute auch Selbstbewusstsein und Selbstbestimmung zum Leitmotiv dieser Magazine. Dass es dabei letztlich um eine perfektionierte Form von Weiblichkeit, von »Frausein« geht, tut dem keinen Abbruch.

Früher hatte man vielleicht weniger Angst vor Oberflächlichkeit, denn, zur Erinnerung: Feminismus klang damals unsexy und nach einem Verliererinnendasein. Der »selbstsichere«, »selbstbewusste« Auftritt musste aber dennoch sein, weil er nun mal mehr hermacht – und das ging in den älteren Erzählungen der Frauenmagazine vor allem durch das perfekte Styling. »Selbstbestimmung« wurde vor allem (wie auch heute noch) stark auf die »Karriere« reduziert. Hatte man erst die Karriere, das Geld und das schicke Businesskostüm, dann hatte man auch das Sagen über sein Leben. Fertig. Heute muss der unglaubliche Aufwand für alle möglichen Lebensbereiche, den uns Frauenzeitschriften ans Herz legen, schon etwas geschickter an die Frau gebracht werden.

Heute geht es mehr um das Wohlbefinden, die Gesundheit, um die eigene Kreativität und Selbstverwirklichung. Natürlich müssen Sie auch heiß aussehen, aber eben auch einen umwerfenden Charakter haben. »Stark, sexy, smart«, heißt es auf einem Cover von »Harper's Bazaar« im September 2020. Genau das ist die aktuelle Ansage für die stetige Arbeit an sich selbst, wie sie Frauenzeitschriften seit Jahrzehnten mit unterschiedlichem Fokus predigen. Es ist eine Arbeit, die am Äußeren beginnt und im Inneren weitergeht.

Im Grunde hat sich im Modus operandi von Frauenzeitschriften also nichts geändert, sehr wohl gewandelt hat sich allerdings ihre Sprache. Klassische Frauenmagazine sind einzige Femvertising-Orgien, zu deren Programm heute ganz selbstverständlich ein feministisch geprägtes Vokabular gehört. Abgesehen von diesen sprachlichen Veränderungen bemächtigen sie sich auch feministischer Vorstellungen von einem besseren Leben – allerdings fokussiert auf das Individuelle: auf mein Leben, meine Arbeit (»Karriere«), meine Liebe. Sie formen politische Leitgedanken der zweiten Frauenbewegung wie »Selbstermächtigung«, »Autonomie« und »Mein Körper gehört mir« in Motivationsslogans zur Selbstoptimierung um. Das Trendteil, das man für den Sommer unbedingt haben sollte, steht neben einem Interview über »Empowerment« und »Selbstbewusstsein«, wo man den Rat bekommt, dass man nicht darauf hören sollte, was andere sagen. Das Interview wird mit einem TV-Star geführt, der ein Parfum mit dem Namen »Alive« bewirbt. Was läge da näher, als über »Female Empowerment«, »Authentizität« und darüber zu reden, dass die Marke dazu inspiriert, so zu sein, wie man »wirklich ist«. Die Bilder in diesen Magazinen suggerieren, wir würden völlig souverän über unseren Körper und über unser Handeln entscheiden. Diese scheinbare Handlungsmacht geht allerdings mit verdammt viel Arbeit am Selbst einher, mit ständiger Veränderung, Verbesserung, Gestaltung und Inszenierung des Selbst. Und zu allem Überfluss gibt es dazu die unterschiedlichsten Marschrichtungen, und das in ein und demselben Magazin: Hier »Zehn Dinge, auf die Sie diesen Sommer pfeifen sollten«, dort Tipps für glänzend und gepflegt aussehende Haare trotz gleißender Sonne. Also was nun?, könnte man fragen. Drauf pfeifen oder nicht?

## Für alles selbst verantwortlich

Wenn »Feminismus« Teil des Produkts wird, so wie in den letzten Jahren auch bei Frauenzeitschriften, dann muss noch eine etwas vernünftigere Begründung für das ganze Brimborium um perfekte Weiblichkeit her: Beim Sport geht es nicht nur ums schnöde Abnehmen, sondern um die physische und psychische Fitness. Eine strahlende Haut? Brauchen Sie freilich nur des selbstsicheren Auftritts wegen, von Schönsein spricht kaum eine*r mehr. Dass die Aufforderung, schön sein zu müssen, nicht mehr ausreicht, uns irgendeine Foundation anzudrehen, könnte man als feministischen Erfolg verbuchen. Allerdings ist es in erster Linie der Erfolg von konsumanregenden Botschaften, die uns nun feministisch unterfüttert doppelt und dreifach in Schach halten: Joggen nur um der guten Figur willen? Mitnichten. Es soll auch darum gehen, sich Zeit für sich selbst zu nehmen, an die eigene Gesundheit zu denken, zu relaxen – der schlanke Körper wird, wenn überhaupt, nur mehr als netter Nebeneffekt präsentiert. Botschaften wie diese verringern die Ansprüche an Frauen nicht, sie vervielfachen sie. Das schlechte Gewissen, das Gefühl, nicht genug zu tun, wird so zum Beispiel auch dahingehend getriggert, dass man sich nicht gut genug um sich selbst kümmere – und folglich kann es nicht klappen, mit der Beziehung, mit einem ausgeglichenen Seelenhaushalt.

Unter »Empowerment«, jenem Schlagwort, das sich in Online-Ausgaben klassischer Frauenzeitschriften wiederum unter »Lifestyle« findet, sammelt sich alles, was als feministisch verkauft wird – vom Artikel zur Bewältigung von Sexismus im Job bis zur Anleitung zum Befreiungsschlag aus einer kräfteraubenden Beziehung. Inhaltlich ist es sicher nicht ganz falsch, dass all das mit feministischen Grundgedanken zu tun hat. Allerdings sind die meisten dieser Inhalte nichts anderes als Handlungsanleitungen für die Einzelne, und das ist sehr wohl falsch. Feminismus verkommt so zur Lebensberatung, zu einem Werkzeugkasten für ein individuell glücklicheres Leben. Doch es ging bei der Frauenbewegung nie um Glück. Es geht um gerechtere Lebensbedingungen für alle.

Die Soziologin Eva Illouz und der Psychologe Edgar Cabanas beschreiben in ihrem Buch »Das Glücksdiktat. Und wie es unser Leben beherrscht« (Illouz, Cabanas 2019), wie mit dem Aufstieg der

Positiven Psychologie in den 1990er-Jahren Begriffe wie emotionale Intelligenz, Resilienz, Autonomie, Optimismus und Eigenmotivation zu zentralen Eigenschaften eines authentischen Menschen gemacht wurden. Und dieser sei wiederum zu einem gesünderen und erfolgreicheren Leben fähig (Illouz, Cabanas 2019, 15). Klassische Frauenzeitschriften bedienen sich exzessiv der Sprache der Positiven Psychologie. Diese will den Fokus auf die Ressourcen von Menschen richten und nicht auf Probleme, Defizite und psychische Erkrankungen, wie das die traditionelle Psychologie tut. Wenn Glück dank emotionaler Selbststeuerung ein erlern- oder trainierbarer Zustand ist, dann wird »Glück zweifellos zur perfekten Ware auf einem Markt, der bestens von der Normalisierung unserer Obsession lebt, die wir im Umgang mit unserer körperlichen und geistigen Gesundheit pflegen« (Illouz, Cabanas 2019, 15). Die Autor*innen meinen damit den lukrativen Markt des Coachings, der Persönlichkeitsentwicklung oder auch den riesigen Markt für sämtliche Selbsthilfeprodukte, die Yoga, Achtsamkeitstrainings, den Weg zu Resilienz oder die richtige Art zu kommunizieren verkaufen. Letztendlich steckt in all diesen Anleitungen das Versprechen, zu einer autonomen, selbstbewussten und relaxten Version unserer selbst zu werden. Doch es steckt darin eine noch viel stärkere Botschaft: Verantwortung für sich selbst zu übernehmen. Das muss nicht nur etwas Schlechtes sein. Allerdings bedeutet es auch, dass Krankheiten, psychische Probleme, faire Bedingungen am Arbeitsplatz und finanzielles Auskommen letztlich allein unserer eigenen Verantwortung liegen.

Magazine und andere massenkulturelle Produkte wie Serien, Filme, Mode und diverse Businessnetzwerke für Frauen präsentieren ein feministisch konnotiertes »Empowerment«, um so etwas wie »individuelle Potenziale« zu erweitern – um diese diese Potenziale letztlich in den Dienst einer neoliberal geprägten Vorstellung von Produktivität zu stellen. Sich um Produktivität zu kümmern, ist und war aber nie Aufgabe des Feminismus.

Wenn man diese Frauenmagazine durchblättert, dann sehnt man sich fast nach dieser gewissen Ehrlichkeit zurück: Diäten sollte man für eine »schlanke Linie« machen, mit Kosmetik den Attraktivitätslevel auf ein für Frauen nötiges Maß bringen, und diese Sex-Tipps nehmen Sie bitte mit ins Bett, damit Männer Sie begehrenswert finden. Eine »Cosmopolitan« aus den 1980er-Jahren vermittelte all das mit einiger Deutlichkeit. Heute müssen Frauen laut Frauenzeitschriften das alles auch weiterhin leisten, und es kommt noch einiges hinzu: Es muss Ausdruck ihres Selbst sein, ihrer Kreativität, ihrer Stärke.

Doch obwohl diese Handlungs- und Konsumanleitungen immerhin angeblich ein »authentischeres Selbst« oder einen »gesünderen Lebensstil« bringen, sollten wir das nicht als Erfolg von Feminismus feiern, sondern als Erfolg für einen weitverzweigten Neoliberalismus verbuchen. Die stetige Bereitschaft zur Selbstoptimierung ist ein Stück weiter ins Innere gewandert, dadurch ist der Radius der Verantwortung der Einzelnen wieder ein Stück größer geworden und die gesamtgesellschaftliche Verantwortung kleiner.

## Alter Wein in neuen Schläuchen

Neben den klassischen Frauenzeitschriften entstanden in den letzten Jahren auch Online-Magazine für Frauen, die fast oder ganz ohne Mode und Kosmetik auskommen. Sie setzen vorwiegend auf das Berufsleben von Frauen, vermischt mit vielen gesellschaftspolitischen Inhalten. Man wolle die Welt etwas »fairer machen« und gezielt Raum und Anerkennung für »Frauen und alle anderen Geschlechter« schaffen, so steht es etwa in einer Blattlinie. Feminismus ist in solchen noch relativ neuen Medienprodukten ebenso selbstverständlich präsent wie das Angebot zur Vernetzung und für Tagungen zum Kennenlernen im echten Leben. Dort kann man von Expert*innen lernen, wie man die eigene Performance verbessert, im Job, im persönlichen Handeln, im Beziehungsleben, im Umgang mit sich selbst. Auch wenn der Auftritt dieser Medienprodukte ein sichtlich anderer ist als bei Magazinen wie »Vogue« oder »Elle«, ist eine Parallele aber trotzdem offenkundig: die Arbeit an sich selbst.

In diesen neuen, sich sehr feministisch gebenden Online-Medien finden wir eine beispielhafte Verzahnung von Feminismus, Selbstoptimierung und Karrierismus. Die Inhalte changieren zwischen restloser Sympathie für linke politische Bewegungen und der Gestaltung eines »erfolgreichen Lebens«. Es gibt Kritik an den Strukturen unserer Gesellschaft ebenso zu lesen wie Storys zu Antirassismus, Klimaschutz und Feminismus natürlich. Gleichzeitig werden dort sämtliche Schwierigkeiten auf dem Weg zu einem »erfolgreichen Leben« stark auf eine individuelle Ebene reduziert.

Bei Tagungen und Events für »Gründerinnen«, für die »Futures« und natürlich für »Females« trifft man sich regelmäßig, um sich zu vernetzten, um zu lernen und sich gegenseitig zu inspirieren, wie es in den Ankündigungen heißt. Zudem gibt es Vorträge von diversen Persönlichkeiten, die irgendetwas ganz Besonderes auf die Beine gestellt haben, »Recruiting-Sessions«, Auszeichnungen, Talks darüber, wie man sich von Selbstzweifeln befreit, wie man herausfindet, was man will und was eine*n glücklich macht. Und politisch soll das Ganze auch noch sein. Allerdings sind die Grenzen zu herkömmlichen Karriere- und Jobmessen kaum erkennbar. Und wenngleich das Publikum hipper, jünger, »feministischer« ist und man um Diversität sichtlich bemüht ist, sind diese Events doch vorwiegend für und von Menschen aus einem urbanen Umfeld und mit einem sozialen Hintergrund gemacht, der ihnen beachtliche Bildungs- und ökonomische Ressourcen mit auf den Weg gegeben hat. Sie haben meist Eltern, die ihre Sprösslinge schon einmal ein paar Jahre finanzieren können, während diese unbezahlte oder mies entlohnte Praktika machen. Und schafft es doch einmal jemand, der schwierigere Startbedingungen hatte, auf eine der Tagungsbühnen, auf die Hunderte junge Frauen bewundernd blicken, dann wird das als Beweis dafür gehandelt, dass es sich eben lohnt, »es anzugehen«. Dabei sind diese Menschen die Ausnahme, die die Regel bestätigen.

## FeminisMUSS – Was sollen wir noch alles müssen?

Im feministisch-psychologischen Vokabular in Frauenmagazinen finden sich – unabhängig davon, ob deren Fokus auf Mode liegt, auf »Frauen«-Karrieren oder dort auch gesellschaftspolitische Themen vorkommen – unzählige »Tools« für den Job und das Leben generell, die uns »ins Machen« bringen, um »weiterzukommen«. Da geht es dann um das Erlernen einer »Feedback-Kultur«, um Tipps vom »Personal Branding Coach« dazu, wie wir uns besser »positionieren« und »Selbstbewusstsein lernen« (Edition F Plus 2020).

Psycholog*innen haben schon vor gut zehn Jahren gezeigt, dass die Lektüre von klassischen Frauenmagazinen unzufrieden macht und ein Gefühl des Nicht-Genügens auslöst. Sie sorgen für eine signifikant negative Stimmung (Der Standard 2009). Die durch diese Magazine angeregten Vergleichsprozesse suggerieren ein Gefühl des Scheiterns, weil es eine unendliche Flut von Anforderungen ist, mit denen frau konfrontiert wird. Deren Zahl ist in klassischen Frauenzeitschriften und auch in feministisch angehauchten anderen Formaten nicht kleiner, sondern größer geworden.

Frauenzeitschriften transportieren nach wie vor völlig widersprüchliche Anforderungen an Frauen. Auch das seit Kurzem dort vorherrschende feministische Wording ändert daran nichts. So finden wir etwa in der Herbstausgabe einer österreichischen Frauenzeitschrift einen beispielhaften Mix aus Feminismus, Psychologie, Tipps zum Selbst- und Beziehungsmanagement, Anleitungen zum perfekten Äußeren inmitten eines Meers aus Kosmetika, Kleidung, Möbeln und Geschenktipps. Auf dem Cover des Heftes (Woman 2020) die

»neue Heldin der Frauen«, die US-Politikerin Alexandria Ocasio-Cortez, im Inneren Tipps, wie man mit Raumdüften ein atmosphärisches Heim kreiert, der Rat, die deutsche Feministin Margarete Stokowski zu lesen, Erzählungen von Promi-Frauen, wie sie lernten, ihr Äußeres zu lieben, statt sich hässlich zu finden, Beratung, wie man seinen inneren Schweinhund überwindet, der durch falsche Reaktionen im Alltag unser Lebensglück ruiniere, sowie ein »Best of Wintermäntel«. Ach ja, und dann auch noch das seit einigen Jahren wiederkehrende Trendthema Minimalismus mit allerlei Entrümpelungstipps und dem Lob auf die Befreiung von materieller Last. Die dafür porträtierte Frau will 2000 Dinge aus ihrem Haushalt loswerden, aus dem »Konsumzyklus« aussteigen. Das dürfte für die Leser*innen ein Kraftakt werden: Allein in der Ausgabe mit diesen Ratschlägen, wie »jede damit anfangen kann zu investieren, statt zu konsumieren«, werden auf knapp 200 Seiten rund 100 Produkte in redaktionellen Beiträgen beworben. Da ist die bezahlte Werbung noch gar nicht mitgerechnet.

In Frauenzeitschriften sind derartige Widersprüche nichts Besonderes. Doch daran sollten wir denken, wenn wir dort auf Feminismus stoßen. Dass er nun auch dort vorkommt, hat eine enden wollende politische Bedeutung und ist bisweilen sogar kontraproduktiv. Das Letzte, was Frauen brauchen, sind Ratschläge, was sie alles wie bestmöglichst hinbekommen.

Artikel, Tagungen und Handlungsanleitungen in Frauenzeitschriften tragen heute nach wie vor nicht dazu bei, Druck abzubauen. Sie erzeugen erst recht soziale Vergleichsprozesse, die Stress erzeugen und übersteigerte Ansprüche als völlig normal vermitteln. Mit dem »Empowerment«-Label rücken sie uns noch stärker auf den Leib. Spätestens dann wird dieses »Empowerment« zu einer diffusen Idee, man könne alles selbst in die Hand nehmen, gestalten, reparieren und optimieren. So wird »Selbstbestimmung« markttauglich, weil politische Forderungen durch individuelles Handeln ersetzt werden.

Die Wiener Beratungsstelle »Frauen* beraten Frauen*« kann aus nunmehr 40 Jahren berichten, dass sich die Probleme und Fragen von Frauen in diesen Jahrzehnten kaum verändert haben: Welche Rechte habe ich in einer Ehe? Wie kann ich mich vor psychischer Gewalt schützen? Wie kann ich ein selbstständiges Leben führen? Von *einer* deutlich wahrnehmbaren Veränderung weiß allerdings Bettina Zehetner von »Frauen* beraten Frauen*« zu erzählen: Diese Probleme seien heute schwerer zu bearbeiten, weil alles die eigene Schuld der Frauen zu sein scheint. Individualisierung und Leistungsideologie stecken tief im gesellschaftlichen Diskurs, was viele Frauen in den Analysen ihrer Situation auch konkret ausdrücken: »Ich mache alles falsch«, »nichts, was ich tue, genügt«, sie wollen »repariert« werden. Als Bettina Zehetner vor über 20 Jahren ihre Beratungstätigkeit begann, war das Bewusstsein noch stärker, dass die Situation falsch sei, nicht man selbst. Zu der heute selbstverständlichen Anforderung nach finanzieller Unabhängigkeit, Erwerbsarbeit und eigener Pensionsabsicherung komme die unbezahlte Arbeit weiterhin hinzu, sagt Zehetner. Diese wurde bis heute kaum umverteilt und liegt noch immer zu einem größeren Teil bei den Frauen.

Und jetzt muss auch noch »FeminisMUSS« sein, wie es auf einem T-Shirt der österreichischen Frauenzeitschrift »Woman« heißt, das im Online-Shop feilgeboten wird. Ganz schön viel. Schließlich sind die Leser*innen dieses Magazins nicht nur mit »FeminisMUSS« beschäftigt, sondern auch mit der Vermeidung von blähenden Lebensmitteln für einen »flachen Bauch«. Was für ein Spagat.

## Quellen

(Edition F Plus 2020) www.editionf.com/edition-f-plus/

(Harper's Bazaar 2020) Harper's Bazaar, Ausgabe September 2020

(Illouz, Cabanas 2019) Eva Illouz, Edgar Cabanas: »Das Glücksdiktat. Und wie es unser Leben beherrscht«, Suhrkamp, Berlin, 2019

(Der Standard 2009) Interview mit Annemarie Rettenwander: »Man kann sich nur als Verliererin fühlen«, www.derstandard.at/story/1229975421618/man-kann-sich-nur-als-verliererin-fuehlen

(Woman 2020) Woman. Das Frauen- & Lifestyle-Magazin, 21.10.2020

# Feminismus in »Serie«

Es ist noch gar nicht so lange her, da galt es als nicht besonders klug, sein umfangreiches Wissen über TV-Serien öffentlich zur Schau zu stellen. Heute haben Serien einen guten kulturellen Status erreicht und es schadet dem Ansehen kaum noch, preiszugeben, dass man seine Abende vor der Glotze zubringt.

In einem 2007 erschienenen Buch über Feminismus in der Populärkultur spricht eine Autorin noch von einem »Bekenntnis«, wenn sie schreibt: »Ich bin Feministin. Und ich liebe amerikanische Fernsehserien und Actionfilme. Ja bin ich denn bei Trost?«, so die Journalistin Chris Köver (Hot Topic 2007). Sie liebt Serien wie »Grey's Anatomy« oder »Gilmore Girls«, wie sie schreibt, obwohl in der erstgenannten Serie eine junge Ärztin in Ausbildung etwas zu viel nach Oberärzten schmachtet und in der zweiten die Protagonistinnen zwar in etlichen Dialogen ausbreiten, wie sehr sie fettes Essen mögen und Sport hassen, aber trotzdem superschlanke, sportlich aussehende Körper haben. Dinge eben, die Feministinnen auffallen. Doch man konnte es sich kaum leisten, wegen solch winziger Kritikpunkte abzudrehen. Schließlich gab es nur wenige Serien mit halbwegs interessanten Frauenfiguren. Man musste also mit dem vorliebnehmen, was da war. Das bedeutete für das politisch geneigte Publikum auch, dass man mit etlichen Verrenkungen das feministische Potenzial aus diesen Serien herausfischte. Und tatsächlich fand sich da einiges an versteckten feministischen Botschaften.

Feministische Magazine wühlten schon früh in der Populärkultur nach brauchbaren Kulturgütern. Das US-amerikanische Magazin

»Bitch. Feminist Response to Pop Culture« erschien zum ersten Mal 1996 und setzt bis heute einen feministischen und kulturkritischen Fokus auf Pop- und Massenkultur. Gerade jene TV-Serien, Filme und Trends, die ein besonders großes Publikum erreichen, seien für gesellschaftliche Veränderungen zentral, das ist die Idee dahinter. Unterstützt wurde dieser Ansatz von den Cultural Studies, nach denen die Leistung der Massenkultur nicht darin besteht, eine angeblich ungebildete breite Masse zu verdummen und zu entpolitisieren, sondern darin, dass sich in dieser Massenkultur zahlreiche Inhalte verstecken, die die Probleme der Zuseher*innen reflektieren und ernst nehmen. In welchen populären Filmen und Serien das der Fall ist, darüber schrieben Publikationen wie das »Bitch«-Magazin oder das österreichische »Nylon: KunstStoff zu Feminismus und Popkultur«, das 2002 zu »fiber. werkstoff für feminismus und popkultur« wurde. Und auch das deutsche Online-Magazin »Mädchenmanschaft« befasste sich leidenschaftlich und klug mit Populärkultur.

Dass sich TV-Serien in den letzten 20 Jahren zu »*dem* Popkulturphänomen« entwickelten, wird von Expert*innen (Gender & Genre 2018, 12 f.) vor allem auf drei Entwicklungen zurückgeführt, die parallel stattfanden: Es gab einschneidende Veränderungen bei der Produktion, der Kritik und bei der Distribution. An der Produktion änderte sich, dass Genres vermischt wurden und Experimente am »Massengeschmack« vorbei gewagt wurden. Es wurden verstärkt gesellschaftspolitische Themen aufgegriffen und differenzierte Figuren geschaffen. Renommierte Filmschaffende hätten sich deshalb nicht mehr nur dem Kino, sondern auch dem »vormals geschmähten Fernsehen« zugewandt. Die Kritik von TV-Serien fand im Zuge dessen auch zunehmend Einzug in das Feuilleton von Zeitungen, und auch das Internet trug mit Amateur-Medien zu einer umfassenden Rezeption von TV-Serien bei. Neben den Veränderungen bei der Produktion und Kritik war die dritte zentrale Entwicklung jene von neuen Distributionskanälen. Streamingdienste stellen heute Serien rund um die Uhr, unkompliziert und relativ günstig bereit. Man muss nicht bis zur nächsten Folge nächste Woche warten, sondern kann so viele Episoden auf einen Sitz konsumieren, wie man will. Im Originalton, synchronisiert, mit Untertiteln plus Bonusmaterial – ganz wie man will.

Aufgrund dieser Strömungen wurden Serien immer mehr unter dem Titel »Quality-TV« breit diskutiert. In den ersten Jahren dominierten dabei vorwiegend Serien, die mehr auf ein männliches Publikum ausgerichtet waren. Die Mafia-Serie »The Sopranos« (1999–2007) oder die Krimi-Drama-Serie »The Wire« (2002–2008) fehlen beispielsweise nie bei den Rankings der besten Serien. Doch das sollte sich ändern: Der Serienhype ging auch Hand in Hand mit dem Aufstieg des populären Feminismus. Inzwischen stehen wir vor einem schier unendlichen Angebot an Serien mit feministischer Storyline oder Held*innen – oder sogar mit beidem in einem. »Orange Is The New Black« (2013–2019), »The Handmaid's Tale« (seit 2017), »Fleabag« (2016–2019), »Girlboss« (2017), »Jessica Jones« (2015–2019), »The Marvelous Mrs. Maisel« (seit 2017), »Glow« (2017–2019) oder »Insecure« (seit 2016): das ist nur eine kleine Auswahl.

Sogenannte Listicles – Artikel, die Auflistungen enthalten – mit feministischen Serientipps werden nun regelmäßig erstellt, um sich in diesem Dickicht zurechtzufinden: Darin wird angegeben, mit welchen Serien man zum »Binge-Watching gegen das Patriarchat« antreten kann (Elle 2020) oder welche Serien »dich zur Feministin machen« (Vice 2019). Auch wenn Serienschauen allein wohl kaum gegen das Patriarchat helfen wird und es noch weniger zur »Feministin macht«, ist da viel Wertvolles dabei, das im besten Fall sogar ein Stück weit politisieren kann. Von vielschichtigen Figuren in unkonventionellen Beziehungskonstellationen wie in der britischen Serie »Fleabag« bis hin zu Dokumentationen über politische Kämpfe wie jener um den Zugang zu einem sicheren Schwangerschaftsabbruch in der Netflix-

Doku »Reversing Roe« (2018): Feminismus müssen wir heute in der Populärkultur nicht mehr herausdestillieren, er tritt dort klar und deutlich als solcher auf. Wir bekommen ihn auf dem Silbertablett ins Wohnzimmer, bis zur Couch, serviert.

## Vorzeigefrauen im neoliberalen Feminismus

Auch innerhalb des Serienangebots über – grob gesprochen – »Frauenleben« veränderte sich einiges. Die Soziologin Catherine Rottenberg beobachtet in ihrer Untersuchung zum Aufstieg des neoliberalen Feminismus einen interessanten Paradigmenwechsel bei einigen sehr beliebten TV-Serien. In älteren Serien wie »Sex and the City« (1998–2004) und »Ally McBeal« (1997–2002) waren erfolgreiche, selbstbestimmte Frauen die Heldinnen, mit einem kleinen Wermutstropfen in deren Leben – zumindest wurde dieser immer wieder als solcher dargestellt: Wenn auch sonst alles perfekt schien, die Suche nach einer ebenso perfekten heterosexuellen Beziehung gestaltete sich schwierig und war doch, bei aller Selbstbestimmtheit, der rote Faden in diesen beiden Serien.

Die zentrale Herausforderung für diese Protagonistinnen war, ihr unabhängiges Leben mit einer alten Vorstellung von romantischer Liebe irgendwie zusammenzubringen. Man schwankte ständig zwischen Schmachten und »Scheiß auf ihn«, »ich komme allein besser zurecht«.

In neueren Serien wie »Good Wife« (2009–2016) und »Borgen« (2010–2013) sind die Serienheldinnen älter geworden und haben einflussreichere Jobs. Gewandelt hat sich damit auch der tagtägliche Kampf: Nicht mehr der perfekte Mann, sondern das perfekte Familienleben ist es, das es hinzubekommen gilt. Dieses Familienleben scheint im Tausch gegen finanzielle und politische Macht auf dem Spiel zu stehen. Birgitte Nyborg aus »Borgen« bekommt während ihrer Tätigkeit als Premierministerin massive Eheprobleme und ihre Tochter leidet schließlich an einer Essstörung, die mit den privaten Turbulenzen während Birgittes 24-Stunden-Job als Regierungschefin in Zusammenhang steht. Die Siege im Job haben einen zu hohen Preis (Rottenberg 2018, 36). Birgitte Nyborg findet ihren moralischen Kompass, der in ihren Zeiten an der Staatsspitze oft in die falsche Richtung ausgeschlagen hat, erst nach einer Auszeit vom Job wieder. Eine Auszeit, die sie bei ihrer Familie verbringt. Die Schwierigkeiten »starker Frauen« haben sich demnach also transformiert: Sie kämpfen um ihr persönliches Glück zwischen beruflicher Erfüllung und Familienleben, schreibt Rottenberg. Dieser neue Fokus auf das berufliche und private Glück als feministisches Projekt ist für Rottenberg eine zentrale Wegmarke auf dem Weg zum neoliberalen Feminismus, zur Wende von einem in den USA sehr starken liberalen Feminismus hin zu einer neoliberalen Variante. Der liberale Feminismus gilt als jener Feminismus, der grundsätzlich an den bestehenden Verhältnissen festhalten und innerhalb dieser Verhältnisse Gleichberechtigung gewährleisten will. Kritiker*innen des liberalen Feminismus sagen, dass Gleichberechtigung schon grundsätzlich im Widerspruch zu den herrschenden kapitalistischen Strukturen steht, weil diese auf hierarchischen Machtverhältnissen und Ausbeutung basieren.

Interessant ist, dass insbesondere Hollywood-Filme, die den populären Feminismus etwas später entdeckten als die Produzent*innen von TV-Serien, den neoliberalen Feminismus stark in den Vordergrund stellen und damit vor allem das Bild einzelner Held*innen forcieren. Es geht um Held*innen, die Außergewöhnliches geleistet haben. Mit diesen Held*innengeschichten wird auch gleich die Botschaft mitgeliefert, dass es die (in diesen Fällen US-amerikanische) Demokratie ermöglicht, alles zu schaffen. Wenn frau es nur will.

Ein spannendes Beispiel hierfür ist der Film »The Post« / »Die Verlegerin« (2017) von Steven Spielberg. Er erzählt die Geschichte der heiklen Veröffentlichung der Pentagon-Papiere in der »Washington

Post«. Diese Unterlagen bewiesen, dass die US-amerikanische Bevölkerung in Bezug auf den Krieg in Vietnam viele Jahre lang getäuscht wurde. Erst, um die Kriegsbereitschaft entstehen zu lassen, und später, um sie aufrechtzuerhalten.

Die zentrale Erzählung neben dem Polit- und Publizistik-Plot ist die Geschichte der Selbstermächtigung von Katharine Graham (Meryl Streep). Ihr Vater Eugene Meyer hatte die »Post« im Jahr 1933 gekauft und die Geschäfte später nicht seiner Tochter, sondern deren Ehemann Philip Graham überantwortet. Nach dessen Suizid musste Graham ihre ererbten Positionen als Vorstandsvorsitzende und Herausgeberin der »Washington Post« doch antreten. Bis sie schließlich die schwierige Entscheidung traf, dass auch die »Post« Teile der Pentagon-Papiere veröffentlichen soll, wurde sie – so zeigt es der Film – vom durchgehend männlichen Vorstand auf die Rolle als Gattin des vielbewunderten Zeitungschefs Philip Graham und Tochter des Zeitungsgründers reduziert. Sie wurde zwar als Gastgeberin nobler Partys in der politischen und gesellschaftlichen Elite Washingtons durchaus respektiert. Wenn es aber um geschäftliche Entscheidungen ging, schien Katharine Graham sichtlich Mühe zu haben, die von ihren Beratern vorgegebenen Sätze selbstsicher und in einem Chefinnen-Modus vorzutragen. Letztlich erzählt der Film, wie Graham zu ihrer Rolle als Herausgeberin findet, wie sie ihrer Unsicherheit entkommt und lernt, selbst zu entscheiden und auszublenden, dass ihr gesamter Vorstand sie für unfähig hält, weil sie eine Frau ist.

Es ist interessant, dass ein Film über die Pentagon-Papiere und die wackelige Pressefreiheit während der Nixon-Administration die persönliche Entwicklung einer Zeitungsherausgeberin derart in den Vordergrund stellt. Er hätte genauso gut Daniel Ellsberg ins Zentrum der Erzählung rücken können, den vormaligen hochrangigen Mitarbeiter im Verteidigungsministerium, der die Pentagon-Papiere an die Medien weiterreichte. Für die Anfertigung der Kopien von 7000 Seiten spannte er sogar seine Kinder ein. Der Whistleblower riskierte damit eine lebenslange Gefängnisstrafe wegen Hochverrats und hätte sich für den Part eines Helden, wie sie das Hollywood-Kino so liebt, auch bestens geeignet. Doch Erfolgsregisseur Spielberg entschied sich für eine andere Held*innenfigur, eben Katharine Graham. Er schätzte damit den Zeitgeist völlig richtig ein und bereicherte seinen Film so um einen feministischen Strang. Es war damals zweifelsohne hart für eine Frau in einem durchwegs männlich dominierten Feld wie dem Zeitungswesen. Generell mussten Frauen sich wohl in allen Führungsetagen dem herrschenden Sexismus und Chauvinismus stellen. Natürlich sind das Probleme, die es verdienen, in einem Film zentral behandelt zu werden. Der Kontext aber, in dem das alles aufs Tapet kommen darf, ist ein sehr ungewöhnlicher. Es ist mehr als fraglich, ob die Verzahnung dieses Kontextes mit einem feministischen Plot so gut ist. Denn Sexismus ist ziemlich alltäglich und kein Spezialfall. Die Geschichte von Katharine Graham, Erbin eines beachtlichen Vermögens und eines Medienhauses, eine Frau, die sich in einem mächtigen sozialen Umfeld bewegt, gibt zweifelsohne eine glamouröse Geschichte ab. Für den Feminismus ist es aber keine besonders wichtige Geschichte.

Angesichts der Menge an Filmen und Serien mit feministischem Etikett können wir es uns durchaus leisten, zu differenzieren. Nur weil Frauen darin etwas erreichen, sind sie noch lange keine feministischen Figuren. Sie können unser Frauenbild auch auf eine Weise verändern, die uns in puncto Gleichstellung schlichtweg gar nichts bringt. Die Erzählung, das Patriarchat als einzelne Superfrau bei den Eiern zu packen, gehört sicherlich dazu.

Die Würdigung von Frauen und deren Leistungen war längst überfällig und es ist eine Wohltat, dass das jetzt auf der großen Leinwand erzählt wird. Dennoch sind es naturgemäß außergewöhnliche Geschichten. Wie etwa jene der Journalistin und Varietékünstlerin Sidonie-Gabrielle Claudine Colette, die Hollywoodstar Keira

Knightley in der Filmbiografie »Colette« (2018) verkörperte. Oder die fiktive Geschichte von Joan Castleman, die in »The Wife« / »Die Frau des Nobelpreisträgers« (2017) als heimliche Verfasserin das gesamte literarische Werk ihres Mannes schreibt, für das er sich jahrzehntelang feiern lässt. Das Ganze eskaliert erst, als er dafür den Literaturnobelpreis entgegennimmt. Die persönlichen und leistungsorientierten Aspekte dominieren Filme wie diese, während die politischen Dimensionen nur zaghaft angedeutet werden.

Das Gros der Serien- und Filmproduktionen kommt aus den USA, wo der Einfluss des liberalen Feminismus besonders groß ist. »Lean In: Women, Work and the Will to Lead« (auf Deutsch »Lean In: Frauen und der Wille zum Erfolg«), das Buch von Sheryl Sandberg, wurde dort ebenso als feministisches Manifest gehandelt wie der Essay von Anne-Marie Slaughter »Why women still can't have it all« (The Atlantic 2012). Slaughter hatte zwei Jahre lang eine Führungsposition im Planungsstab von Außenministerin Hillary Clinton inne, die sie 2011 aufgab. Stattdessen kehrte sie auf ihre Professur in Princeton zurück, um mehr Zeit für ihre Familie zu haben. Wie es dazu kam, dass sie und andere Frauen ihres Kalibers eben nicht alles haben konnten, führt sie in besagtem Essay aus. Das Buch »Lean In« und der Essay »Why women still can't have it all« wurden in den USA intensiv unter dem Feminismus-Label diskutiert. Für Catherine Rottenberg wurde mit diesen beiden Texten die neue Dominanz eines neoliberalen Feminismus besiegelt. Zwar gehe es vordergründig um Verschiedenes: Sandberg will uns lehren, unsere Potenziale voll auszuschöpfen, um im Job glücklich zu werden, Slaughter hingegen erklärt, wie sie die Norm hinterfragt hat, dass immer der Job an erster Stelle stehen müsse (eine Frage, die sich im Übrigen nur Menschen stellen können, die für den Großteil der Arbeiten wie putzen, kochen und Kinder hüten andere bezahlen können, also jene, die sich aus traditionellen Geschlechterrollen freikaufen können). Letztendlich stellen aber beide Texte die These auf, dass es möglich ist, durch eine gute Balance zwischen Job und Familie glücklich zu werden. Dieses neoliberale Bild einer idealen Work-Life-Balance, einer »balanced woman«, wie Rottenberg es formuliert, werde auch in der Populärkultur als feministische Errungenschaft und als Fortschritt gefeiert, obwohl es im Grunde eher ein »Alles-Hinbekommen« ist und mitnichten etwas mit sozialer Gerechtigkeit oder Umverteilung, etwa der unbezahlten Arbeit, zu tun hat.

Ein Fortschritt ist das nur im Vergleich zu ganz alten Vorstellungen von »Karriere-Frauen«, die allerdings bis heute offenbar großen Eindruck als feministische Vorreiterinnen hinterlassen haben. Zum Beispiel Tess McGill.

## Tess McGill, eine feministische Heldin?

In der sechsten Staffel der US-amerikanischen Sitcom »Modern Family« (seit 2009) tritt Alex Dunphy, die kluge und ehrgeizige Tochter der Dunphy-Familie, in einer Halloween-Folge mit Oversize-Blazer, Schulterpolster und toupierten Haaren auf. Ein kleiner Junge fragt ihren Dad, welche Figur Alex darstellen soll. »Das ist Tess McGill! Eine feministische Figur aus dem Klassiker ›Die Waffen der Frauen‹«, strahlt Phil Dunphy, der sichtlich stolz auf die Kostümwahl seiner 17-jährigen Tochter ist. Der Klassiker, von dem Phil Dunphy spricht, kam 1988 in die Kinos. Wer damals in seinen frühen oder mittleren Zwanzigern war, wird den Film vermutlich tatsächlich kennen – in den USA sowieso, aber auch in Europa. In dem Film »Working Girl« / »Die Waffen der Frauen« versucht die 30-jährige Tess McGill den Aufstieg aus der Arbeiter*innenschicht und will es von der Sekretärin zur Businessfrau schaffen. So eine Businessfrau, wie es Katharine Parker ist. Parker ist – obwohl etwas jünger als Tess – Leiterin der Abteilung »Fusion und Akquisition« einer Börsenmakler-Firma, Tess ihre Sekretärin. Parker ist die Tochter einer reichen New Yorker Familie, sie ist bestens ausgebildet, bestens vernetzt und hat hervorragende Manieren. Als Tess daran scheitert, für ihre Chefin das beste Zimmer in einem noblen Hotel in der Schweiz zu buchen, greift Parker selbst zum Telefon, verlangt den Chef und kündigt, elegant neben Fragen nach dem Befinden seiner Familie, in perfektem Italienisch ihren Skiurlaub an. Am anderen Ende der Leitung wird ihr natürlich sofort das schönste Zimmer reserviert. Katharine bedankt sich überschwänglich, wirft lachend den Kopf in den Nacken und legt zufrieden auf. Tess vergeht indessen fast vor Bewunderung für ihre Chefin. Katharine bewegt sich weltgewandt, stets zu einem kleinen Flirt bereit, durch die Welt der Finanz und des Jetsets. Tess McGill kann da nicht mithalten, sie hat zwar ein »Talent« fürs Geschäft (und einen »Körper für die Sünde«, wie Tess in einer Szene etwas betrunken gleich ergänzt), aber das ist eben nicht alles, was sie lernen muss. Jedenfalls will sie raus aus dem ewigen Kreislauf aus Kaffee holen, tippen und von ihren Bossen ständig sexistisch angepöbelt werden.

Phil Dunphy hat schon recht: Der Film ist ein Klassiker, der das Bild von Gleichberechtigung und Emanzipation vor allem in jenen Jahren repräsentierte, in denen die Insignien des Turbokapitalismus als sexy galten. Gut 30 Jahre später ist der Glamour einiger zentraler Topoi dieses Films verblasst. Die sexistisch gesinnten und selbstgefälligen Broker mit ihren gelockerten Krawatten an den strahlend weißen Hemdkrägen als coole Jongleure in einem pulsierenden Devisenmarkt sind spätestens seit der Finanzmarktkrise 2008 aus der Mode gekommen. Corona-bedingt ebenso die mit Menschen vollgestopften Großraumbüros, in denen man sich nach einem gelungenen Deal verschwitzt in den Armen liegt. #MeToo hat sein Übriges dazu beigetragen, dass Jobgespräche auf der Rückbank einer Limousine mit einem Champagner schlürfenden Chef, wie sie auch Tess erlebte, inzwischen eher skurril anmuten (was freilich nicht bedeutet, dass es keine sexuelle Belästigung mehr gibt).

Eines ist allerdings nicht passé: Dass die berufliche Karriere einer Frau, ihr Einzug in eines dieser unverschämt großen Büros mit Blick über Manhattan, die in zahllosen Hollywood-Filmen als Inbegriff des sozialen Aufstiegs gelten, eine gelungene Gleichstellung darstellt. Der beste Beleg dafür ist der riesige Erfolg von Sheryl Sandbergs Buch »Lean In«, das 2013 erschien. 25 Jahre nach »Working Girl« landete die heutige Co-Geschäftsführerin von Facebook einen Bestseller mit einem Buch, das im Mainstream durchaus als feministisch gehandelt wird. Sandberg will Frauen motivieren, mit den inneren Barrieren aufzuräumen, die sie von ihren Karrieren abhalten. Ihr zufolge liegt es an den Frauen, ihre Ängste dahingehend loszuwerden, als zu aggressiv zu gelten und mehr Macht als Männer zu haben. In einem nächsten Schritt knöpft sich Sandberg den Willen und die Ambitionen von Frauen vor, sich eben »reinzuhängen«. Sandberg spricht durchaus auch einige strukturelle Barrieren an, die es für Frauen in den USA gibt, der Schwerpunkt liegt allerdings auf der Überwindung von »inneren Hürden«. Sandberg bedient sich immer wieder eines feministischen Vokabulars von Gleichberechtigung, doch liegt für sie diese Gleichberechtigung eben vorwiegend im Bereich des Handelns der Einzelnen. »Lean In« ist die Fortsetzung der 1980er-Jahre-Geschichte des »Working Girl«, die Feminismus eng mit einem rigiden Leistungsdiskurs führt: Work and the Will to Lead!

Die US-amerikanische Popkultur hatte einen wesentlichen Anteil am Aufstieg des Marktfeminismus und lässt auch europäische Konsument*innen vergessen, dass Mutterschutz, Karenz und Kündigungsschutz für schwangere Frauen Erfolge einer Frauenpolitik waren, die es so in den USA bis heute nicht gibt. Jegliche staatliche Unterstützung für Eltern gilt praktisch überall in den USA als undenkbar. Die USA sind das einzige Industrieland, das Müttern kein Recht auf eine bezahlte Auszeit garantiert. Wir haben es also mit einer großen Differenz zwischen Europa und den USA hinsichtlich des feministischen und sozialpolitischen Status quo zu tun. Doch dieser riesige Unterschied zu Europa fällt in all den vielen feministisch konnotierten Serien und Filmen aus den USA keineswegs auf. Und das ist ein Beleg für die Inexistenz struktureller Themen in angeblich feministischen Serien und Filmen. In vielen Staaten Europas gibt es eine starke Verbindung zwischen den Errungenschaften der Frauenbewegung und sozialistischer und sozialdemokratischer Politik, und das macht sich auch in der Populärkultur bemerkbar. Jene populären Filme, die in den letzten Jahren über kollektivistische politische Kämpfe erschienen sind, kommen aus Europa: So der Film über das aktive und passive Frauenwahlrecht in der Schweiz »Die göttliche Ordnung« (2017), der britische Film »Suffragette – Taten statt Worte« (2015) über die Suffragettenbewegung, in der es ebenfalls um das Wahlrecht geht, oder »We Want Sex« (2010), ein Film über den Streik der Autositze-Näherinnen 1968 im Ford-Werk im britischen Dagenham.

## Feministinnen als Zielgruppe

Mit den Feministinnen der dritten Welle kam es auch zu einem »Turn to Culture« (Barrett 1992), mit dem ein neuer Fokus auf symbolische Aspekte und die Repräsentation von Gender einherging. Die Populärkultur erreicht natürlich mehr Menschen als irgendwelche politischen Nischendiskurse, und das war tatsächlich ein guter und wichtiger Grund, sich damit zu befassen. Und zwar auf Augenhöhe und nicht in einem herablassenden Gestus, der den Leuten unterstellt, sie wüssten doch gar nicht, welchen Müll sie sich da reinziehen und wie sie sich damit auch noch politisch gefügig machen. Jegliche Kulturgüter müssen, so die Annahme der Cultural Studies, dem Publikum etwas bieten, das für sie relevant ist. Demnach kann man bestimmte Inhalte den Zuseher*innen nicht einfach aufzwingen. Sie sind durchaus aktive Medienrezipient*innen, die Inhalte auf unterschiedliche Art lesen können. Der Soziologe Stuart Hall war für diese Art der Betrachtung von Kulturgütern wegbereitend, indem er drei Lesarten von Kulturgütern unterschied: eine Vorzugslesart, die mit den dominierenden Ideologien übereinstimmt; eine ausgehandelte Lesart, die vor dem eigenen sozialen und ökonomischen Hintergrund stattfindet und so die Bedeutung um die eigenen Interpretationen ergänzt; und schließlich die oppositionelle Lesart, die sich gegen die Vorzugslesart stemmt und diese auch klar ablehnt.

Probieren wir diese Lesarten an einer älteren Sitcom, »King of Queens« (1998–2007): Das Setting ist das eines weißen Arbeiter*innen-Ehepaares in Queens, New York. In der ersten Folge muss das Paar – Douglas und Carrie – Carries Vater aufnehmen, der für den Rest der Serie in deren Keller lebt. Carries Mann Doug ist zufrieden mit seinem Leben, er hat keinerlei berufliche Ambitionen und will nach Feierabend einfach in Ruhe fernsehen. Er schiebt seiner ebenfalls in Vollzeit berufstätigen Frau Carrie die meiste Hausarbeit und die Sorgearbeit für ihren Vater zu. Sie hat sehr wohl berufliche Ambitionen und ist bemüht, ihren Job als Anwaltsgehilfin sehr gut zu machen, um irgendwann befördert zu werden. Wendet man die drei Lesarten auf diese Serie an, könnte dies in der ersten, der Vorzugslesart, so aussehen: eine amerikanische Kleinfamilie, die fleißig arbeitet, in der die Frau ein bisschen mehr im Haushalt macht, was sie zur mäkelnden, ewig unzufriedenen Ehefrau macht. Wir kennen dieses Bild von Frauen, die ihren Ehemann ständig kritisieren, denen man es nie recht machen kann. Dieses Bild der »mäkelnden Ehefrau« ist ein sehr beständiges und stereotypes. Das könnte die Vorzugslesart dieses Plots sein. Die zweite Lesart könnte eine aus der Perspektive Carries sein, die schwer genervt ist von ihrem Job mit unfähigen Chefs plus der vielen unbezahlten Arbeit. Im Zuge dieser zweiten, der ausgehandelten Lesart wird die schlechte Stimmung Carries, die in jeder Staffel düsterer wird, nachvollziehbar. Sie arbeitet viel, bekommt für ihren Job null Anerkennung, sorgt für ihren Vater und muss ihren Mann anbetteln, damit er eine Arbeit im Haushalt übernimmt. Die dritte, oppositionelle Lesart könnte eine sein, mit der wir in dieser Serie eine deutliche Kritik am Aufstiegsversprechen in den USA sehen: dass nämlich das Versprechen, nach dem sich Leistung und harte Arbeit lohne, für Carrie schlicht nicht stimmt. Die Figur des Doug könnte in dieser Lesart auch eine Weigerung darstellen, den Anspruch auf ein gutes Leben immer mit einem beruflichen Aufstieg zu verknüpfen. Warum kein gutes Leben in sicheren Arbeiter*innenjobs? Genau das wünscht sich Doug. Und dann wäre da noch Carries Vater Arthur, einer der raren Sozialisten in den USA, der seinen Lebensabend aufgrund völlig fehlender sozialer Netze in einem Keller verbringen muss und auf die Unterstützung seiner Tochter und ihres Mannes angewiesen ist.

Warum sind diese drei Lesarten im Detail für uns interessant? Wie erwähnt, haben sich feministische Publikationen und zahlreiche Blogs schon früh mit Massenkultur wie Sitcoms beschäftigt. Das Konzept, dass Zuseher*innen eine bestimmte Handlungsmacht haben, wie sie die medialen Texte, also zum Beispiel Serien oder Filme, interpretieren, macht Zuseher*innen als Zielgruppen schwerer fassbar. Eine bestimmte Interpretation einer Serie kann von den Macher*innen dieser Serie nur vorgeschlagen werden. Das ist für die Kommerzialisierung von Feminismus – oder besser gesagt, gegen dessen Kommerzialisierung – auch heute eine ziemlich interessante Sache. Denn durch die Möglichkeit, Populärkultur auch »gegen den Strich« zu lesen, macht die Zuseher*innen in ihrem Kulturkonsum weniger vorhersehbar. Denn Feministinnen wurden nämlich auf dem neuen Serienmarkt zu einer Zielgruppe, der man fixfertige feministische Convenience-Produkte vorsetzt, die einen zur hippen Feministin machen und bei denen die dominante und oppositionelle Lesart in eins zu fallen scheinen. Das, was eine Serie an sozialen Verhältnissen zu kritisieren beabsichtigt, lässt oft kaum mehr Interpretation zu – und das macht die Sache nicht unbedingt spannender. Streamingdienste bieten inzwischen zahlreiche Kategorien an, von »Serien mit starken weiblichen Hauptrollen« bis zu »Systemkampf-Dramen«. Algorithmen spülen das auf den Radar von Zuseher*innen, zu denen das zu passen scheint. Mit der Wahl, die wir abends auf der Couch treffen, welche Serie, welchen Film wir heute anschauen, helfen wir den Streamingdiensten herauszufinden, was wir in unserem kleinen sozialen Kontinuum wollen. Dabei war Fernsehen doch auch einmal eine Möglichkeit, der eigenen sozialen Blase zu entkommen.

## Quellen

(The Atlantic 2012) Anne-Marie Slaughter: »Why Women Still Can't Have It All«, www.theatlantic.com/magazine/archive/2012/07/why-women-still-cant-have-it-all/309020/

(Barrett 1992) Michèle Barret: »Words and Things. Materialism and Method in Contemporary Feminist Analysis«, in Michèle Barrett / Anne Phillips (Hg.), »Destabilizing Theory. Contemporary Feminist Debates«, Polity and Stanford University Press, 1992

(Elle 2020) »Binge-Watching gegen das Patriarchat: Das sind die besten feministischen Serien«, www.elle.de/feministische-serien

(Gender und Genre 2018, 12 f.) Urania Milevski, Paul Reszke, Felix Woitkowski (Hg.): »Gender und Genre – Populäre Serialität zwischen kritischer Rezeption und geschlechtertheoretischer Reflexion«, Königshausen & Neumann, Würzburg, 2018

(Hot Topic 2007) Chris Köver: »Couch-Politik. Wo in TV-Serien in puncto Feminismus was zu holen ist«, in Sonja Eismann (Hg.), »Hot Topic, Popfeminismus heute«, Ventil Verlag, Mainz, 2008

(Rottenberg 2018, 36) Catherine Rottenberg: »The Rise of Neoliberal Feminism«, Oxford University Press, New York, 2018

(Vice 2019) »Diese sieben Serien machen dich zur Feministin«, www.vice.com/de/article/9keewz/netflix-amazon-prime-hbo-die-besten-serien-fur-feminismus

# Social Media: Von wegen Freiheit

Das Persönliche, das Zwischenmenschliche, das Informative, das Faktische, das Eingebildete, das Eitle: Soziale Medien sind ein einziger, manchmal unentwirrbarer Knäuel. Dann sind da noch dieses gegenseitige Bauchpinseln, das Sich-Anfeinden, die Cliquenbildung, das politische Posing, der Radical Chic, die Dramen im Wasserglas, das oft bewusste Missverstehen von Tweets oder Instagram-Posts, um mit einer maximal kantigen Antwort kontern zu können. Und das alles, um möglichst viele Reaktionen einzuheimsen.

Und dann gibt es da auf Facebook und Instagram noch einen ästhetisierten Diskurs, der nicht minder anstrengend ist. Wenn schon die Lektüre von Frauenzeitschriften die Stimmung der Leser*innen negativ beeinflusst, was machen dann erst auf Bilder und Videos fokussierte Plattformen wie Instagram, YouTube oder Facebook mit dem Gemüt? Dort begegnen wir nicht nur dem Model, das sichtbar von Profis in Szene gesetzt wurde, sondern auch der Influencerin in ihrem durchgestylten Wohnzimmer im makellosen Casual Look, wie sie sich gerade die Frauen empowernde Vagina-Duftkerze anzündet (die gibt es tatsächlich), bevor sie sich anschickt, ein paar Achtsamkeitsübungen zu machen. Selbst ist man von Entspannung angesichts solcher Bildkompositionen wohl ziemlich weit weg. Obwohl wir wissen, dass diese Darstellungen nicht echt sind, dass Influencer*innen Geld bekommen, wenn sie Klamotten und Kosmetika in die Handy-Kamera halten und die Links zu den Produkten in ihre Instagram-Storys einbauen, nützt das kaum, um genügend Distanz zwischen diese Bilder und sich selbst zu bringen. Wenn schon professionelle Settings in Frauenzeitschriften ein schlechtes Gefühl auslösen, wie ist es dann erst mit dieser auf Authentizität gebürsteten Darstellung? Soziale Medien kommen uns gleich auf mehreren Ebenen besonders nahe. Auch feministischer Content, um in der Sprache der Digitalisierung zu bleiben, gehört inzwischen massenhaft dazu. Die Produkte zu feministischen Inhalten gibt es inzwischen ebenso wie eine breite Palette an 100-Prozent-Öko-Ware, mit denen die zahllosen Nachhaltigkeits-Influencer*innen ein gutes Auskommen finden: Die Popularisierung von Feminismus ist im Netz mit »Feminist«-Spangen für die Haare, zahllosen Büchern oder feministisch ausstaffierten Serien präsent.

Außerdem ist auch der feministische Aktivismus im Netz anzutreffen. »Netzfeminismus« nannte man das mal. Dieser hatte nicht das beste Image, allerdings war das vor #MeToo. Begriffe wie »Netzfeministinnen« oder »Hashtag-Feminismus« waren selten wohlwollend gemeint. Es erscheint als zu einfach: Selfies mit Schildern von feministischen Botschaften in die Kamera halten, oder eben einen Hashtag vor einen politischen Begriff platzieren und fertig ist die feministische Aktion. In Zusammenhang mit politischen Kampagnen auf sozialen Medien ist auch von »Slacktivism« die Rede. Das soll eine sehr bequeme Form der politischen Aktivität beschreiben, die sich im Teilen, Liken oder – und das ist auch schon das Maximum – im Unterzeichnen von Online-Petitionen erschöpft. Alles bequem von der Couch aus. Spätestens seit #MeToo sind diese abschätzigen Begriffe in den Hintergrund getreten. Die Rede vom »Netzfeminismus« scheint sich erledigt zu haben, und tatsächlich ist die Trennung zwischen Feminismus, der online und offline passiert, mittlerweile sinnlos geworden. Das gilt natürlich auch für viele andere Bereiche in unserem Leben. Wen interessiert es noch, ob sich jemand online kennengelernt hat oder bei einem analogen Geburtstagsfest von Freund*innen? Eben. Außerdem gibt es so viele Ebenen dazwischen: Man hat sich kurz irgendwo kennengelernt, über Facebook angestupst – und so weiter. Das ist alles längst nicht mehr auseinanderzudröseln.

#MeToo und auch die frühere Aktion #Aufschrei haben gezeigt, was politischer Aktivismus mithilfe sozialer Medien kann: ziemlich viel. #Aufschrei entstand 2013, nachdem die deutsche Journalistin Laura Himmelreich eine sexuelle Belästigung durch den FDP-Politiker Rainer Brüderle öffentlich machte (Stern 2013). Unter dem Stichwort #Aufschrei wurden dann Berichte über sexuelle Belästigung, sexistische Sprüche bis hin zu sexualisierter Gewalt geteilt. Über einen Hashtag Tausende Betroffene zum Erzählen eigener Erlebnisse zu motivieren, hat insofern funktioniert, als diese bisher eine kaum beachtete Realität waren. Nun wurde diese Realität klassischen Medien, also Print- und Online-Medien, TV und Radio erfolgreich aufgedrängt. Was von vielen Redaktionen immer wieder als Nebenschauplatz abgetan worden war, musste nun aufgegriffen werden. Man kam nicht mehr darum herum. Das war ein wichtiger Prozess, der ohne soziale Medien nicht möglich gewesen wäre. Trotzdem müssen wir uns, insbesondere wenn es um politischen Aktivismus geht, auch mit der zweifelhaften Rolle von Facebook, Instagram, Twitter oder Google befassen.

## Der Preis der Sichtbarkeit auf sozialen Medien

Trotz des guten Gefühls, in sozialen Medien so viel politischen Aktivismus zu finden oder selbst betreiben zu können, darf nicht vergessen werden, dass wir durch jede Aktivität auf diesen Plattformen diese stärken. Wir unterstützen somit diese großen Werbeplattformen, die soziale Medien nun einmal auch sind. Wir helfen ihnen, noch mächtiger zu werden, und dabei, den klassischen Medien Werbeeinnahmen wegzunehmen. Das wird auch nicht besser, wenn ein Account feministisch oder öko ist. Denn so oder so: Man muss nach den Regeln dieser Plattformen spielen. Sie geben uns vor, wie wir uns dort Gehör verschaffen und was der Preis dafür ist. Es gibt drei gewichtige Gründe, unseren Einsatz auf sozialen Medien zu überdenken: Erstens müssen wir, um uns dort Aufmerksamkeit zu verschaffen, wie Unternehmer*innen agieren und uns selbst eine Medienlogik aneignen, die wir an jedem Revolverblatt harsch kritisieren würden. Zweitens werden die von uns dort platzierten Inhalte als Daten ohne unsere Zustimmung weiterverkauft, und die Zeit, die wir dort verbringen, wird an Werbekunden verkauft. Und drittens bewegen wir uns in einem völlig deregulierten Raum, über den einige wenige bestimmen. Ein Raum, in dem es keine demokratische Kontrolle gibt, dafür aber die Mittel, uns in unserem Verhalten zu manipulieren.

Anders ausgedrückt: Antidemokratische Strukturen sowie Milliardengewinne für eine Handvoll Männer wie Mark Zuckerberg, seine Buddys und Shareholder der größten Plattformen Facebook, Twitter, Instagram oder YouTube und fehlende klare Regelungen gegen Diskriminierung und Hassrede. Kurz: Im Grunde sind soziale Medien ein feministischer Alptraum. Eine feministische Kritik daran gibt es allerdings kaum, feministisches Engagement auf sozialen Medien hingegen in Hülle und Fülle. Doch gerade wegen des großen Erfolges von feministischen Kampagnen durch soziale Medien müssen wir uns fragen, was die Bedingungen in sozialen Medien mit einem politischen Diskurs machen könnten. Ob er in eine bestimmte Form gepresst wird oder werden kann, die den eigentlichen Ideen dahinter zuwiderläuft. Und wir müssen uns fragen, was die Art, wie wir dort agieren und kommunizieren und mit welchen Mitteln wir bereit sind, die Aufmerksamkeit auf uns zu richten, mit uns selbst macht.

Die Theorie der »Ökonomie der Aufmerksamkeit« (Franck 1998) ist auch noch nach gut 30 Jahren aktuell. Beachtung zu erhalten, wird durch die Vielfalt sozialer Medien und die zunehmend lange Zeit, die wir dort verbringen, immer wertvoller und wir sind bereit, immer mehr von uns herzugeben, um sie zu bekommen. Wenn Aufmerksamkeit wertvoll ist, konkurrieren immer mehr Menschen darum. Und wie hart, anstrengend und belastend der Kampf darum ist, zeigen insbesondere soziale Medien schon seit geraumer Zeit. In den vergangenen Jahren haben Geschichten, in denen jemand ganz persönlich von sich, von seinen Wahrnehmungen, aus seiner Perspektive erzählt, stark an Bedeutung gewonnen. Das Ich ist überall. Das ist ein zentraler Modus in den sozialen Medien, dem klassische Medien inzwischen auch folgen. Es ist fast so, meinte die Journalistin Sonja Eismann in einem Gespräch, als ob wir ohne diesen »Ich-Anker keine Geschichten mehr verstehen könnten, als ob wir nicht mehr abstrahieren und keine Zusammenhänge mehr verstehen könnten«. In dieser kommerziell wunderbar ausbeutbaren Praxis, das »Ich« in den Mittelpunkt zu stellen, finden wir wiederum einen Leitgedanken, der vom Feminismus abgekupfert und umgedeutet wurde: Das Private ist politisch. Damit war gemeint, dass scheinbar private Probleme in Wahrheit kollektive und strukturell bedingte Probleme für Frauen sind. Für die Kommunikationswissenschaftlerin Sarah Banet-Weiser besteht wegen des Ringens um Aufmerksamkeit in den sozialen Medien die Gefahr, dass die »historische feministische Politik« und »das Private ist politisch«, mehr und mehr in »das Politische ist privat« transformiert werden (Banet-Weiser 2018, 17). Während die Umformung des populären Feminismus durch Werbung immer mehr einleuchtet und kritisch betrachtet wird, steht das bei der Umformung von Feminismus durch soziale Medien noch aus. Doch genauso wie es für viele inzwischen selbstverständlich ist, bei analogen Produkten darauf zu schauen, ob sie fair produziert sind und ob man deren Produktionsbedingungen mit den eigenen politischen Überzeugungen vereinbaren kann, sollten wir das auch bei digitalen Produkten tun. Während inzwischen viele versuchen, bestimmte Konzerne zu boykottieren, etwa weil sie schwarze Menschen diskriminieren oder – wie Nestlé – die Privatisierung von Wasser forcieren, sieht es mit Boykotten von sozialen Medien eher schlecht aus. Wir wissen zwar, dass Facebook mit Hassnachrichten lasch umgeht und die Arbeit der Prüfung von gewalttätigen Inhalten mies bezahlten Leuten überlässt, denen die extremen psychischen Belastungen dieses Jobs oft sehr zusetzen können (Brodnig 2019), doch der Boykott-Wille bleibt verhalten. Das zeigt etwa eine kleine Aktion von Stars im Herbst 2020: Schauspieler*innen wie Leonardo DiCaprio, Jennifer Lawrence, Ashton Kutcher, die Sängerin Katy Perry, Reality-TV-Star Kim Kardashian und noch andere folgten dem Aufruf #StopHateforProfit einer Bürgerrechtsbewegung, ihre Social-Media-Auftritte einzufrieren (ORF 2020). Allein Kim Kardashian hat auf Instagram 193 Millionen Follower*innen und hat damit einen der weltweit größten Instagram-Accounts. So ein Boykott könnte dem Facebook-Konzern, dem auch Instagram und WhatsApp gehören, also durchaus wehtun. So allerdings nicht, denn unter dem Hashtag #StopHateforProfit war der Verzicht der Stars gerade einmal auf 24 Stunden angelegt. Einen Tag lang, das war es dann auch schon.

Ein Stück weit bedrohlicher für Facebook war da schon der Boykott von über tausend Werbekund*innen, die bereits einige Monate davor zeitweise ihre Anzeigen bei Facebook gestoppt hatten, darunter auch Konzern-Riesen wie Coca-Cola und Unilever (Horizont 2020). Mark Zuckerberg kündigte daraufhin an, mehr Maßnahmen gegen Hassnachrichten und diskriminierende Postings ergreifen zu wollen, merkliche Verbesserungen lassen allerdings auf sich warten. Und das hat gute Gründe: Das zentrale Geschäftsmodell ist der Anzeigenverkauf. Damit Anzeigen auf sozialen Medien für Unternehmen interessant sind, müssen die Tech-Konzerne dafür sorgen, dass wir uns so oft und so lange wie möglich auf den diversen Plattformen aufhalten und dass wir auch möglichst viele andere dazu bringen, viel Zeit dort zu verbringen. Deshalb bekommen wir das auf unsere Bildschirme gespült, was uns dort hält, was uns gefällt, was uns aufregt, auch wenn es hasserfüllte Diskussionen und untergriffige Anwürfe gegen Einzelne sind. Und schließlich bekommen wir dann auch noch alles zu sehen, was wir gern kaufen würden. Und die Tech-Konzerne wissen ziemlich genau, was das ist. Wir sitzen also vor einem personalisierten Newsfeed, das heißt, die Software von Facebook entscheidet, welche Nutzer*innen was sehen und was nicht.

Mit diesem Instrument der personalisierten Newsfeeds lassen sich Unsummen verdienen, das wissen wir; wie genau das vonstattengeht, wissen wir aber nicht. »Algorithmen entscheiden für dich, was wichtig ist«, sagt der Datenschutz-Aktivist Claudio Agosti (netzpolitik. org 2019). Doch auch wenn wir nicht genau wissen, wie die Software funktioniert, die auf Facebook und Instagram für uns auswählen, wissen wir doch, was uns auf diesen Plattformen hält: emotionale Debatten, Hass und Likes, Selbstdarstellung und viele private Details – all das lässt uns dort weitaus mehr Zeit verbringen als mit ausgewogenen Nachrichten, die gesicherte Informationen bringen statt Schnellschüssen von User*innen und Videos aus dubiosen Nachrichtenkanälen. Die politischen Diskurse der letzten Jahre sind schriller geworden und scheinen oft völlig aneinander vorbeizulaufen. Jede*r radikalisiert sich in seiner Echokammer, bekommt nur das zu sehen, was ihn oder sie triggert und die eigenen Positionen verstärkt.

Soziale Medien haben eine Auswirkung auf unseren Umgang mit politischen Inhalten. Deshalb müssen wir die enge Verbindung zwischen dem populären Feminismus und sozialen Medien stärker hinterfragen. Hinzu kommt, dass der Aufstieg der sozialen Medien und die Entwicklungen hin zu einem Feminismus als Ware und zur Popularisierung von Feminismus zeitlich parallel verlaufen. Die neue Zuwendung zu Feminismus ist ohne soziale Medien gar nicht denkbar. Und wie wir schon beim Hype um Body Positivity gesehen haben, gibt es inzwischen Formen des feministischen Aktivismus, die es ohne soziale Medien gar nicht geben würde. Die Kultur- und Medienwissenschaftlerin Annekathrin Kohout ist sogar der Ansicht, eine feministische Bildpolitik sei in Form von kurzen schriftlichen Äußerungen wie Hashtags, Bildern und Videos (abgesehen von feministischer Kunst) erst durch soziale Medien möglich geworden. Außerdem könne die »Teilnahme an einer Bild- oder Hashtag-Aktion die Followerzahlen erhöhen und Likes und Kommentare von Gleichgesinnten generieren. Insofern sind die sozialen Medien nicht nur ein geeigneter Ort für Demonstrationen und politische Diskurse, sondern kommen gar nicht mehr ohne sie aus« (Netzfeminismus 2019, 24). Heißt das nun, man nimmt an Hashtag-Aktionen teil, weil man damit seine Followerzahlen erhöhen kann? Sind soziale Medien für feministische Kampagnen nur Mittel zum Zweck, oder wird die Performance auf sozialen Medien zum Selbstzweck und der dortige politische Aktivismus dient mehr der Stärkung des eigenen Accounts als irgendetwas anderem? Soziale Medien lassen hier in manchen Fällen kaum noch eine Unterscheidung zu. Eines steht aber fest: Wenn die Präsenz von politischen Inhalten davon abhängig wird, ob sie in sozialen Medien viele Interaktionen generieren können, dann wird deren Sichtbarkeit wiederum von Tech-Riesen wie Facebook und Google abhängig. Deshalb ist es eine drängende Frage, wer letztendlich von dem regen Betrieb auf sozialen Medien – auch wenn er unter dem Zeichen eines politischen Aktivismus betrieben wird – profitiert. Eine feministische Politik? Oder die wenigen Digitalkonzerne, auf deren Plattformen wir unsere Zeit verbringen? Letztere verdienen damit Unsummen, den Nutzer*innen bleibt die Hoffnung auf ein wenig Sichtbarkeit. Eine Sichtbarkeit, die dem Feminismus auf diese Weise ohne Zweifel beschert wurde, zumindest dem markttauglichen, dem populären Feminismus.

## Das Beliebtheitsprinzip

Doch wie müssen wir in sozialen Medien agieren, um das Versprechen nach Sichtbarkeit eingelöst zu bekommen? Die Antwort klingt nicht sehr empowernd: Wir müssen nach den Regeln einiger weniger Digitalriesen spielen. Und das in einem Modus, der eher an einen stressigen Medienjob als an Freizeit oder an politisches Engagement erinnert: Es gilt, schnell zu reagieren, Debatten sollten möglichst über den ganzen Tag verfolgt, kantige Positionen geäußert werden, die man aber – trotz des enormen Tempos – als fixfertig durchdacht rüberbringt. Möglichst knackig formuliert müssen diese Positionen auch sein, und – um im feministischen Kontext zu bleiben – radikalfeministisch klingen. Zwischendurch loben sich User*innen gegenseitig für diverse Aktivitäten online wie offline in den Himmel. Großartig, grandios, famos, und dann natürlich noch ein Oberarmmuskel-Emoji. So ist es natürlich nicht immer, aber oft geht es in feministischen Diskussionen auf sozialen Medien um felsenfeste Überzeugungen, furchtlose Streitlust und eine bewundernswerte Verve über 24 Stunden hinweg. Die Menge an Zeit, die in soziale Medien investiert werden kann, ist unbegrenzt. Das Einzige, was man dafür bekommt, sind Sichtbarkeit und Reaktionen. Das ist es, was wir für die Zeit, für die persönlichen Geschichten, das Wissen, das wir einfach so hergeben, bekommen. Es ist eine Selbstausbeutung, die kaum als solche wahrgenommen wird, doch letzlich ist es für viele schlicht »eine Arbeitstätigkeit, die dir niemand vergolden kann«, wie es die Journalistin Sonja Eismann ausdrückt. Es ist ein immenser Aufwand, dabei zu sein, den Anschluss nicht zu verpassen, immer mitzureden, immer Position zu beziehen.

Die US-amerikanische Autorin Roxane Gay spricht über sich selbst gern als »schlechte Feministin«. Damit meint sie, dass sie manche feministische Werte einfach nicht hinbekommt, früher nicht und heute, mit über 40, kein Stück mehr. Als sie 20 war, missbilligte sie deshalb den Feminismus, schreibt sie in ihrem Buch »Bad Feminist« (Gay 2019, 10). Er erschien ihr zu anspruchsvoll, er wirkte irgendwie zu sehr aus einem Guss. Aber dann lernte sie, »den einfachen Feminismus von dem einzigartigen, idealen, heiligen Feminismus und den einzigartigen, idealen, heiligen Feministinnen zu unterscheiden – dem einzig wahren Feminismus, der über allen Frauen thront«. Sie selbst, schreibt Gay, versucht stattdessen auf ihre »eigene kleine unvollständige Art voranzugehen«. Dieses Bild von einem einschüchternden und von sich selbst überzeugten Feminismus passt gut zu manchen feministischen Accounts in den sozialen Medien. Dort gewinnt wie bei vielen anderen Themen nicht unbedingt die beste Art, sich über Inhalte auszutauschen. Dort Gedanken äußern, deren man sich nicht sicher ist, um sie mit anderen von verschiedenen Seiten zu betrachten? Keine gute Idee. Nicht sicher sein, ob man auf dem richtigen Dampfer ist? Ebenso wenig. Es ist vielmehr ein apodiktischer Stil, der Likes, Kommentare und Follower*innen unter »Gleichgesinnten«, wie es Kohout nennt, generiert. Allerdings tragen wir damit auch dazu bei, gesellschaftspolitische Fragen in eine profitable und zahlenbasierte Form des Austauschs zu pressen. Vielleicht bräuchten wir im Sinne von Roxane Gay in den sozialen Medien mehr »schlechten Feminismus«, der vielleicht weniger perfekt ins Bild passt. Der sich weniger perfekt, und ja, auch weniger selbstgerecht gibt.

José van Dijck, Professorin für Medien und digitale Gesellschaft in den Niederlanden, spricht von einem »Beliebtheitsprinzip«, das in den sozialen Medien herrscht (van Dijck 2013). Die Plattformen bauen diesem Prinzip zufolge eine Hierarchie zwischen den Nutzer*innen auf. Diese Hierarchie basiert darauf, wie viele Personen jemandem folgen, wie sehr sie sich mit den Inhalten befassen, wie viel sie posten und teilen. Je populärer jemand auf sozialen Medien ist, desto größer ist sein Wert für die Plattform. Diese User*innen bringen nicht nur die eigene Zeit auf sozialen Plattformen zu, sondern lukrieren auch Zeit anderer. Und Zeit der User*innen (= Aufmerksamkeit) ist das Kerngeschäft von Facebook, Instagram oder Twitter.

Das Beliebtheitsprinzip liefert den User*innen eine Orientierung, ähnlich wie wir sie auch aufgrund von Vorurteilen in der analogen Welt kennen: Jemand hat eine bestimmte Position? Na, der wird schon was zu sagen haben und was können, wenn er so wichtig ist.

In sozialen Medien brauchen wir dieses Beliebtheitsprinzip, um uns inmitten der riesigen Menge von Nutzer*innen und Inhalten irgendwie zurechtzufinden. Die Plattformen selbst versuchen auch abseits von diesem Beliebtheitsprinzip dabei zu helfen. Auf Twitter etwa mit einem blauen Häkchen, das eigentlich nur dazu da ist, den User*innen zu bestätigen, dass auf diesem Account wirklich die betreffende Person schreibt. Allerdings wurde das von vielen User*innen nicht nur als Verifizierung einer Identität verstanden, sondern sehr oft als Zeichen für eine besondere Bedeutung dieses Accounts fehlinterpretiert. Donald Trump hat auch ein blaues Häkchen. Das Häkchen liefert also keinen verlässlichen Inhalt und Twitter selbst hat auch immer wieder betont, dass es nichts mit Seriosität zu tun hat. Allerdings ist es für Plattformen wie diese völlig unerheblich, ob eine Person mit Unsinn, politisch bedenklichen Inhalten oder Anfeindungen populär ist oder mit Tweets mit inhaltlichem Mehrwert. Was zählt, ist die Reaktion der Menschen darauf, dass sie weiterlesen, antworten, bewerten.

Die Kommunikationswissenschaftlerin Sarah Banet-Weiser gibt zu bedenken, dass durch die Architektur sozialer Medien nicht nur Feminismus popularisiert wurde, sondern auch Misogynie. In sozialen Medien würden politische Ansichten schnell radikalisiert und ein Klima extremer Ansichten erzeugt. Und es stimmt: Soziale Medien machen erschütternde sexistische und rassistische Positionen sichtbar und bieten auch ihnen Raum. Diese Ökonomie der Sichtbarkeit hat auch die populäre Frauenfeindlichkeit in die vordersten Reihen katapultiert, so Banet-Weiser. Populäre Frauenfeindlichkeit ist aus den gleichen Gründen sichtbarer geworden wie populärer Feminismus: Beides wird auf diversen Medienplattformen zum Ausdruck gebracht und verhandelt, man zieht jeweils andere gleichgesinnte Gruppen und Personen an und stellt bestimmte Forderungen. Deshalb müssten wir populären Feminismus und populäre Frauenfeindlichkeit als eine Beziehung verstehen, sagt Banet-Weiser. Der Feminismus erkennt strukturelle Ungleichheiten und Frauenfeindlichkeit. Darauf reagiert eine inzwischen ebenso populäre Misogynie zunehmend aggressiv. Es sei zwar oft eine Wohltat, jene Botschaften, die der Feminismus schon so lange zu vermitteln versucht, nun auf spektakuläre Weise durch den populären Feminismus präsentiert zu sehen, so Banet-Weiser. Allerdings endet diese Sichtbarkeit oft im Selbstzweck. Und diese Sichtbarkeit zum Selbstzweck teilen der populäre Feminismus und die populäre Misogynie (Banet-Weiser 2019).

## Wie wir manipulierbar werden

Aber gehen wir noch einmal zurück zum »Beliebtheitsprinzip«: Ohne dieses Prinzip wäre die Idee von #MeToo nie zu einem derartig großen Phänomen geworden. Wie inzwischen bekannt ist, hat die Phrase #MeToo nicht Alyssa Milano erfunden – doch nur auf ihre Initiative hin wurde sie weltweit bekannt. Die Aktivistin Tarana Burke gebrauchte schon 2006 den Slogan #MeToo auf MySpace. Die Seite versank schon wenige Jahre später als soziales Medium in völliger Bedeutungslosigkeit. Burke wollte mit ihrer Kampagne #MeToo damals vor allem afroamerikanischen Frauen und Jugendlichen zeigen, dass sie mit Erfahrungen von sexualisierter Gewalt nicht allein sind. Burke stammt selbst aus einer Arbeiter*innenfamilie und wuchs in der New Yorker Bronx auf, auch sie wurde Opfer von sexualisierter Gewalt. Später wollte sie genau jenen helfen, die wie sie in armen Verhältnissen aufgewachsen waren. Die Bilder, die zehn Jahre später unter dem Motto #MeToo in den Medien kursierten, hätten kaum weniger mit dem Ursprung dieser Kampagne zu tun haben können: Es waren durchwegs Bilder von weißen Frauen. Sie waren es, die sich Gehör verschaffen konnten. Später wurde nicht darauf vergessen, dass Tarana Burke die Idee zu diesem Slogan hatte, der im Grunde so einfach war und trotzdem einen starken solidarischen Sog hatte. Heute gilt Tarana Burke als wichtiger Teil der #MeToo-Bewegung. Und trotzdem: Betrachtet man die Geschichte von #MeToo von Beginn an, ab 2006, ist sie eines nicht: ein Erfolg für die Sichtbarkeit von schwarzen Frauen und der Gewalt, der sie ausgesetzt sind. Dass ihre Geschichten erst den Umweg über zahllose Bilder von weißen, schönen, reichen Schauspieler*innen nehmen mussten, das ist bis heute ein bitterer Beigeschmack von #MeToo. Der Grund dafür liegt in einer Medienlogik, nach der Stars, Skandale und »Sex« nun einmal ziehen. Auch bei #MeToo war zum Beispiel ständig von »Sex-Vorwürfen« oder »Zum Sex gezwungen«-Sein die Rede. Obwohl es schlicht um Gewalt und Übergriffe geht, wird ganz bewusst immer von »Sex« geschrieben, damit man reinklickt, hinschaut, liest. Sicher ist es dem Mut aller betroffenen Frauen zu verdanken, dass sie endlich gehört wurden, aber eben auch dieser herrschenden Medienlogik, dass endlich im nötigen Ausmaß hingeschaut wurde. Und es ist eine Medienlogik, die in den sozialen Medien noch weitaus stärker das Sagen hat als in traditionellen Medien.

Innerhalb dieser Logik passiert und funktioniert auch populärer Feminismus. So gesehen kann populärer, markttauglicher Feminismus ein Rückschritt sein, ein Backlash für die feministischen Ziele, gegen Rassismus, Kapitalismus und patriarchale Strukturen zu wirken, schreibt Sarah Banet-Weiser (Banet-Weiser 2018, 16). Der populäre Feminismus ist qua Definition ein Feminismus, der sich vermarktet und zur Ware macht, und das raubt ihm streckenweise die Möglichkeit, gegen diese Strukturen vorzugehen – er braucht sie und profitiert von ihnen.

Über all der feministischen Präsenz in sozialen Medien vergessen wir leicht, dass die genutzten großen Plattformen – Facebook, Instagram, Twitter – uns zutiefst patriarchale und kapitalistische Strukturen zur Verfügung stellen und auch keine Alternative in Sicht sind. So gibt es etwa bei Open-Source-Plattformen wie »Diaspora« zwar

Datensicherheit und den Verzicht auf Werbung. Aber wer möchte schon seine Tausenden Follower*innen durch einen Wechsel zu einer anderen sozialen Plattform riskieren?

»Es gibt keine Alternative«: Mit ihrem berühmten Ausspruch wollte die britische Premierministerin Margaret Thatcher ausdrücken, die radikale Liberalisierung der Wirtschaft sei eine Notwendigkeit und alternativlos. Insbesondere linksgerichtete Feministinnen haben diese angebliche Alternativlosigkeit immer kritisiert. Ein System, das soziale Absicherung schwächt und Aufgaben des Staates ins Private drängt, bedroht die ohnehin benachteiligten Menschen in einer Gesellschaft. Alternativen zu fordern und für sie zu kämpfen, das ist ein zentrales Anliegen des Feminismus. Doch große Teile des populären Feminismus im Netz vermitteln bezüglich der mächtigen Plattformen eine ähnliche Botschaft wie Thatcher: dass es keine Alternative gäbe. Dabei ist die beunruhigende Machtkonzentration offensichtlich und längst kein Geheimnis mehr.

2009 änderte Facebook eine zentrale Standardeinstellung der Seite: Alle Statusmeldungen, jedes hochgeladene Bild und jeder Kommentar wurden für alle sichtbar, sofern man es nicht selbst anders einstellte. Vor der Umstellung war es umgekehrt, viele Profilinformationen blieben mit den Standardeinstellungen für andere nicht sichtbar. Die Datenschutzorganisation Electronic Frontier Foundation (EFF) und viele andere sprachen damals von einer besorgniserregenden Entwicklung für das Datenschutzniveau. Durch diese neue Standardeinstellung konnte Facebook mehr Inhalte von Facebook-Nutzer*innen in die Öffentlichkeit bringen als zuvor, das machte die Plattform wiederum für Google relevanter. Twitter tat das schon immer, der Nachrichtendienst »pustet nahezu jeden Inhalt in die Öffentlichkeit und ist damit für Facebook durchaus zur Konkurrenz geworden«, heißt es in einem Bericht zur Änderung der Standardeinstellung (Zeit Online 2009). Ingrid Brodnig stellt in ihrem Buch »Übermacht im Netz« über die Änderung, standardmäßig öffentlich statt privat zu posten, fest, dass damit einer allein »eine neue ›gesellschaftliche Norm‹ definierte«. Sie schreibt: »Mit nur einem Eingriff in seine Software konnte Mark Zuckerberg für Hunderte Millionen Menschen entscheiden, was ab nun der Standardmodus der Kommunikation war. Zuckerberg musste dafür niemanden um Erlaubnis fragen, er musste keine Abstimmung abhalten, ob er die Standards für alle User ändern dürfe. Er entschied dies einfach. In diesem Moment wurde für mich deutlich, was für eine ungeheure Macht in den Händen einer einzelnen Person und eines einzelnen Unternehmens liegt.« (Brodnig 2019, 9)

Zu dieser Machtkonzentration innerhalb eines einzelnen Unternehmens kommt die Machtkonzentration innerhalb des Marktes: Wettbewerbsbehörden haben nicht verhindert, dass Facebook sowohl Instagram als auch WhatsApp aufkaufen konnte. Brodnig nennt diese Konzentration der größten Kommunikationsplattformen eine »digitale Tragödie«. Während bei einer solchen Marktkonzentration die Aktienrenditen steigen, wie Brodnig schreibt, gibt es keinen zusätzlichen Nutzen für User*innen. Sie werfen ihre Daten seit dieser Marktkonzentration gleich über drei Kanäle (Facebook, WhatsApp und Instagram) einem einzigen Konzern in den Rachen, der damit unvorstellbar viel Geld verdient.

Die Wirtschaftswissenschaftlerin und Sozialpsychologin Shoshana Zuboff hat die üblichen Praktiken von Tech-Riesen wie Google und Facebook unter anderem als »digitale Enteignung« beschrieben. In ihrem viel beachteten Buch »Das Zeitalter des Überwachungskapitalismus« (Zuboff 2018) beschreibt sie, wie mit den von uns ins Netz geklopften Daten unfassbare Gewinne gemacht werden, vor allem durch personalisierte Werbung. Mit dem Begriff »Überwachungskapitalismus« beschreibt Zuboff, dass Technologie-Konzerne überschüssige Daten, die sie für die angebotenen Dienstleistungen nicht benötigen, nutzen und weiterverkaufen. Diese überschüssigen Daten, Zuboff nennt das »Verhaltensüberschuss«, ist wie der fette

Rahm auf der Milch, der abgeschöpft und gesondert genutzt und weiterverkauft wird. Es ist insofern Rahm, als diese Daten enorm viel Information über Nutzer*innen enthalten. Durch diverse Standardeinstellungen läuft das ohne großes Tamtam und ohne Nachfragen ganz nebenbei ab.

Dieser Überschuss an Daten, den wir durch unsere Aktivitäten im Netz produzieren, wird genutzt, um immer genauere Vorhersagen darüber anstellen zu können, wie wir uns in Zukunft verhalten werden. Ein Beispiel von Zuboff: Sie gehen an einem Sonntagvormittag ausgiebig joggen, nutzen dafür eine App, die die Sporteinheit dokumentiert, mögliche Leistungssteigerungen anzeigt und motiviert. Später, zu Hause, frisch geduscht vor dem Bildschirm, erwischt Sie die Werbung für Laufschuhe auf dem richtigen Fuß. Genau das braucht man jetzt, damit es noch besser läuft mit dem Laufen. Umgelegt auf die Ware Feminismus klappt das auch, man muss nur das Beispiel etwas umbauen: Eine feministisch angehauchte Diskussionsveranstaltung, von der eine Teilnehmerin ihren Follower*innen regelmäßig via Twitter berichtet, spült dieser Teilnehmerin – und auch einigen treuen Follower*innen – Werbung mit den richtigen Büchern für den richtigen feministischen Lifestyle in den Newsfeed. Bei der Frage, welche die »richtigen Bücher« für die Nutzerin sind, helfen die Infos zur Veranstaltung, für die man sich vorab online angemeldet hat. War es eine, die sich eher einem Karriere-Feminismus und dem Durchstoßen von gläsernen Decken widmete, oder wurden dort linke Forderungen debattiert, wie beispielsweise Arbeitszeitverkürzungen? Egal, was es war, Vorschläge gibt es für beide: Bei den Karriere-Feministinnen wird vermutlich Sheryl Sandbergs »Lean In« auf dem Bildschirm erscheinen, bei den linken Feministinnen vielleicht eine Biografie über die sozialdemokratische Frauenministerin Johanna Dohnal.

Wo liegt das Problem? Es ist doch praktisch, dass man, angeregt durch eine interessante Veranstaltung, das passende Buch vorgeschlagen bekommt. Das spart doch Zeit, in der man selbst danach suchen müsste.

Der große Haken daran ist, dass wir durch solcherart personalisierte Werbung manipulierbar werden. Wie geht das vor sich? Erstmal müssen die Nutzer*innen möglichst viel Zeit auf diversen Plattformen verbringen. Je mehr Zeit, desto mehr Datenüberschuss, mit dem immer bessere personalisierte Werbung produziert und an die »richtigen« Personen ausgespielt werden kann. Wenn man auf einer Plattform alles Mögliche ansieht, liest, weiterleitet, liked, kommt einiges an Informationen über diese Nutzerin zusammen. Man lernt sie sehr gut kennen. So gut, dass man weiß, was sie wann wird haben wollen. Im Falle der an Karriere-Feminismus interessierten Frau könnte das etwa eine Meldung in ihrem Newsfeed über eine rapide sinkende Frauenquote im Topmanagement sein. Diese Meldung ärgert sie, sie teilt sie mit anderen und diskutiert sie mit Nutzer*innen. Vielleicht wählt sie sogar eine Partei, die sich für Frauenquoten in Aufsichtsräten und Führungspositionen starkmacht, wenn ihr regelmäßig Inhalte zu dem Thema angezeigt werden. Der springende Punkt ist: Wenn wir vorhersehbar sind, sind wir auch manipulierbar.

Das mag jetzt in Zusammenhang mit einer Stimme für eine Partei, die für die Frauenquote ist, nicht sonderlich erschreckend wirken. Wie bedrohlich dieses Szenario aber tatsächlich ist, das zeigte der Skandal um das Datenanalyse-Unternehmen Cambridge Analytica, das sich über Facebook den Zugang zu Daten von 87 Millionen Nutzer*innen verschafft haben soll. Auch bei den öffentlichen Daten von Twitter soll man sich bedient haben. Was damit gemacht wurde? Die Daten wurden dazu verwendet, das Wahlverhalten der Nutzer*innen mittels »Negative Campaigning« zu beeinflussen. Dieses »Negative Campaigning« bestand darin, negative Nachrichten in Zusammenhang mit Parteien und Politik zu verbreiten, um die Nutzer*innen vom Wählen abzuhalten. Trotzdem ist es auch heute noch völlig selbstverständlich, dass eine Plattform mit Milliarden

Nutzer*innen deren Daten zu kommerziellen Zwecken nutzen darf – ohne dass es eine Funktion gäbe, mit der man das verhindern beziehungsweise verfügen könnte – dass keine Werbung angezeigt wird und keine Daten weiterverkauft werden. Nichts dergleichen.

Das Problem an der Personalisierung ist also gelinde gesagt groß. Das dafür nötige Sammeln von Daten, das Abstreifen des »Verhaltensüberschusses«, das ist laut Zuboff nichts Geringeres als das Sammeln menschlicher Erfahrung. Und weil das passiert, ohne dass wir genau wissen, wie diese Daten ohne unsere Zustimmung weiterverkauft werden, nennt sie es eine »Enteignung privater Erfahrung«.

»Verhaltensdaten« wurden ursprünglich dazu genutzt, Dienstleistungen zu verbessern. Das änderte sich, als Google wegen der geplatzten Dotcom-Blase 2000 unter starken finanziellen Druck geriet. Google beschloss damals, die Daten der Nutzer*innen für Analysen zu personalisierter Werbung zu nutzen. Google entwickelte auch Methoden für den Gewinn von Datenüberschuss. Zwischen 2001 und 2004, als die Methoden erstmals eingesetzt wurden, stiegen die Einkünfte von Google um 3590 Prozent (Zuboff 2019). Das wollte Facebook auch, womit wir noch einmal auf Sheryl Sandberg zurückkommen. Bei Facebook überlegte man auch ständig, wie man viel Geld mit den Nutzer*innen machen könnte – so wie Google, wo Sandberg mit dem Online-Werbegeschäft befasst war. Zuckerberg holte Sandberg, sie nahm den Überwachungskapitalismus von Google mit zu Facebook, »sie war es, die Facebooks Wandlung vom sozialen Netzwerk zum Werberiesen vollzog« (Zuboff 2018, 115). »Wir verfügen über bessere Informationen als irgendwer. Wir kennen Geschlecht, Alter, Wohnort, und das sind echte Daten im Gegensatz zu dem Zeug, das andere nur erschließen«, zitiert Zuboff eine enthusiastische Sandberg.

So schön, aber auch so drastisch beschreibt Zuboff die »Zukunft, die der Überwachungskapitalismus für uns bereithält, [sie] kommt auf leisen Sohlen. Wie die flüsternde Schlange im Garten Eden bedient er sich unseres Sehnens nach Befreiung von Anonymität, Stress, Ungleichheit und institutioneller Gleichgültigkeit. Seine Perspektive ist die der verlockenden ersten Person; in der Sprache von ›Selbstermächtigung‹, ›Personalisierung‹ und ›Bequemlichkeit‹ versichert er uns, Hilfe sei bereits unterwegs« (Zuboff 2019).

## Facebook weiß alles

Zuboff bezeichnet also Selbstermächtigung, Sichtbarkeit, Personalisierung und Individualisierung als die Versprechen der großen digitalen Plattformen. Und tatsächlich schiebt in den sozialen Medien der Wunsch nach Sichtbarkeit beiseite, dass damit auch Überwachung und Kategorisierung für einen kommerziellen Nutzen betrieben werden. Und hier spielt freilich Gender als Identitätskategorie eine wichtige Rolle. Dass man sich auf Facebook bereits seit Jahren nicht mehr nur als »Mann« und »Frau« registrieren kann, wurde von queerer, feministischer Seite und LGBTIQ-Communities positiv bewertet. Und das ist nur verständlich, warum soll man sich als »Mann« registrieren, wenn man auch im analogen Leben dafür kämpft, mit einer Geschlechtsidentität zu leben, die weder »Mann« noch »Frau« ist. Für die Nutzer*innen im deutschsprachigen Raum zog man 2014 nach und richtete 60 Identitätskategorien ein, zwischen denen man wählen kann. »Androgyn«, »intersexuell«, »genderqueer«, »Mann zu Frau«, »viertes Geschlecht«, »transgender«, »butch«, »pangender«, »drag«, »androgyn« – um nur ein paar Beispiele zu nennen. Facebook hat sich dabei vom Lesben- und Schwulenverband in Deutschland beraten lassen.

Sichtbarkeit war immer ein zentrales emanzipatorisches Programm. Die Sichtbarkeit von Frauen – ihrer Arbeit, ihrer Probleme – in der Öffentlichkeit, später die Sichtbarkeit von Lesben und Schwulen und jene von allen anderen Geschlechtsidentitäten: Ein soziales Netzwerk, das diese Sichtbarkeit zur Verfügung stellt, klingt sympathisch. »Eine sensiblere Sprache ist ein Zeichen des Respekts gegenüber Verschiedenheiten«, sagt Axel Hochrein vom Lesben- und Schwulenverband völlig zu Recht. Das Problem in Zusammenhang mit sozialen Netzwerken ist allerdings, dass sie keine Wahl lassen und es somit bei dieser auf Diversität ausgelegten Sprachvielfalt nicht um Respekt geht. Wäre dem so, hätte man die Möglichkeit, auch keine Angabe zum Geschlecht zu machen. Wir wissen inzwischen, dass Gender-Marketing die erste Art der personalisierten Werbung war, dass mit der Sichtbarkeit von Frauen Werbung und Produkte auf sie zugeschnitten wurden, und dass dabei realisiert wurde, welch riesiger Markt es ist, getrennte Produkte für »sie« und »ihn« anzubieten. Die Geschäfte sind so selbstverständlich voll davon, dass kaum eine*r mehr auf die Idee kommt, dass Männer kein anderes Duschgel brauchen als Frauen. Wenn Konzerne immer mehr über unsere Identitäten wissen, wird es aller Wahrscheinlichkeit nach nicht dazu führen, dass es weniger Produkte gibt, etwa ein »Duschgel für alle«. Sondern dass es darum geht, neue Zielgruppen zu finden und an sie gesondert zu verkaufen.

Interessant ist auch, dass man die Wahl der Geschlechtsidentität verbergen kann. Allerdings nur vor anderen Nutzer*innen, vor Facebook selbst nicht. Angenommen, man gibt also »benutzerdefiniert« ein, oder »divers«, wie es in Österreich heißt, und gibt dann noch »transgender« an. Wenn man das vor seiner Mutter verbergen will, ist das kein Problem. Sehr wohl ein Problem ist es aber, sich davor zu schützen, dass diese Information weiterverkauft wird. Die Sprecherin von Facebook Deutschland, Tina Kulow, sagt: »Es ist ein sensibles Thema. Deshalb kann man jetzt nicht einfach sagen, wir machen das für alle. Ganz wichtig – auch wenn andere anderes behaupten – ist uns, dass die Menschen auf Facebook die Kontrolle darüber haben, was andere lesen.« Sie hat recht, das ist ein sensibles Thema. Es sollte aber vor allem darum gehen, die Kontrolle darüber zu haben, was mit solchen Informationen im Hintergrund passiert.

Es wäre ein Zeichen des Respekts, Nutzer*innen die Entscheidung zu überlassen, ob sie überhaupt eine Angabe zum Geschlecht machen wollen. Doch über all den unterschiedlichen Möglichkeiten, zwischen all der »Diversity« beim Gender, gibt es diese ziemlich einfache Möglichkeit nicht: Keine Angabe.

## Quellen

(Banet-Weiser 2018, 16 f.) Sarah Banet-Weiser: »Empowered: Popular Feminism and Popular Misogy«, Duke University Press Books, Durham, 2018

(Banet-Weiser 2019) »Banet-Weiser on Empowered: Popular Feminism and Popular Misogyny«, LSE Review of Books 2019, https://blogs.lse.ac.uk/lsereviewofbooks/2019/03/08/author-interview-qa-with-sarah-banet-weiser-on-empowered-popular-feminism-and-popular-misogyny/

(Brodnig 2019, 9) Ingrid Brodnig: »Übermacht im Netz. Warum wir für ein gerechtes Internet kämpfen müssen«, Brandstätter Verlag, Wien, 2019

(Franck 1998) Georg Franck: »Ökonomie der Aufmerksamkeit: Ein Entwurf«, Hanser, München, 1998

(Gay 2019, 10) Roxane Gay: »Bad Feminist«, btb Verlag, München, 2019

(Horizont 2020), »90 Unternehmen stoppen Facebook-Werbung«, www.horizont.at/digital/news/hass-im-netz-90-unternehmen-stoppen-facebook-werbung-81580

(Netzfeminismus 2019, 24) Annekathrin Kohout: »Netzfeminismus: Digitale Bildkulturen«, Wagenbach, Berlin, 2019

(netzpolitik.org 2019) »Facebooks Algorithmus formt unser Leben. Dieser Hacker will herausfinden wie«, www.netzpolitik.org/2019/facebooks-algorithmus-formt-unser-leben-dieser-hacker-will-herausfinden-wie/#vorschaltbanner

(ORF 2020) »Stars boykottieren Facebook und Instagram«, www.orf.at/stories/3181525/

(Stern 2013) »Stern-Porträt über Rainer Brüderle: Der Herrenwitz«, www.stern.de/politik/deutschland/stern-portraet-ueber-rainer-bruederle-der-herrenwitz-3116542.html

(van Dijck 2013) José van Dijck: »Social Media and the Culture of Connectivity«, OUPblog, 2013, https://blog.oup.com/2013/02/social-media-culture-connectivity/

(Zeit Online 2009) Kai Biermann, »Facebook ändert Deine Privatsphäre«, Zeit Online, 11.12.2009 www.zeit.de/digital/internet/2009-12/facebook-einstellungen-privacy

(Zuboff 2018, 115) Shoshana Zuboff: »Das Zeitalter des Überwachungskapitalismus«, Campus Verlag, Frankfurt, 2019

(Zuboff 2019) netzpolitik.org: »Im Zeitalter des Überwachungskapitalismus«, www.netzpolitik.org/2019/im-zeitalter-des-ueberwachungskapitalismus/#vorschaltbanner

Teil 3

# Feminismus, markttauglich gemacht

# Die trügerische Welt der Frauennetzwerke

Frauenclubs und Frauennetzwerke sprießen nur so aus dem Boden. Sie gelten als cool, politisch, jung und als Alternative zu den restlichen Räumen da draußen. Zwischendurch hatten Frauenräume ein Imageproblem. Sich zusammenzuschließen hatte entweder den Touch einer bedrohlichen Radikalität oder den eines verzweifelten Rückzugs, weil man in der »echten Welt«, also in der der Männer, nicht zurande kam. Jedenfalls war dies das Bild, das in den auf die Frauenbewegung der 1970er-Jahre folgenden zwei Jahrzehnten erfolgreich verbreitet wurde. Tatsächlich hatten Frauengruppen für die Frauenbewegung schon immer eine große Bedeutung: In einem geschützten Raum konnten aus Gesprächen über die konkreten Probleme der Frauen die notwendigen politischen Forderungen herausdestilliert werden. »Wir haben uns damals getroffen, um über unser eigenes Leben zu reden. Das war damals, in den Siebzigerjahren, ganz wichtig neben den Gesprächen über politische Inhalte«, erzählt Erna Dittelbach, Mitherausgeberin des Buches »Zündende Funken: Wiener Feministinnen der 70er Jahre« (Dittelbach 2018a) und ehemalige Aktivistin der »Aktion Unabhängiger Frauen« (AUF) im Gespräch (Dittelbach 2018b). Das klingt sehr einfach, doch wir stehen heute vor einem beeindruckenden Ergebnis dieses Prozesses: Es war ein ungemeiner Kraftakt, sich von der weit verbreiteten Perspektive zu verabschieden, die Probleme in den Beziehungen, ökonomische

Unsicherheit oder Gewalt durch den eigenen Partner seien private und vereinzelte Probleme. Und in einem nächsten Schritt auf dieser Basis der kollektiven Erfahrung politische Forderungen zu stellen – und sie in vielen Fällen letztlich auch durchgesetzt zu haben. Es ist beschämend, dass diese Form der politischen Arbeit lange so wenig Würdigung fand.

In den 1980er-Jahren festigte sich immer mehr ein Zeitgeist, nach dem sich Gleichberechtigung stark auf Chancengleichheit fokussierte. Wenn für Chancengleichheit gesorgt sei, gebe es für alle die faire Möglichkeit zur Leistung, und wer leiste, müsse keine Benachteiligung aufgrund des Geschlechts fürchten, so die Botschaft. Wenige Jahre nachdem in vielen Ländern Europas und Nordamerikas dafür gesorgt worden war, dass geschlechterdiskriminierende Gesetze reformiert wurden, erschien es ganz plausibel, dass man die Hoffnung hatte, so könnte es klappen. Dummerweise fiel das zeitlich mit wirtschaftspolitischen Reformen in den USA und Europa zusammen, im Zuge derer Sozialprogramme gekürzt wurden und es das Bestreben war, den regulierenden Einfluss des Staates zurückzudrängen. Zu dieser Zeit hatten Gleichstellungsgesetze zwar den Nutzen, dass Frauen nun selbst (und nicht mehr ihre Ehemänner) darüber entscheiden konnten, ob und wie intensiv sie am Arbeitsmarkt teilnehmen. Doch auf einem zunehmend deregulierten Markt war das allein nicht heilsbringend. Auf einem Markt, auf dem man nur Arbeitskräfte zu brauchen scheint, die sich voll einsetzen, Arbeitskräfte, die ohne Unterbrechungen zur Verfügung stehen müssen, und wo das Gros der Arbeitskräfte vor allem billig sein muss, hatten und haben Frauen einen Nachteil. Folgt man den »Gesetzen des freien Marktes«, ist es schlicht unvernünftig, eine Frau einzustellen, die womöglich Mutterschutz und Karenz braucht und später ausfällt, wenn Kinder krank werden oder Alte zu pflegen sind. Denn die gesetzliche Gleichstellung änderte natürlich nichts an traditionellen, Tausende Jahre lang eingeübten Rollenverteilungen zwischen Männern und Frauen. Die unbezahlte Arbeit, die Familien- und Sorgearbeit blieb bei den Frauen, zu ihrem Nachteil auf dem Arbeitsmarkt. Ab den 1980er-Jahren wurde somit die Anforderung an Frauen gestellt, arbeiten zu gehen, sich in den Arbeitsmarkt zu »integrieren«. Wie sie das hinbekommen, blieb allerdings ihnen überlassen. Auf Maßnahmen zur Umverteilung der unbezahlten Arbeit wartet man bis heute, und – so unvorstellbar es für viele Städter*innen ist – Kinderbetreuungseinrichtungen, die mittags schließen, sind auf dem Land bis heute Realität.

Obwohl auch vor Jahrzehnten klar sein musste, dass sich das alles so nicht ausgeht, bekamen Kollektive, die sich aufgrund struktureller Diskriminierung bildeten, den negativen Touch der »Betroffenheit« oder des »Darauf-angewiesen-Seins«. Die Soziologin Paula-Irene Villa Braslavsky hat dies in einem Gespräch so beschrieben: »Es gibt derzeit nichts Schlimmeres als Abhängigkeit; Autonomie ist der Fetisch unserer Zeit. ›Opfer‹ ist daher die monströse Kehrseite und muss auf Abstand gehalten werden. Jede Form von Angewiesenheit wird sofort als Opfer-Mentalität diskreditiert.« (Villa Braslavsky 2013)

## »The Wing«, der elitärste aller Frauenclubs

In den letzten Jahren allerdings, Jahrzehnte nach der zweiten Frauenbewegung und nach der Implementierung von gesetzlicher Gleichstellung, dämmerte es wieder mehreren, dass der Leistungsimperativ und das Minimalprogramm an gesetzlicher Gleichstellung nicht ausreichen. Weniger Einkommen? Mehr unbezahlte Sorgearbeit? Sexualisierte Gewalt? Mies bezahlte »Frauenbranchen«? Mini-Pensionen? Alles noch da!

Es ist also im Grunde nicht überraschend, dass es nun wieder vermehrt Frauenzirkel gibt. Allerdings haben sich die meisten zum

Ziel gesetzt, es »wie Männer zu machen«, sich gegenseitig zu helfen, weil man sich mag, kennt und, Sie wissen schon, »der Bruder kommt vorm Luder«. In Frauenclubs klingt das alles natürlich netter. Man macht sich gegenseitig die Räuber*innenleiter, ist solidarisch und vernetzt sich, so wie das die Männer schon seit Ewigkeiten tun. Mit der Popularisierung des Feminismus bedient sich das Gros dieser neueren Frauenzirkel seines guten politischen Images und seiner verheißungsvollen Sprache von Selbstbestimmung und Empowerment. Der Rest erinnert allerdings oft an einen holzvertäfelten Raum voller schwerer Ledersessel, in denen Männer in Anzügen Zigarren paffen, Scotch trinken und ihre Freundschaften und Kontakte pflegen, um bei günstiger Gelegenheit miteinander ins Geschäft zu kommen.

Viele Frauenzirkel oder Frauenclubs basieren auf einem Paradox, das die Journalistin Linda Kinstler für den »Guardian« treffend so beschrieben hat: Sie seien von »einer feministischen Sprache von Emanzipation, Empowerment und Gleichheit durchdrungen, während ihr Geschäft auf einer der elitärsten Institutionen der Gesellschaft basiert: privaten Mitgliederclubs« (The Guardian 2019). Dieser Widerspruch gilt für sehr viele Frauenzirkel oder -netzwerke, auch wenn sie nicht kostenpflichtig sind. Kinstler beschäftigt sich in ihrem Artikel aber mit einem ganz speziellen Club, »The Wing«. An ihm lässt sich exemplarisch zeigen, was an dem Unternehmen, einen guten Ort für Frauen zu schaffen, alles schiefgehen kann.

»The Wing« ist einer der derzeit größten Frauenclubs in den USA. Für etwa 185 bis 250 Dollar monatlich kann man Mitglied werden, geboten wird dafür etwas, das weit über einen üblichen Coworking-Arbeitsplatz hinausgeht. Bibliotheken mit Büchern von Frauen und feministischen Klassikern, Fitnessräume, gesundes Bio-Essen, wunderschöne Nassräume und sogar Schminktische. Überall stehen weiche Sessel in Altrosa und Mint, große Tische mit frischen Blumen darauf, alles ist hell, alles ist großzügig und offen angelegt. Und als ob das nicht schon reichen würde, ist die Klimaanlage auf eine Temperatur eingestellt, die sich ausnahmsweise nicht an Männern in langärmeligen Hemden und Sakkos orientiert, sondern an Frauen in ärmellosen Tops und Kleidern und an ihren tatsächlich niedrigeren Körpertemperaturen. Und obendrauf gibt es noch das Versprechen, in ein karriereförderndes und solidarisches Netzwerk eingebettet zu sein. Diese in sanfte Farben getunkten Traumbüros von »The Wing« sehen aus wie das Office der Powerfrau-Ausgabe von Barbie. Sie wirken wie die Kinderversion einer feministischen Utopie aus Zuckerwatte. Eine Welt, die verspricht, anders zu ticken als die harte, unfaire Männerwelt da draußen, in der wie in der US-Serie »Mad Men« Typen unter sich bleiben, zum Lunch riesige Steaks essen und Martinis nachschütten, bis sie später auf dem Firmenklo kotzen müssen. Doch obwohl »feministisch« ein wichtiges Label ist, um »The Wing« als die große Alternative darzustellen, ist der Unterschied zu den formellen und informellen Männerclubs dieser Welt gar nicht so groß. Die Gründerinnen des Clubs, Audrey Gelman und Lauren Kassan, konnten in den Anfängen von »The Wing« finanzstarke Investor*innen für ihr Unternehmen gewinnen. Heute gibt es mehrere Standorte, etwa in San Francisco, New York und Washington, D.C. Die Expansion nach Europa ist allerdings nicht so gut gelaufen. 2018 eröffnete ein Club in London, doch es zeigte sich, dass bei »The Wing« vieles nicht besser läuft als bei den Old Boys' Clubs. Es wurden schon kurz nach der Eröffnung massive Vorwürfe zu Mobbing und Rassismus laut. Spanisch sprechende Mitarbeiter*innen berichteten, von einer Vorgesetzten ständig um Massagen gebeten worden zu sein. Andere, dass weiße, reiche Mitglieder für ihre Mitgliedschaft bezahlt hätten, weil sie »es verdient hätten, hier zu sein«. Und sehr viele warfen »The Wing« in London vor, sie aufgrund des Ausbruchs des Coronavirus sofort auf die Straße gesetzt zu haben. Auf die Vorwürfe in London reagierte »The Wing« mit den üblichen PR-Phrasen, etwa, man würde viel lernen, mehr auf Diversität achten und die Kritik ernst nehmen. Schließlich trat Gründerin Audrey Gelman 2020 als CEO von »The Wing« zurück.

Das Image, das sich der Frauenclub gibt, ist freilich ein anderes. Er hat zum Beispiel den Organisator*innen des »Women's March«, des größten Frauenprotestes in den USA nach der Wahl von Donald Trump zum Präsidenten, Räumlichkeiten zur Verfügung gestellt. In den USA läuft es nach wie vor gut. Der Club wird auch von der demokratischen US-Politikerin Alexandria Ocasio-Cortez in den Himmel gelobt, die dort vor den Mitgliedern ebenso auftritt wie Popstar Jennifer Lopez oder die berühmte Feministin Gloria Steinem, Gründerin des feministischen Magazins »Ms.«. Nach ihr ist übrigens auch ein Konferenzraum bei »The Wing« benannt. Auch in anderen Räumen prangen die Namen beeindruckender Frauen, wie etwa der der US-amerikanischen Frauenrechtlerin Anita Hill oder der von Diane Abbott, der ersten schwarzen Frau im britischen Parlament. An jeder Ecke wird daran erinnert, worauf die Idee von »The Wing« basiert – auf feministischer Politik und Pionierinnen.

Für Politikerinnen ist »The Wing« ein wichtiges Netzwerk und eine starke Lobby. Weiblichen Kandidatinnen wird über »The Wing« eine breite Plattform geboten. Und angesichts des Finanzrahmens, den die Gründerinnen für den Start des Unternehmens im Jahr 2016 aufstellen konnten, ist der Einfluss des Clubs nicht zu unterschätzen: 75 Millionen Dollar.

Und noch einen spannenden Nebenschauplatz von »The Wing« gibt es: Gründerin Audrey Gelman ist eine Freundin von Lena Dunham, Erfinderin von »Girls«, jener Fernsehserie, die der Popularisierung von Feminismus ab 2012 einen kräftigen Schub gab. Marnie, eine der Figuren aus »Girls«, ist an Audrey Gelman angelehnt. »Girls« wurde fast von Beginn an für den durchwegs weißen Cast der Serie kritisiert. Und es stimmte, es waren die Erste-Welt-Probleme von weißen, relativ gut gestellten jungen Frauen, die wir darin zu sehen bekamen. Damals wirkte diese Kritik an der Serie etwas akademisch, denn »Girls« bescherte uns immerhin tatsächlich völlig neue Körperbilder und platzierte kluge Perspektiven auf Sexismus mitten in den Mainstream. Dass aber wenige Jahre später eine enge Freundin Dunhams ein Unternehmen leitet, dem BIPoC (Black, Indigenous and People of Color) vorwerfen, Mitglieder hätten sie in chauvinistischer Manier einfach um der Diversität willen (und somit auch im Dienste der Marke von »The Wing«) hinzugekauft, gibt der Kritik von damals einen handfesten Rahmen. Man könnte es auch so sagen: Derartige jugendliche Ignoranz führt nicht von ungefähr zu einem elitären Unternehmen, in dem man wieder so sehr »unter sich« ist, dass man offenbar gar nicht bemerkt, wie man sich gegenüber nicht-weißen Menschen verhält. Zumindest so lange nicht, bis die es öffentlich machen und damit die politische Marke beschädigen.

## Netzwerken nützt nur der Elite

»The Wing« ist sicher ein Extrembeispiel, ja fast eine Karikatur eines sich als feministisch verstehenden Netzwerkes und Coworking-Arbeitsplatzes. Er beansprucht Feminismus für sich, will aber das herrschende Spiel beibehalten und für ausgewählte Spieler*innen lediglich bequemere Bedingungen schaffen, damit sie in dem Spiel bessere Chancen haben, zu gewinnen. Auch wenn »The Wing« offensichtlich feministische Vorstellungen von einer gerechteren Welt ad absurdum führt, hat er in seiner Grundidee sehr viel mit den vielen anderen Frauenzirkeln und -netzwerken gemeinsam. Diesen Mischmasch aus Beruflichem, Politischem, Persönlichem und Lifestyle bieten auch zahlreiche andere Frauennetzwerke und auch Business-Veranstaltungen für Frauen. Ebenso den gewissen Hang zur Held*innenverehrung, flotte Sprüche für den richtigen Auftritt auf Instagram und das Versprechen einer Wohlfühlatmosphäre.

»Netzwerken« ist die älteste und die verbreitetste Aufforderung an karrierebewusste Frauen, sie war es auch schon zu Zeiten, als Feminismus noch nicht en vogue war. Kontakte in informellen Situationen knüpfen, damit man jemanden hat, wenn man etwas braucht. Den oder die man schnell und unkompliziert anrufen und um einen Gefallen bitten kann. Für Berufliches versteht sich. Wer kennt jemanden für diesen oder jenen Job? Wer könnte beauftragt werden? Wer passt in ein Team? Für Jobs, die eine Karriere versprechen, für die man eine längere Ausbildung oder ein Studium braucht, ist es inzwischen völlig selbstverständlich, Aufträge oder Jobs danach zu vergeben, wen man kennt, wer einem so unterkommt. So alt und muffig das in Zusammenhang mit Männerseilschaften klingt (»mal eben den alten Uni-Kumpel anrufen, der kann das sicher«), so selbstverständlich wurde das Netzwerk zum Must-have für eine veritable »Frauenkarriere«. Doch wo ist der Unterschied, wenn sich auch Frauen nach diesem »Buddy«-Prinzip ihre berufliche Welt zusammenbasteln? Ganz einfach: Es gibt keinen Unterschied. Frauennetzwerke lösen die Knoten aus Freunderlwirtschaft und gegenseitiger Protektion, die Männerseilschaften seit Langem charakterisieren, nicht auf. Man umgibt sich mit Leuten, die irgendwie zu passen scheinen, mit denen eine Zusammenarbeit leichter fällt, mit denen man auf einer Wellenlänge ist und durch die man womöglich Dinge erfährt, die für eine*n selbst beruflich wichtig sind. Warum nicht? Männer machen das schließlich schon seit Ewigkeiten so. Das mag sein. Das macht aber ein System, das soziale Hierarchien durch Freund*innenwirtschaft aufrechterhält, nicht besser. Denn genau diese sozialen Hierarchien werden auch in von Frauen frequentierten Netzwerken gern übersehen. In diesen kämpft man für sich selbst, vielleicht noch für faire Chancen, aber auch nur für solche, die das eigene Milieu betreffen. Doch für den viel größeren Rest ist das völlig unerheblich. All jenen, die wirklich nur Jobs haben und keine Karrieren, bringt diese ganze als feministisch ausgewiesene Netzwerkarbeit rein gar nichts. Das gilt für alle Jobs, die nicht Schauplatz für Selbstverwirklichung sind und bei denen es keine Aussichten auf bessere Deals in Vertragsverhandlungen gibt, etwa, weil sie auf die Kollektivverträge angewiesen sind. Netzwerken ist gut für die Karriere, nicht für einen feministischen Zweck.

Die Vorstellung, dass Frauenclubs oder -netzwerke besser seien als »Old Boys' Clubs«, revitalisiert außerdem die alte sexistische Idee, dass Frauen irgendwie die besseren Menschen wären. Als ob Frauen, die ganz oben in den Chef*innenetagen sitzen, freiwillig die Mindestlöhne erhöhen würden, ihre männlichen Mitarbeiter verpflichtend in die Babykarenz schicken und umfassende Transparenz über die Gehälter zur Firmenpolitik erklären würden. Wir wissen, dass das nicht der Fall ist. Auch Frauen in Spitzenjobs werden sich gegen gesetzliche Eingriffe wehren, weil sie ihren eigenen Handlungsbereich beschneiden könnten. Es ist okay, um der Karriere willen zu netzwerken, aber bitte lassen wir den Feminismus da raus.

## Feminismus, ein nettes Accessoire?

Frauenclubs oder Frauennetzwerke verbreiten gern den Irrglauben, Frauen würden durch ihre Verschwesterung weniger elitär sein, und den Mythos, eine Chef*innen-Etage oder ein Aufsichtsrat mit mehr Frauen wäre irgendwie »feministischer«. Das Label »Feminismus« scheint in diesem Zusammenhang nur die Funktion zu haben, diesem ganzen Karriere-Ratgeber-Duktus einen Anflug von etwas Neuem und Aufregenderem zu verleihen. Der Begriff der Solidarität wird in vielen auf Frauen fokussierten Netzwerken arg strapaziert. »The Wing« versucht dieses verheißungsvolle Versprechen von Solidarität sogar durch die Inneneinrichtung zu transportieren: Man möchte richtiggehend eintauchen in diese gepolsterte Welt mit wohlriechender Handcreme und Blumen, als würde all das eine*n auffangen, sollte man auf dem Weg nach oben straucheln. »The Joy of Sisterhood« lautet auch ein Slogan, mit dem »The Wing« wirbt.

Doch genau über diese in berufliche Zusammenhänge eingebettete Solidarität kann man auch ordentlich stolpern. Bedienen wir uns noch einmal des Extrembeispiels von »The Wing«: Über die Missstände in London wurde erst nur sehr zögerlich gesprochen. Wer will schon einem Projekt schaden, von dem man sich abseits von Beruflichem auch gesellschaftliche Veränderungen erhofft? Wer will schon, dass das Ganze platzt? Solidarität könnte somit auch eine politisch aufgeladene Bitte sein, sich gegenseitig zu unterstützen, komme, was wolle. Das mag in beruflichen oder persönlichen Belangen wünschenswert sein, in einem politischen Zusammenhang aber, den diese Netzwerke auch für sich beanspruchen, muss Kritik und Debatte sein – auch wenn das vielleicht manches verhindert, bremst, destruktiv ist. Klar, das passt nicht zu all dem, was sonst an Tipps und Tricks ausgetauscht wird, um »ins Machen zu kommen«, wie ein deutsches Magazin für Frauenkarrieren und Feminismus es formuliert. Doch Debatten darüber, wie Feminismus gelingen kann und an welchem Punkt wir ihn zu einem netten Accessoire degradieren, an welchem Punkt wir eine Abzweigung nehmen, die in eine völlig andere Richtung geht, sind unverzichtbar. In einem Netzwerk findet sich etwa die Selbstbeschreibung, man habe »kein dogmatisches Verständnis von Feminismus oder Karriere, sondern ermutigt jede Frau*, diese Begriffe für sich selbst zu definieren«. Ob das so eine gute Idee ist? Sich politische Begriffe selbst zu definieren, vermeidet vielleicht anstrengende Debatten, doch wenn man die in einem Netzwerk nicht haben will, ist es fraglich, warum man sie überhaupt verwendet. Etwas mehr Verbindlichkeit sind wir dieser politischen Bewegung schon schuldig: dass es um die Gleichwertigkeit von Geschlechtern geht, um die Befreiung von sexistischen, rassistischen Strukturen sowie um den Kampf gegen soziale und ökonomische Ungleichheit. Um Analysen, warum das alles noch immer so schwer auf den Weg zu bringen ist. Man ist sich ja einig, dass es nicht »den einen Feminismus« gibt, es gibt also durchaus Bewegungsfreiheit. So viele Feminismus-Definitionen wie Mitglieder in einem Netzwerk, das ist aber doch etwas zu viel. Wenn es in so einem Netzwerk um Karriere geht, um persönliche Weiterentwicklung, dann gäbe es immerhin noch »Karriere-Feminismus« als Option, der sogar als nennenswerte Richtung beschrieben wird. Allerdings wäre eben genau das so ein Anlass für Diskussion: Biegen wir hier falsch ab? Ich würde sagen: Ja. Die Arbeit am eigenen beruflichen Aufstieg macht die Welt nicht gerechter. In vielen Zusammenschlüssen von Frauen ist all das nicht so eindeutig. Sie sind eher ein Hybrid aus feministischen Treffen und Job-Coachings. Das kann für die eigenen beruflichen Vorstellungen nicht schaden. Diese Bereitschaft allerdings, sich selbst unter einem feministischen Label Skills anzueignen, die man auf einem immer härter werdenden Jobmarkt braucht, ist ein Problem. Dieses ewige Selbsttraining in Verbindung mit dem Versprechen, es werde schon klappen mit dem guten Gehalt und dem erfüllenden Job, wenn man nur genug Zeit und Arbeit investiert, hat mit einer feministischen Politik nichts zu tun.

Nehmen wir nur das Beispiel Journalismus: Es hat sich zur völligen Selbstverständlichkeit für angehende Journalist*innen entwickelt, jahrelang von Praktikum zu Praktikum zu tingeln, für die sie kaum und nicht selten gar keinen Lohn und keine Entschädigung bekommen. Und das, obwohl sie oft als vollständige Arbeitskräfte eingesetzt werden. Ausbildungen mit verpflichtenden Praktika gibt es inzwischen immer mehr, die arbeitsrechtlichen Absicherungen dazu sind entweder wackelig oder gar nicht vorhanden. Auf all das lassen sich junge Menschen wegen des Versprechens auf Jobs ein. Es ist eine enorme soziale Selektion, die wir durch Praktiken wie diese bekommen. Wer kann es sich schon mit 26 leisten, für ein paar hundert Euro im Monat zu arbeiten? Nur jene, die Eltern haben, die sie finanziell unterstützen, die in einer ererbten Wohnung leben oder die Lebenshaltungskosten niedrig halten können, weil sie hie und da von der Familie etwas bekommen. Die Forderung, dass wir in vielen Berufen mehr Diversität und Menschen aus unterschiedlichen sozialen Schichten brauchen, wird zwar immer lauter, doch angesichts dieser Entwicklungen wird sie sicher nicht umgesetzt werden können. Ebenso verhält es sich mit der stetigen und feministisch ausstaffierten Selbstoptimierung. Wer kann sich das leisten? Und wer ist davon gänzlich ausgeschlossen? Es können sich das jene leisten, die von Diskriminierung weit weniger betroffen sind. Sie haben die ökonomischen und sozialen Ressourcen dafür.

## Frauennetzwerke ändern strukturell gar nichts

Die zahlreichen Angeboten in frauenspezifischen Netzwerke, bei Veranstaltungen oder auch nur in Facebook-Gruppen enthält eine unglaubliche Menge an Vorschlägen zur Arbeit an sich selbst. Diese Arbeit ist unter dem Empowerment-Label heute stark mit Feminismus verwebt: Uns wird etwa anhand beeindruckender Frauen gezeigt, was alles machbar und zu schaffen ist. Für die Übersetzung auf das eigene Leben beraten uns bei diversen Summits, regelmäßigen Netzwerktreffen oder Tagungen herausragende Persönlichkeiten und feministische Held*innen, die uns inspirieren sollen: Unternehmer*innen, Künstler*innen, Start-up-Gründer*innen, Meditations-Coaches, Achtsamkeits-Coaches, politische Blogger*innen, Fitness-Blogger*innen, Influencer*innen. Doch trotz durchaus auch vorhandener politischer Inhalte bleibt das zentrale Programm die völlig entgrenzte und neoliberale Vorstellung von Arbeit, von Investition in die eigene Zukunft, die man freilich selbst tätigen muss. Es ist das Vorexerzieren dessen, was alles möglich ist. Die Widersprüche, die sich in den Programmen und Ankündigungen zu diversen

Veranstaltungen finden, sind erstaunlich. Hier die durchaus richtige Feststellung, dass es ein Mythos sei, dass die Lohnschere deswegen offen bleibt, weil Frauen bei Gehaltsverhandlungen nachlässig sind, dort die Tipps eines Coaches für eine erfolgreiche Gehaltsverhandlung. Inzwischen gibt es auch feministisch verbrämte Merchandising-Produkte zuhauf, die uns daran erinnern, wie wir uns noch besser reinhängen können, noch stärker motivieren können: Dinge wie Notizblöcke, Tassen oder Buttons, auf denen »Fork the patriarchy« steht, oder »It's not a reach when we climb together«, »Business Riot«, »I'm A Woman, What Is Your Superpower?«. Feministische Slogans dieser Art sind das materielle und immaterielle Merchandising vieler feministischer Business-Netzwerke.

Von den hippen Veranstaltungen bis hin zu kämpferisch klingenden Sprüchen auf Kaffeetassen, all das mag das gute Gefühl verleihen, dass wir weiterkommen, solidarisch sind und uns gegenseitig die Räuber*innenleiter machen. Dass sich dadurch aber auch strukturell etwas ändert, darauf wartet man noch vergeblich. Ebenso ist nicht erkennbar, dass all die Solidaritätsbekundungen in Frauennetzwerken die Kluft zwischen Frauen verringern. Vielleicht ist sogar das Gegenteil der Fall: Während des Corona-bedingten Lockdowns im Frühjahr 2020 hat ein Team rund um die Ökonomin Katharina Mader von der Wirtschaftsuniversität Wien eine Umfrage dazu durchgeführt, wie es um die Verteilung der unbezahlten Arbeit in den Haushalten steht (WU Wien 2020). Man konnte sich selbst für die Umfrage melden und es ist daher anzunehmen, dass sich auf den Aufruf zu dieser Umfrage eher Frauen meldeten, die Schwierigkeiten mit der aktuellen Situation hatten oder zumindest ein Problembewusstsein dafür. Und bei den Männern meldeten sich eher die, die halbwegs reflektiert mit der Verteilung der unbezahlten Arbeit umgehen. Man kann demnach davon ausgehen, dass die Umfrageergebnisse etwas besser sind, als sie es wären, wenn die Durchschnittsbevölkerung befragt worden wäre. Jedenfalls zeigte sich bei der Umfrage eine beträchtliche Kluft zwischen Frauen ohne Kinder und Frauen mit Kindern. Alleinerzieher*innen kamen mit knapp 15 Stunden auf die meisten Arbeitsstunden pro Tag, davon waren rund neun Stunden unbezahlte Kinderbetreuung. Auf noch mehr unbezahlte Arbeit kamen Frauen in Paarhaushalten mit Kindern: Von insgesamt 14,5 Arbeitsstunden arbeiteten sie 9,5 Stunden unbezahlt. Das bedeutet, dass ein erwachsener Partner im Haushalt noch mehr unbezahlte Arbeit verursacht. Sehr gut lief es laut dieser Umfrage bei der Verteilung von unbezahlter Arbeit für Frauen in Haushalten ohne Kinder: Beide Partner waren knapp acht Stunden erwerbstätig und beide erledigten rund drei Stunden unbezahlte Arbeit zu Hause. Für die Arbeitsbedingungen in der Lohnarbeit heißt diese große Kluft zwischen Frauen mit Kindern und solchen ohne Kinder nichts Gutes. Die Lebensbedingungen der Gruppe jener Frauen, die sich um andere kümmern (und das sind nicht nur Kinder, sondern auch kranke und alte Menschen), und jener Frauen, die sich voll und ganz auf ihre Lohnarbeit konzentrieren können, driften auseinander.

Junge, urbane Frauen mit entsprechendem sozialen Hintergrund sind sich der Einschränkungen im Erwerbsleben älterer Frauen, die sich um ihre Eltern oder um ihre Kinder kümmern und in ländlichen Gebieten leben, oft nicht bewusst. Diese haben weder die Möglichkeit, sich zu vernetzen, noch können sie mit den Tipps von sogenannten Speaker*innen auf diversen Bühnen verschiedenster Summits irgendetwas anfangen. Ihnen bringen Mentorings und inspirierende Geschichten nichts. Ihnen bringen politische Beschlüsse zu einer fairen Verteilung von Karenzzeiten etwas oder eine ordentliche Lohnerhöhung in Kollektivverträgen in sogenannten Frauenbranchen, um nur zwei Beispiele zu nennen. Nichts davon ist neu, nichts davon ist sexy, nichts davon ist besonders inspirierend. Es sind alte Ideen, wie Gleichberechtigung schneller auf den Weg gebracht werden könnte. Es sind aber auch Ideen, von denen Frauen aus unterprivilegierten

Schichten profitieren. Und obwohl die Vorschläge nicht neu sind, wurden sie trotzdem kaum erprobt.

Völlig überschätzt und sogar kontraproduktiv sind jene Veranstaltungen, in denen es um die individuelle Entwicklung der Einzelnen geht. Von Mentoring-Programmen für Mädchen und junge Frauen, die sie in MINT-Bereiche (Mathematik, Informatik, Naturwissenschaften und Technik) bringen sollen, wissen wir bereits, dass sie kaum etwas bringen. Vielmehr sind es fest verankerte Förderstrukturen und ein bildungsaffines Umfeld, die einen Unterschied machen. Genau das haben allerdings viele Menschen nicht. Die Sozialwissenschaftlerin Marita Haas, die die Lebensgeschichte von Wissenschaftlerinnen in technischen Berufsfeldern untersucht hat, kommt in ihrer Studie (Der Standard 2018) zum Ergebnis, dass Vorbilder außerhalb der eigenen Familie oder des sozialen Umfeldes beziehungsweise solche, von denen man nur liest oder im Unterricht hört, nur eine geringe Rolle spielen.

Frauennetzwerke haben auch nicht dazu geführt, dass es jetzt mehr Widerstand gegen die wachsenden Anforderungen in diversen Jobs gibt. Im Gegenteil scheint die Bereitschaft zur Selbstausbeutung und zur Selbstoptimierung zu steigen. Das ist nicht die Schuld dieser Netzwerke, sie vermitteln uns allerdings einen umfassenden Anforderungskatalog, dem wir uns vielmehr verweigern müssten, als ihn einzuüben.

## Quellen

(Dittelbach 2018a) Ruth Aspöck, Eva Dité, Erna Dittelbach, Ülküm Fürst-Boymann, Käthe Kratz, Brigitte Lehmann, Mirl Ofner, Heldis Stepanik-Kögl (Hg.): »Zündende Funken: Wiener Feministinnen der 70er Jahre«, Löcker Verlag, Wien, 2018

(Dittelbach 2018b) »Im kollektiven Gedächnis kommt die Frauenbewegung nicht vor«, www.derstandard.at/story/2000085003661/im-kollektiven-gedaechnis-kommt-die-frauenbewegung-nicht-vor

(The Guardian 2019) »The Wing: How an exclusive women's club sparked a thousand arguments« www.theguardian.com/world/2019/oct/18/the-wing-how-an-exclusive-womens-club-sparked-a-thousand-arguments

(Der Standard 2018) »Maßnahmen wie Girls Day oder Mentoring ändern wenig«, www.derstandard.at/story/2000090679631/gleichstellung-massnahmen-wie-girls-day-oder-mentoring-aendern-wenig

(Villa Braslavsky 2013) »Mein Körper gehört mir, also ab ins Dschungelcamp«, www.derstandard.at/story/1358305398985/mein-koerper-gehoert-mir-also-ab-ins-dschungelcamp

(WU Wien 2020) »Gender specific effects of covid-19«, www.wu.ac.at/en/vw3/research/current-projects/genderspecificeffectsofcovid-19

# Die Individualismus-Falle

Wir müssen die Wahlfreiheit haben. Das ist ein einfaches und klares Ziel, das hinter feministischer, emanzipatorischer Arbeit steht. Die Frage, die sich allerdings in Zusammenhang mit der Vermarktung und Popularisierung von Feminismus stellt, ist: welche Wahl? Welche Wahl ist richtig in dem Sinn, dass sie nicht nur entscheidend für das Leben eines einzelnen Menschen ist, sondern für alle? Dass alle gleichermaßen die Wahl haben können? Der Konsumkapitalismus macht aus dieser Wahl eine Auswahl. Feminismus als Label war »getrieben von der Idee, dass die Selbstermächtigung weiblicher Verbraucherinnen über deren persönliche Konsumentscheidung stattfindet«, schreibt Andi Zeisler (Zeisler 2017, 36). Das Entscheiden werde so zum eigentlichen Selbstzweck und sei nicht mehr nur Mittel zum Zweck. Es gehe demnach nicht mehr darum, welche Entscheidungen wir treffen, sondern nur darum, dass wir entscheiden. »Konsum, stets eng verbunden mit Status, wurde zur Maßeinheit für Emanzipation erhoben und blähte sich mit der wachsenden Selbstsucht der Privilegierten, aber Unsicheren immer weiter auf.« (ebd.) Zeisler hat völlig recht: Dass Frauen wählen können, hat im markttauglichen Feminismus besonderes Gewicht. Eine Auswahl, eine bestimmte Palette an Möglichkeiten wird uns vorgesetzt. Echte Wahlfreiheit aber geht über diese vorgegebene Palette hinaus, sie enthält auch die Möglichkeit des Nicht-Zugreifens, um in der Sprache des Konsums zu bleiben.

Der Begriff der Wahl legt eine wichtige Schneise für die konsumorientierte und neoliberale Vereinnahmung des Feminismus. Damit lässt sich einerseits die Wahl zwischen Produkten feministisch aufladen und andererseits wird die Auswahl selbst als emanzipatorischer Akt umgedeutet. Dafür gibt es auch einen sehr brauchbaren Begriff, »Choice-Feminismus«, dessen Entwicklung mit den immer vielfältiger werdenden Möglichkeiten, Konsumentscheidungen zu treffen, einherging, wie Zeisler analysiert. »Choice-Feminismus« ist als Begriff allerdings nicht besonders verbreitet. Das ist erstaunlich, beschreibt er doch sehr gut die Reduktion von Feminismus auf das Erlangen von persönlichem Wohlbefinden und Glück durch das Treffen der richtigen individuellen Entscheidungen. Vielleicht ist der Begriff des Choice-Feminismus auch deshalb kaum präsent, weil er als Praktik so selbstverständlich geworden ist. Der markttaugliche wie der populäre Feminismus und die Wahl fallen praktisch in eins. Die Rhetorik der Selbstermächtigung und die des Konsums passen ganz wunderbar zusammen. »›Wenn es sich für dich gut anfühlt, dann ist es richtig‹, ruft der Choice feminism den Frauen zu«, schreibt die Autorin Julia Korbik (Korbik 2016).

Eine inzwischen 20 Jahre alte Szene aus »Sex and the City« beschreibt bis heute hervorragend das Problem am Choice-Feminismus, das Korbik so umreißt: »In Folge 7 der vierten Staffel von ›Sex and the City‹ beschließt Galeristin Charlotte, ihren Job aufzugeben. Statt in der Galerie will sie ihre Zeit nun lieber zu Hause verbringen, als perfekte Ehe- und Hausfrau für ihren Gatten Trey. Ihre Freundinnen Carrie, Samantha und Miranda sind nicht begeistert und Charlotte fühlt sich verurteilt und missverstanden. ›In der Frauenbewegung dreht es sich vor allem um die freie Wahl‹, erklärt sie Miranda am Telefon, ›und wenn ich mich entscheide, meinen Job aufzugeben, dann ist das eben meine Wahl.‹« (Korbik 2016) Schließlich beendet Charlotte ihre Argumentation, sie handle mit ihrer Entscheidung, Hausfrau sein zu wollen, durchaus im Sinne des Feminismus, indem sie wütend »Ich wähle meine Wahl! Ich wähle meine Wahl!« ins Telefon brüllt. Sie scheint also selbst nicht ganz glauben zu wollen, dass ihre Entscheidung, ihr Leben auf ihren Mann und ein geplantes Kind zuzuschneiden, etwas mit der Frauenbewegung zu tun haben soll. Choice-Feminismus wirft somit die Frage auf, ob auch Entscheidungen für alte, traditionelle Trampelpfade eine feministische Wahl sind. Das sind sie allerdings nur, wenn wir Feminismus wirklich nur als eine individuelle Entwicklung sehen, was natürlich falsch ist.

Kommen wir nochmal zu Charlotte, deren Ehe schließlich in die Brüche geht. Dass sie da schon ihren Job gekündigt hat, macht nichts, sie bekommt vom reichen Ex eine Fünf-Zimmer-Wohnung an der Upper West Side, eine der teuersten Wohngegenden der Welt. Sie braucht keinerlei soziale Absicherung, ihre Entscheidung, ihre Arbeit zu kündigen, war zwar sicher keine feministische, sie war aber auch keine, die sie in Armut gestürzt hätte. Sie war für sie schlichtweg egal und hatte ökonomisch keine negativen Konsequenzen.

Kritik am Choice-Feminismus entzündet sich also vor allem daran, dass er »keine Grundlage mehr für gemeinsame politische Forderungen bietet, weil alle Entscheidungen ins Individuelle verlagert werden« (Eismann 2017). Und genau diese Verknüpfung von individuellen Entscheidungen und Feminismus begegnet uns heute auf so vielen Ebenen. Soziale und klassische Medien, Filme, Serien und Werbung verstricken uns laufend in einen Diskurs der Individualisierung, der eng an Feminismus geknüpft wird. »[Das] Autonomie-Imperativ der feministischen Bewegung der 1970er- und 1980er-Jahre (…) bildet heute die kommerziell ausbeutbare soziale Semantik für die körperliche Arbeit am Selbst.« (Villa Braslavsky, 16) Und das gilt für die gesamte Arbeit am Selbst, nicht nur für die körperliche. Die zahlreichen feministisch konnotierten Karrieretipps und Empfehlungen für ein schönes Leben zählen ebenso dazu, etwa wie wir »Selbstbewusstsein lernen« können, unsere »Ziele besser formulieren« oder sonstige Ratschläge für einen besseren Auftritt im Job, als Partnerin, als Mutter, als (selbstermächtigte) Frau.

Noch unverblümter wird diese Semantik von Autonomie und Selbstbestimmung mit Konsum verbunden. Denken wir noch einmal an den Gillette-Slogan »My Skin. My Way«, der offenkundig an den feministischen Leitspruch »My Body – My Choice«, »Mein Körper – meine Wahl«, angelehnt ist. Im deutschsprachigen Raum wurde das meist als »Mein Körper gehört mir!« übersetzt. So nett die fröhlichen Frauen in dem Gillette-Spot auf uns wirken mögen, so schön der feministische Klang von »My Way« klingen mag, so erschreckend ist die Banalisierung einer derart wichtigen und aktuellen Forderung, die sich auf fundamentale Bereiche von Frauenleben richtet. Gerade ältere Frauen erinnert der Gillette-Slogan an ein ganz anderes und alles andere als leichtes Thema: die Freiheit, über den eigenen Körper zu bestimmten, und damit auch die Möglichkeit, selbst zu entscheiden, eine ungeplante Schwangerschaft fortzusetzt oder abzubrechen. In Österreich gibt es die Möglichkeit eines medikamentösen Schwangerschaftsabbruchs bei niedergelassenen Frauenärzt*innen erst seit 2020. Dieser gilt als eine besonders schonende Methode, trotzdem durften bis vor Kurzem nur in Spitälern die dafür nötigen Präparate ausgegeben werden. In Polen versucht die rechtskonservative Regierung immer wieder, das ohnehin restriktive Abtreibungsgesetz, das einen legalen Abbruch nur aufgrund einer Schädigung des Fötus, bei Lebensgefahr für die Frau und nach Inzest oder Vergewaltigung erlaubt, noch weiter zu verschärfen. Und in den USA tobt seit Jahrzehnten ein stetiger Kampf von rechtskonservativer Seite gegen den Zugang zu Schwangerschaftsabbrüchen. Mit der Bestellung der erzkonservativen Richterin Amy Coney Barrett an den Supreme Court hat der frühere US-Präsident Donald Trump im Herbst 2020 die Chancen erhöht, dass das Grundsatzurteil Roe vs. Wade aus dem Jahr 1973, das Verbote des Schwangerschaftsabbruchs in den USA verhindert, aufgehoben werden könnte. Dieses Recht wird auch in vielen anderen Ländern immer wieder beschnitten und vielerorts gibt es das Recht auf einen sicheren Schwangerschaftsabbruch noch immer nicht, oder er wird durch finanzielle und infrastrukturelle Hürden verunmöglichst und tabuisiert. Einen unverkrampften und möglichst wertfreien Umgang mit dem Schwangerschaftsabbruch bekommen auch liberale Demokratien nicht gut hin.

Das fröhliche Spiel mit politischen Slogans vermittelt, diese Forderungen hätten sich längst erledigt. Als wäre inzwischen die Entscheidung, seine Achselhöhlen zu rasieren, gleichbedeutend mit der Entscheidung, eine Schwangerschaft auszutragen oder nicht. Als wäre die Bezugnahme auf »Choice« ein nettes nostalgisches Zitat, brauchbar für ein zeitgemäßes Bild von Feminismus, in dem man eben die Wahl habe, die Wahl zwischen unterschiedlichen Rasierer-Modellen, die Wahl zwischen »Extra Smooth«- und »Comfortglide Spa Breeze«-Klingen und dem ganzen anderen Zeug, das uns zur Wahl steht.

## Feminismus als Inszenierung

Die starke Verflechtung von Individualisierung und Feminismus hat noch eine weitere Dimension: Seit Feminismus ein Label ist, führt man leidenschaftliche Debatten darüber, ob man mit bestimmten Entscheidungen diesem Label gerecht wird. Die feministische Publizistin Andi Zeisler beschreibt dieses Phänomen in ihrem Buch über den »Marketplace-Feminismus« am Beispiel des Superstars Beyoncé: Zeisler war oft bei Diskussionen an diversen Colleges zu Themen rund um Feminismus und Popkultur. In der Zeit nach Beyoncés legendärem Auftritt bei den MTV Music Awards 2014, bei dem sie Texte der nigerianischen Schriftstellerin und Feministin Chimamanda Ngozi Adichie zitierte und ihre Performance vor einer Leinwand mit dem Wort »Feminist« beendete, landeten nahezu alle diese Diskussionen bei einer Frage: Wie glaubwürdig ist Beyoncé als Feministin? Was taugt die Inszenierung von sexueller Selbstermächtigung der R&B- und Pop-Sängerin wirklich? Wie viel Feminismus sollten wir ihr abkaufen, wo doch einige Texte ihres Mannes, des Musikers Jay Z, nur so vor frauenverachtenden Aussagen strotzen? Für Zeisler ist die Faszination für all diese Fragen Ausdruck der »Fokussierung auf Individuen und deren Entscheidungen«. Dieser Fokus »verdeckt im Handumdrehen, welche enorme Rolle die Systeme des institutionalisierten Sexismus, Rassismus und Kapitalismus bei der Definition und Beschränkung dieser Entscheidungen spielen« (Zeisler 2017, 137).

Dieser Fokus auf Individuen und deren Entscheidungen ist tatsächlich ungebrochen groß und endet nicht bei Superstars, sondern setzt sich auch bei popularisierten Feminismus-Themen fort. Besonders deutlich ist dieser Fokus beim Umgang mit dem eigenen Körper. Sieht man sich den Diskurs um die Arbeit am eigenen Äußeren an, dann trifft man meistens auf eine Sprache, die die individuelle Entscheidung betont. Es ist in den allermeisten Fällen eine Sprache der Selbstermächtigung, egal, ob es um eine Brustvergrößerung oder eine Tätowierung geht (Villa Braslavsky 2008, 16). Auch hier verstrickt man sich gern in Diskussionen, ob das nun wirklich freie Entscheidungen sind oder nicht, ob es denn wirklich um das eigene Wohlbefinden geht oder nicht doch um etwas anderes. Davon abgesehen: Was heißt schon »Wohlbefinden« in einer Gesellschaft, in der vor allem Frauen angehalten sind, attraktiv zu sein? Es kann ja auch »Wohlbefinden« auslösen, diesbezüglich nicht aus der Rolle zu fallen.

Diese von Zeisler angesprochenen Debatten darüber, was nun glaubwürdig ist oder nicht, blenden aus, dass die Entscheidungen der Einzelnen nicht außerhalb unserer sozialen Welt getroffen werden. Sie sind nicht möglich außerhalb der Normen, mit denen wir aufwachsen und leben. Letztlich heißt das, dass diese Diskussionen über die individuellen Entscheidungen der Einzelnen zu nichts führen, wir müssen vielmehr diskutieren, welchen Anforderungen wir gerecht werden, wenn wir die eigene Wahl derart betonen. Diese Diskussionen haben mit der Popularisierung von Feminismus zugenommen und bieten wiederum Stoff, um Feminismus als prägnantes Label über unterhaltsame Debatten zu hängen. Darf man sich als Feministin im Bett unterwerfen? Kann man als Feministin streng religiös sein? Ist man eine gute Feministin, wenn man nicht nach drei Monaten Babyzeit zurück ins Büro hetzt? Wer mehr Glamour will, erprobt Fragen dieser Art an bekannten Persönlichkeiten. Wie feministisch ist es, wenn Emma Watson eine engagierte Rede über Gleichstellung bei den Vereinten Nationen hält und ihr nächster Film fürchterliche Geschlechterklischees enthält?

Diese Beschäftigung mit Kategorisierungen, die definieren sollen, welche individuelle Handlung nun eine feministische sei und welche nicht, das sind letztlich alles Abwägungen über eine gelungene Selbstdarstellung – was für feministische Politik ziemlich egal ist. Doch durch die Popularisierung von Feminismus gehört das inzwischen über weite Strecken zu einem Entwurf des Selbst, zu einer gelungenen, glaubwürdigen Inszenierung eines autonomen Lebens.

**Quellen**

(Eismann 2017) Sonja Eismann: »Ene, mene, Missy! Die Superkräfte des Feminismus«, Fischer Verlag, Frankfurt am Main, 2017

(Korbik 2016) »Choice Feminism: Ist jede persönliche Entscheidung automatisch feministisch?«, www.thisisjanewayne.com/news/2016/12/12/choice-feminism-ist-jede-persoenliche-entscheidung-automatisch-feministisch/)

(Villa Braslavsky 2008) Paula Irene Villa (Hg.): »Schön normal. Manipulationen am Körper als Technologien des Selbst«, transcript Verlag, Bielefeld, 2008

(Zeisler 2017) Andi Zeisler: »Wir waren doch mal Feministinnen. Vom Riot Grrrl zum Covergirl – Der Ausverkauf einer politischen Bewegung«, Rotpunktverlag, Zürich, 2017

# Epilog

Gender, auch wenn es manchmal lässig als »Unisex« daherkommt, scheint als Kategorie immer wichtiger zu werden. Der Ton mag zwar kein limitierender sein, sondern einer, der die Vielfalt zu bestärken scheint. Das bedeutet aber auch, dass man immer hartnäckiger wissen will, wer wir sind, um herausfinden zu können, was wir »brauchen«. Wir haben gesehen, wie selbstverständlich unsere Erfahrungen, unsere Kommunikation, unsere Interessen und politischen Haltungen in den sozialen Medien weitergereicht werden, um mehr darüber zu wissen.

In den vergangenen Jahren ist im Zuge der Kritik am wachsenden Gender-Marketing bei Produkten für Kinder – dass ihre Welt in pinke Prinzessinnen und blaue Superhelden separiert wird – eine alte Lego-Werbung aus den 1970er-Jahren aufgetaucht. Sie zeigt ein etwa fünfjähriges Mädchen, das ein elaboriertes Bauwerk aus Legosteinen in ihren Händen hält, nach dem Stolz in ihrem Gesichtsausdruck zu schließen hat sie es selbst gebaut. Sie hat rote Zöpfe, trägt blaue Jeans, die ihr etwas zu lang sind, ein blaues T-Shirt und Sneakers. Nichts glitzert in Pink, nichts schimmert in Lila. Es gab auch damals massiv geschlechterstereotype Werbung, in der sich Mädchen sorgsam um ihre Puppe kümmern und sich schon mal als Mütter üben, während Buben an ihrem Matador tüfteln und den Baumeister geben. Allerdings kann das nicht mit der völlig irrwitzigen Geschlechtertrennung bei Kindern mithalten, wie es sie heute gibt. Trotzdem erscheint diese stark separierte Warenwelt heute vielen nicht als beschränkend, sondern als eine riesige Auswahl. Denn immerhin könne man sich inzwischen bei den »Mädchensachen« auch für empowernde entscheiden. Man kann wählen, ob man Barbie in ihrer klassischen Rolle als Modepüppchen will oder Barbie als Molekularbiologin, Managerin, Ärztin, Fußballerin oder einfach nur mit ein bisschen mehr Fett an der Taille (diese Barbie ist in Wahrheit auch superschlank, neben der völlig jenseitigen Figur der normalen Barbie sieht sie allerdings wie ein Curvy Model aus).

Auch wenn sich die Warenwelt derartig vielfältig gibt, hat sie uns doch die absurde Situation beschert, dass einem erklärt wird, dass dunkelblaue Leggins nur zu einem männlichen Neugeborenen passen und dreijährige Mädchen als unkonventionell gelten, wenn sie die größeren Klamotten ihres Bruders auftragen. Das wurde erfolgreich als etwas Abweichendes markiert, schlicht und einfach, weil niemand daran verdient. Doch innerhalb des geschlechtsspezifischen Stylings gibt es massenhaft Produkte, so dass man durch die riesige Auswahl doch noch irgendwie seine Selbstbestimmungsbotschaft hinbekommt.

Das Geschlecht wurde im Laufe des 20. Jahrhunderts ein wichtiger Anhaltspunkt dafür, herauszufinden, wie man an uns als Kundschaft herankommt. Nach der zweiten Welle der Frauenbewegung wurde die feministische Forderung, selbst über unsere Lebensentwürfe entscheiden zu können, selbst zu bestimmen, wer wir sein wollen, immer mehr vereinnahmt. Der damit einhergehenden Idee, durch Konsum immer stärker auszudrücken, wer wir »wirklich« sind, lastet auch gar nichts Anrüchiges an. Für Lauren Greenfield, Dokumentarfilmerin und Regisseurin des Spots #LikeAGirl für die Hygieneartikel-Marke Always zeichnet sich gutes Femvertising dadurch aus, dass man eine authentische Geschichte erzählt.

Wenn Selbstbestimmung und Empowerment die kommerzialisierten Leitsprüche der vergangenen Jahre waren, so kommen seit einiger Zeit nun noch jene dazu, die Authentizität anpreisen. Wie

Eva Illouz zeigt, wird der Anspruch auf Authentizität inzwischen von einem riesigen Markt befeuert, der sich aus Lebenshilfe, Coaching, Mediation, Yoga, Achtsamkeitstrainings oder Ansätzen der Positiven Psychologie zusammensetzt. Ein Markt, der uns vereinnahmt, indem er uns Produkte anbietet, mit denen wir diese Authentizität angeblich möglichst gut ausdrücken können. Zwar könnte nichts dem Begriff der Authentizität stärker widersprechen als diese Vorstellung, dass man das »richtige« Selbst erarbeiten kann. Aber es funktioniert offensichtlich.

Auf diesem Markt für Authentizität nehmen die Bilder von selbstbestimmten Individuen erneut eine wesentliche Rolle ein und somit auch der populäre Feminismus. Schon bisher wurden Bilder von emanzipierten Frauen vom Konsumkapitalismus wie auch vom Neoliberalismus in einer derartigen Geschwindigkeit aufgesogen, umgedeutet und instrumentalisiert, dass der kritische Diskurs darüber kaum mitkam. Und so sind wir streckenweise noch immer damit beschäftigt, feministische Bilder, die die Industrie produziert, als fortschrittlich zu feiern, und verschaffen ihnen dadurch einen zusätzlichen Platz an der Sonne. Dabei haben die Kosmetik-, die Modeindustrie und der Online-Handel genug Kapazitäten, das selbst zu tun. Anstatt für Kampagnen und Produkte, die sich weniger frauenfeindlich geben, als wir es gewohnt sind, dankbar zu sein, sollten wir im Auge behalten, was den markttauglichen Feminismus so beliebt macht. Große Teile des populären Feminismus stehen genau jenen Veränderungen im Weg, die die Frauenbewegung eigentlich in Angriff nehmen wollte. Der populäre Feminismus konzentriert sich auf Selbstbestimmung und Empowerment der Einzelnen, er stutzt politische Debatten auf einen markttauglichen und marktschreierischen Diskurs zusammen. Er macht aus Feminismus eine Bühne für unsere Selbstverwirklichung und unseren Fleiß. Eine Bühne, auf der wir messen, wer härter und länger arbeitet, wer schneller nach einer Geburt wieder im Büro sitzt und voll einsatzfähig ist, und wer das alles besonders ausgeglichen inklusive politischer Awareness hinbekommt. All dem wird mehr oder weniger deutlich ein feministisches Label umgehängt.

Doch bei aller Kritik am Karriere-Feminismus, der in erster Linie die Chef\*innensessel dieser Welt im Auge hat, oder an den selbstreferenziellen und apodiktischen feministischen Diskursen in sozialen Medien, am ewig gleichen, inszenierten Streit über Genderthemen in klassischen Medien, an der Ausbeutung feministischer Ideen durch die Werbeindustrie, geht es mir nicht darum, eine Kritik am »heutigen Feminismus« zu üben. Es gibt natürlich neben dem markttauglichen und populären Feminismus auch beeindruckende aktuelle und höchst politische feministische Initiativen. Gerade in Österreich bewies etwa die Initiative zum »Frauenvolksbegehren 2.0.« im Jahr 2016, die als frauenpolitische Plattform bis heute weiterbesteht, genau das. Die Aktivist\*innen des Frauenvolksbegehrens haben in kollektiver Arbeit feministische Forderungen im Mainstream platziert, ohne sie auch nur im Geringsten zu banalisieren. Sie haben umfassende sozial- und wirtschaftspolitische Forderungen gestellt, wie zum Beispiel die »Koppelung von öffentlicher Auftragsvergabe und Förderungen an Aktivitäten zur Gleichstellung im Betrieb«, »volle Lohntransparenz durch eine detaillierte Aufgliederung aller betrieblichen Einkommensberichte in sämtliche Gehaltsbestandteile« oder auch ein »Verbot von Werbungen, Marketingstrategien und sonstigen kommerziellen Medieninhalten, die Menschen in abwertender, stereotyper und / oder sexistischer Weise darstellen« (Frauenvolksbegehren 2016). Nicht zu vergessen die Arbeitszeitverkürzung auf 30 Stunden pro Woche bei vollem Lohnausgleich, eine Forderung, die viele erhellende Diskussionen angestoßen hat. Einen per se unpolitischeren jüngeren Feminismus gibt es also nicht. Vielmehr zeigt sich, dass es eine Kontinuität dabei gibt, die Ideen von politischen Bewegungen wie dem Feminismus gegen diese Bewegungen selbst zu richten.

# Was ist Glück?

Die Soziologin Eva Illouz hat sich ausführlich damit befasst, wie der Kapitalismus die Liebe und unsere Gefühlswelt zur Ware gemacht hat (Illouz 2007). Die kulturellen Veränderungen durch die sexuelle Revolution und die Forderungen nach »freier Liebe« durch die 68er wurden in Windeseile vom Kapitalismus auf Konsumbedürfnisse hin umgemodelt und aufgesogen. Der Kapitalismus hat auf Basis dieser Utopie einen gigantischen Markt der Gefühle aufgebaut. Einen Markt, der von der Pornoindustrie über die Standardisierung jeglicher romantischer Gesten (Stichwort: Valentinstag) bis hin zum Online-Dating reicht. Einen Markt, der aus der Liebe einen endlosen Konsum an potenziellen Partner*innen macht. Endlos, weil diese neue »Wahlfreiheit« eine immer noch bessere Option in Aussicht stellt.

Wie bei den neueren Anforderungen an die Liebe, die allerdings als riesiges Feld neuer Freiheiten verkauft werden, entwickelten sich auch durch den Feminismus neue Vorstellungen. Neue Ideen vom Selbst, von Geschlechterrollen, von einem guten Leben. Und wenn der Kapitalismus selbst die Liebe erwischt, ist es für ihn ein Leichtes, sich auch die feministischen Ideen zu schnappen und sie in seinem Sinne zu beackern.

Illouz hat in Zusammenhang mit der Kommerzialisierung der Gefühle auch den nächsten Schritt analysiert: die Entwicklung und den Ausbau der »Glücksindustrie«. Dieser mit Hilfe der Positiven Psychologie, die den Fokus weg von psychischen Erkrankungen und vom Leiden hin auf die Potenziale der Menschen lenken will, aufgebaute Markt hat die Vorstellung von Glück verändert. Statt der Idee, Glück habe etwas mit Lebensbedingungen oder Schicksal zu tun, mit der Abwesenheit von Leid, wurde Glück zu etwas, das man sich selbst erarbeiten kann (Illouz, Cabanas 2019, 11). Demnach ist Glück das Ergebnis der »Mobilisierung unserer inneren Stärken und unseres ›wahren Selbst‹, als einziges Ziel, das es anzustreben lohnt« (Illouz, Cabanas 2019, 11).

In welchem Zusammenhang steht der umfassende Markt des Glücks nun mit der Kommerzialisierung von Feminismus? Nun, in einem ziemlich engen: Die Aktivist*innen der Frauenbewegung mussten neben der Arbeit an der Veränderung politischer Prozesse auch herausfinden, was überhaupt die eigenen Interessen sind, die sie erkämpfen müssen. Wo liegen die Schwierigkeiten im privaten Leben, und wie hängen sie mit Diskriminierung zusammen? Probleme in Beziehungen, Ungerechtigkeiten, für die es vor der Frauenbewegung kaum ein Vokabular gab, mussten erkannt, verbalisiert und schließlich auch vermittelt werden. Und zwar so, dass sich andere Frauen dadurch auch angesprochen fühlen konnten und erkannten, in welchem Zusammenhang dies mit ihrem eigenen Leben steht. Es war Teil eines wichtigen kulturellen Wandels, dass die bisherigen konventionellen und etablierten Werte auf die eigenen, persönlichen Werte hin überprüft wurden. »Was will ich?«, »Was ist mir selbst wichtig?«, »Wie will ich leben?« – das waren zentrale Fragen. Persönliche Fragen, die aber für den politischen Wandel beachtet werden mussten.

Feminismus und die Therapiekultur (oder die Ratgeberindustrie) waren insofern schon sehr früh eng verschränkt, als beide Frauen abverlangten, sich über ihre Werte und Präferenzen klar zu werden, letztendlich zu dem Zweck, als autonomes und selbstständiges Selbst aufzutreten (Illouz 2007).

Diese Frage beschäftigt uns heute noch weitaus stärker und die populären feministischen Diskurse haben sie intensiv aufgegriffen. Diese Diskurse haben aber den Anspruch aus den Augen verloren, dass man die Frage so beantworten muss, dass die Antworten Veränderungen für möglichst viele bringen und nicht nur für einen selbst. Zudem gerieten die sozioökonomischen Bedingungen dabei aus dem Blickfeld. In einigen populären feministischen Diskursen blitzen zwar Forderungen nach sozialer Gerechtigkeit und Umverteilung immer wieder einmal auf. Sie werden allerdings vom leistungsorientierten Gestus, der in diesen populären Diskursen weitaus stärker ist, völlig

konterkariert. Auch abgesehen davon schaffen es Themen wie sozioökonomische Gerechtigkeit nicht kontinuierlich in die erste Reihe.
Denn diese lässt sich nicht in einen Werbespot verpacken, in Erzählungen über Pionier*innen und beeindruckende Karrieren von
Frauen. Ebenso wenig taugt sie für besonders emotionale Debatten,
wie man sie in Zusammenhang mit Genderthemen so mag.

## Wie man populären Feminismus erkennt

Der populäre Feminismus knüpft vor allem am liberalen Feminismus an, jenem Feminismus, der an den bestehenden Verhältnissen
am wenigsten ändern will. Die Kritik an ihm lautet unter anderem,
dass es ihm kein Anliegen ist, soziale Hierarchien abzuschaffen, und
dass er sich nur um ein bisschen Diversität vom mittleren Management aufwärts kümmert. Nicht das Spiel wird geändert, sondern es
wird lediglich durch ein paar Spieler*innen ergänzt. Demnach erkennen wir markttauglichen Feminismus ganz leicht daran, dass er
wunderbar hineinpasst: in unsere gesellschaftlichen Verhältnisse, in
unsere Arbeitswelt, in unser Beziehungsleben, in den herrschenden
Leistungsdiskurs. In keinem dieser Bereiche verbreitet er schlechte
Stimmung. Im Gegenteil: Er motiviert dazu, noch ein bisschen hier
und noch ein bisschen da nachzujustieren, nicht um freiere Menschen, sondern um bessere wirtschaftliche Subjekte zu werden – die
sich selbst darum kümmern, wenn etwas schiefläuft, und die keine
sozialen Netze einfordern oder gar beanspruchen.

Welche Anteile haben wir selbst an der Banalisierung feministischer Forderungen? Diese Frage habe ich am Beginn des Buches
gestellt. Die Politikwissenschaftlerin Nancy Fraser befasst sich schon
lange mit der Frage, wie fortschrittliche gesellschaftspolitische An-
regungen, wie sie auch die Frauenbewegung brachte, von deregu-
lierenden wirtschaftspolitischen Maßnahmen infiltriert und genutzt

werden, und nennt die Kombination aus beiden »progressiven Neo-liberalismus«. »War es bloßer Zufall, dass Neue Frauenbewegung und Neoliberalismus gleichzeitig, sozusagen als Tandem, in Erscheinung traten und gediehen? Oder gab es zwischen ihnen so etwas wie eine unappetitliche, untergründige Wahlverwandtschaft? Diese zweite Möglichkeit auch nur in Betracht zu ziehen, ist Ketzerei, gewiss, aber wir schaden uns nur selbst, wenn wir versäumen, ihr nachzugehen. Fest steht, dass der Aufstieg des Neoliberalismus das Terrain, auf dem die Neue Frauenbewegung operierte, dramatisch veränderte.« (Fraser 2009) Die Frauenbewegung habe Veränderungen angestoßen, »so heilsam sie auch sind«, doch gleichzeitig wurden sie als Rechtfertigung für einen gesellschaftlichen Umbau genutzt, der einer »feministischen Vision einer gerechten Gesellschaft diametral zuwiderläuft«.

Ich hoffe gezeigt zu haben, dass sich insbesondere der populäre Feminismus besonders gut für den progressiven Neoliberalismus, wie ihn Fraser beschreibt, eignet. Deshalb müssen wir die »ketzerischen Fragen« an den Feminismus, vor allem an jenen, der besonders sichtbar ist, weiter stellen, gerade heute, wo die Ideale von Individualität, Authentizität und Selbstverantwortung besonders hoch gehängt werden.

## Quellen

(Fraser 2009) Nancy Fraser: »Feminismus, Kapitalismus und die List der Geschichte«, www.blaetter.de/ausgabe/2009/august/feminismus-kapitalismus-und-die-list-der-geschichte

(Frauenvolksbegehren 2016) »Forderungen«, www.frauenvolksbegehren.at/forderungen-frauenvolksbegehren/

(Illouz 2007) Eva Illouz: »Der Konsum der Romantik. Adorno-Vorlesungen«, Suhrkamp, Frankfurt am Main, 2007

(Illouz, Cabanas 2019, 11) Eva Illouz, Edgar Cabanas: »Das Glücksdiktat. Und wie es unser Leben beherrscht« Suhrkamp, Frankfurt am Main, 2019

Erika Pluhar

**DIE STIMME ERHEBEN**
**Über Kultur, Politik**
**und Leben**

Erika Pluhar wird immer wieder zu ihrer persönlichen Haltung in politischen Fragen, zu gesellschaftspolitischen Belangen, zu Ehrungen oder Verabschiedungen von Wegbegleitern, die sie liebte, befragt und gibt Antwort. Immer wieder schreibt sie Reden, Essays und Artikel, meldet sich zu Wort, wenn es ihr notwendig erscheint und erhebt ihre Stimme.

Margarete Schütte-Lihotzky
Karin Zogmayer (Hg.)

## WARUM ICH ARCHITEKTIN WURDE

ISBN: 9 783 7017 3497 9

Margarete Schütte-Lihotzky (1897–2000) war eine der ersten Frauen, die in Österreich Architektur studierten, und sie gilt auch heute noch als eine der bekanntesten und einflussreichsten Architektinnen ihrer Generation. Die Frankfurter Küche hat ihr Weltruhm eingebracht, ihre unerschütterliche Lebenslust dafür gesorgt, dass sie auch an ihrem 100. Geburtstag noch einen flotten Walzer mit dem Wiener Bürgermeister aufs Parkett legen konnte. In diesen autobiografischen Erinnerungen zeichnet sie sehr persönliche Portraits von bekannten Weggefährten wie Otto Neurath, Josef Frank und Adolf Loos, klärt uns darüber auf, was das wirklich Revolutionäre an der Frankfurter Küche ist – und erzählt, dass sie Architektin werden wollte, um die Lebensqualität ihrer Mitmenschen zu verbessern.

Barbara Tóth

**STIEFMÜTTER**
**Leben mit Bonuskindern**

ISBN: 9 783 701 734399

Unehelich geborene Kinder, Scheidungen, Patchworkfamilien – all das gehört inzwischen zum Alltag. Viel wird darüber geredet, wie es den Kindern in diesen neuen, komplexen Familienformen geht, die dabei entstehen. Aber wie geht es eigentlich den Frauen, die in Patchworkfamilien die Rolle der Stiefmutter übernehmen müssen? – eine Frage, die sich vor allem angesichts der Tatsache stellt, dass es für das Stiefmuttersein kein universelles Skript gibt und jede Familiengeschichte einzigartig ist. Dieses Buch ist ein vielseitiges Lesebuch zum Thema: ungeschönt, ehrlich und zuversichtlich.